项目资助

教育部哲学社会科学青年基金项目（15YJC880138）

河南省哲学社会科学规划项目（2016BJY007）

河南省高等学校重点科研项目（15A630003）

高校异质性科研团队

绩效提升策略研究

张翼 / 著

中国社会科学出版社

图书在版编目（CIP）数据

高校异质性科研团队绩效提升策略研究／张翼著．—北京：中国社会科学出版社，2020.12

ISBN 978－7－5203－5463－9

Ⅰ．①高…　Ⅱ．①张…　Ⅲ．①高等学校—学术团体—科研管理—研究—中国　Ⅳ．①G644

中国版本图书馆CIP数据核字（2019）第245453号

出 版 人　赵剑英
责任编辑　赵　丽
责任校对　王秀珍
责任印制　王　超

出　　版　中国社会科学出版社
社　　址　北京鼓楼西大街甲158号
邮　　编　100720
网　　址　http://www.csspw.cn
发 行 部　010－84083685
门 市 部　010－84029450
经　　销　新华书店及其他书店

印　　刷　北京明恒达印务有限公司
装　　订　廊坊市广阳区广增装订厂
版　　次　2020年12月第1版
印　　次　2020年12月第1次印刷

开　　本　710×1000　1/16
印　　张　14.25
插　　页　2
字　　数　223千字
定　　价　69.00元

目　　录

第一章

绪　　论

第一节　研究背景与意义

一　研究背景

（一）现实背景

1. 科学技术不同领域间相互渗透、交叉和融合趋势日趋明显

近代科学发展特别是科学上的重大发现，国计民生中的重大社会问题的解决等，常常涉及不同学科之间的相互交叉和渗透。

2008 年 11 月 11 日，在诺贝尔奖获得者北京论坛上，华人图灵奖得主姚期智指出：多学科交叉融合是信息技术发展的关键，当不同的学科、理论相互交叉结合，同时一种新技术达到成熟的时候，往往就会出现理论上的突破和技术上的创新。

2013 年 8 月 6 日，人民网刊文指出，多学科交叉融合是创新的源泉。当今世界，学科前沿的重大突破和重大创新成果，大多是多学科交叉、融合和汇聚的结果。

2012 年 4 月 10 日，在中国科协学术建设发布会上，中国科协副主席、中国科学院副院长李静海结合中国空间科学等 23 个学科近年来的发展状况，指出交叉融合是学科发展的历史必然。人类社会发展面临的重大科技问题愈来愈趋向综合化、复杂化，多学科的联合攻关、跨学科的融合创新成为解决重大科技问题行之有效的方法和途径。学科与学科之间、科学与技术之间、自然科学与人文社会科学之间的交叉、渗透、融合，成为学科发展的必然趋势。

学科交叉融合趋势表现在大量交叉学科的出现。交叉学科是指不同学科之间相互渗透、交叉、融合、而出现的新兴学科。如进化金融学就是近年来兴起的介于生物学和金融学的一门边缘科学，进化证券学则是介于生物学和证券学之间的边缘学科。与传统学科相比，交叉学科具有突出的优势，中国社会科学院金吾伦研究员把它归纳为三个方面：交叉学科融合了不同学科的范式，推动了以往被专业学科所忽视的领域的研究，打破了专业化的垄断现象；增加了各学科之间的交流，形成了许多新的学科；交叉学科创造了以“问题解决”研究为中心的研究模式，推动了许多重要实践问题的解决。

在高等教育领域，科学研究交叉融合趋势反映在交叉科学研究机构的产生。面对当代科学的发展和重大科学技术成就的取得越来越依赖不同学科间交叉与融合的社会现实，2006 年 4 月 4 日北京大学前沿交叉学科研究院正式成立。研究院依托纳米科学与技术研究中心等 10 多个研究机构，涵盖数学、物理学、化学、生物学、医学、工学等学科的众多交叉研究领域，形成了以中心为主体、以交叉为特色、以需求为导向的研究生跨学科培养体系，向社会输出全面发展的高层次人才。

学科交叉融合是当代科技发展的重大特征，各学科技术领域相互渗透、交叉和融合的趋势日渐凸显。而传统教育观念往往将知识条块化、割裂化，科研人员长期从事单一领域的学术活动，造成科研人员受制于个体知识储备、科研能力与手段、单一学科专业背景等因素，通过单兵作战方式不但很难实现新的科学发现和重大科技突破，甚至难以满足科研工作的基本需要。有鉴于此，强调研究主体之间协同配合、优势互补成为应对科技发展趋势的必然选择。在科研领域改“单兵作战”为“团队攻关”，改“闭门造车”为“协同作战”成为科研工作的主要工作模式。如 2012 年发表在 *Nature* 上的一篇文章，作者多达 19 人，且分别来自 11 家单位，足以体现现代科学研究跨学科合作的趋势；通过整理 *Science* 期刊 2016 年 6 月至 2017 年 5 月发表的 695 篇研究性文章发现，每篇研究论文平均作者数量为 11.43 个，作者机构平均数量为 5.47 个，作者所在国家数量为 2.14 个，由此可见现代科学研究跨学科、跨平台、跨机构的合作趋势①。

2. 科研团队成为现代科学技术研究的重要组织形式

20 世纪 90 年代以来，伴随着经济全球化和信息化趋势的发展，市场竞争日趋激烈，传统的金字塔形的科层组织结构难以适应瞬息万变的市场需求，“工作团队”的概念在管理领域逐渐流行。据统计，在西方大约有 40% 的组织采用了工作团队的形式，以团队为基础的工作方式已取得显著的效果。

为适应科学技术交叉融合的发展趋势，科研组织在组织结构设置上也发生重大变化，在商业领域广泛存在的“工作团队”概念逐步被引入科研领域，强调合作研究、团队攻关的科研团队成为科研领域主要的组织形式。在诺贝尔奖最初设立的前 25 年，以团队作为研究单位获奖的人数仅占 41%；在随后的 25 年，团队研究获奖比例达 65%；到第三个 25 年，团队获奖比例高达 79%，现代诺贝尔奖的获得者已很少是独立研究并获得重大创新突破了。中国本土第一位获得诺贝尔科学奖项的科学家屠呦呦在 2015 年 12 月 7 日诺贝尔奖颁奖典礼致辞中，向世界讲述青蒿素发现的过程时，不但提出“学科交叉为研究发现成功提供了准备”，还反复强调团队合作对于科学研究的重要意义。她指出从事“523”抗疟研究的中医科学院团队在青蒿素研究、发现与应用中的积极投入与突出贡献，还重点强调包括山东省中药研究所等全国 523 家项目单位的通力协作是青蒿素研究发现的重要保证。

鉴于科研团队在科学技术研究和国家创新体系中的重要作用，我国的科研支持重点也正在经历变革，这也是对科研组织形式变革趋势的一种认可：由对单个课题负责人的支持，转向对以项目为牵引、以学术带头人为中心的科研团队的整体支持。国家自然科学基金委员会于 2000 年开始设立“创新研究群体科学基金”项目，主要是支持优秀中青年科学家为学术带头人和研究骨干，共同围绕一个重要研究方向合作开展创新研究，培养和造就在国际科学前沿占有一席之地的研究群体。国家创新群体项目在国家自然科学基金项目中占有非常重要的地位，反映了研究

① 数据来源：根据 http：//www. sciencemag. org/整理。

团队在所在研究领域的整体实力。设立当年就有北京大学陶澍等9个团队获得研究创新群体项目资助，截至2017年1月，国家自然科学基金委员会共资助来自66所高校的287个团队500次，累计资助金额达299392.5万元①，仅2016年就有32所高校38个项目获得资助，直接资助费用38955万元。

高等教育领域中，为进一步发挥高等学校创新平台的投资效益，凝聚并稳定支持一批优秀的创新群体，形成优秀人才的团队效应，提升高等学校科技队伍的创新能力和竞争实力，推动高水平大学和重点学科建设，教育部于2004年推出“长江学者和创新团队发展计划”创新团队支持办法，通过遴选，每年选择支持60个创新团队，资助期限为3年，每个创新团队资助经费合计300万元，截至2017年1月，已有来自全国百余所大学的611个（其中238个团队获得滚动资助）科研团队受到教育部创新团队项目资助，累计资助金额达25亿多元②。

3. 国家创新战略对科研团队管理提出新的挑战

党的十八大提出实施创新驱动发展战略，强调科技创新是提高社会生产力和综合国力的战略支撑，必须将其摆在国家发展全局的核心位置。2016年5月，为加快实施创新发展战略，中共中央、国务院印发了《国家创新驱动发展战略纲要》，进一步提出创新驱动是国家命运所系、世界大势所趋、发展形势所迫，针对我国创新科技发展现实，提出了创新驱动发展战略要求、战略目标、战略部署、战略任务以及战略保障措施，其中明确要围绕重要学科领域与创新方向培养造就高水平创新团队，通过加强管理促使各创新主体协同互动和创新要素顺畅流动。党的十九大报告再次提出加快建设创新性国家的战略要求，进一步明确培养造就具有国际水平的战略科技人才与高水平创新团队对创新驱动战略的重要意义，对新时期加强科研团队管理、提升创新绩效提出新的更高的要求。

在高等教育领域，高等学校创新能力提升计划与“双一流”建设决策的出台，对加强高校科技创新管理、优化高校科研团队建设提出更高的目标。高等学校创新能力提升计划（“2011计划”），是继“985工程”

---

① 数据来源：根据 http://bbsnew.netbig.com/thread-2663696-1-1.html 数据整理。

② 数据来源：结合陈睿数据，作者根据教育部创新团队名单及资助金额整理。

“211 工程”之后，国务院在高等教育系统实施的又一项体现国家意志的重大战略举措，旨在围绕国家急需的战略性问题、科学技术尖端领域的前瞻性问题和涉及国计民生的重大公益性问题，集聚创新团队，形成创新氛围，巩固创新成果，培养创新人才。建设世界一流大学和一流学科，是党中央、国务院做出的重大战略决策，亦是中国高等教育领域继“985 工程”“211 工程”之后的又一国家战略，有利于提升中国高等教育综合实力和国际竞争力，为实现“两个一百年”奋斗目标和中华民族伟大复兴的中国梦提供有力支撑，其中提出的大力推进科研组织模式创新、开展协同创新、优化资源配置等要求为优化高校科研团队管理指出了更明确的方向。

同时，团队成员异质化虽然有助于催生新的思想火花，促进知识整合与创新，但同样也会产生团队成员关系紧张、凝聚力下降等负面效应。一方面，科学研究工作性质的复杂性与学科划分的精细化，使得当前的科研工作要依靠具备不同知识背景与专业技能的异质性人员组建科研团队来完成。另一方面，异质性科研团队的管理充满挑战。不同学科背景与专业方向的科研人员组建团队，首先要解决的是团队沟通问题。不同知识体系不仅仅意味着知识和技能的差异性，同时还意味着思维模式和世界观等深层次因素存在区别。怎么弥合不同团队成员间所谓的知识鸿沟，避免出现鸡同鸭讲的尴尬现象，成为异质性科研团队管理的重要任务。同时，团队作为一种特定的组织形式，需要进行专业管理，以提高团队运行效率、节约团队运行成本，在诸如团队目标设置、合作机制的形成、利益分配与协调等方面需要专业管理经验。另外，科研团队具有劳动成果理论价值与知识含量高、团队负责人缺乏行政命令权、团队成员工作具有创新风险性等鲜明特征，更需要加强科研团队的管理，防止出现“一人成龙，三人成虫”“一个和尚挑水喝，两个和尚抬水喝，三个和尚没水喝”等现象。

由此可见，组建异质性科研团队成为适应科技发展趋势与现代组织发展需求的必要措施。加强异质性科研团队的优化管理、提升团队绩效具有很强的现实意义。通过优化管理措施，限制成员异质性潜在的负功能性影响，强化功能性影响，是提升科技创新能力、创造科技创新成果、提高科技创新水平的重要手段。

（二）理论背景

1. 团队异质性与团队绩效关系研究结果的不确定性

“1 +1 是不是一定大于 2?” 在通常情况下，工作团队作为若干个体的组合，其绩效往往大于个人绩效的简单相加，但其作用过程还往往受团队的工作性质、团队氛围、团队管理等诸多因素的影响。团队异质性与团队绩效的关系存在不确定性，是典型的“双刃剑”现象。有学者基于信息加工、团队决策理论认为团队异质性可以为团队带来更多的观点、经验、知识，对于提高团队决策质量和解决复杂问题具有正向影响。另外一些研究，基于社会认同和相似相吸理论，在社会类化过程的影响下，指出团队异质性的增加，会造成团队的分化及次团队之间的隔阂，不仅不能够为团队带来功能性影响，反而存在破坏团队凝聚力、增加团队关系冲突、产生团队隔阂等破坏性影响。还有些学者通过研究发现，团队异质性与团队产出关系并不显著。当前关于团队异质性与团队绩效关系的研究，关键在于探索更具解释力的中间变量，进一步揭示其影响过程。

2. 异质性团队冲突管理的重要性日益凸显

传统观点对冲突及冲突作用的认知往往局限为：冲突是暴乱、破坏、非理性的同义词，冲突的出现意味着团队的功能失调，必须加以避免。后来，学者们发现团队内的冲突是不可避免的，存在对团队工作绩效产生积极动力的潜在可能性，应当积极接纳冲突。目前，学者普遍认为团队冲突是一种必然，对团队绩效存在正、负双向的潜在影响，关键在于对团队冲突如何进行管理与调节，最大限度地压制其潜在负功能性影响，发挥功能性影响。“冲突本身并不是问题的关键，如何处理冲突才至关重要”的观点已成为主流，充分反映了冲突管理的重要价值。

3. 高校科研团队异质性对团队绩效的作用机理缺乏系统研究

团队异质性的研究最初集中出现在一般性工作团队，后关注焦点扩展至高层管理团队、创业团队等团队组织形式，旨在揭示高校科研团队异质性作用过程的研究少之又少，难以形成对科研团队异质性对团队绩效复杂作用过程的有效揭示，科研团队异质性对团队绩效的作用“黑箱”远未揭开，优化高校异质性科研团队管理的现实需求缺乏有效的理论指导。高校科研团队与一般工作团队相比，具有独特的组织属性，主要表现在科研团队成员异质性更多地体现在专业背景、学术观点与研究特长等方面的差异；团队成员间相互支持、沟通共享要求高；团队管理缺乏专业人员，团队负责人依据学术影响力而非行政权力履行团队管理与技术指导双重责任；团队活动过程具有很强的创新风险性。鉴于此，揭示科研团队异质性对于团队绩效的影响过程尤显重要，需要在研究中分析科研团队异质性的表现形式、验证团队冲突在团队异质性与团队绩效间的作用模式、探索影响团队异质性与团队绩效关系的管理因素，以便对高校异质性科研团队的优化管理提出针对性的建议。

基于此，本书以高校科研团队为研究对象，在团队异质性、团队冲突与团队绩效的关系模型（D－C－P）中，尝试以对待异质性态度和冲突规范作为调节变量，构建并验证高校科研团队异质性对团队绩效的影响机理模型，探讨高校异质性科研团队绩效提升策略。

二　研究意义

（一）理论意义

通过本书研究的开展，验证团队异质性、团队冲突与团队绩效在中国文化背景下高校科研团队中的关系模型，探索对待异质性态度和冲突规范对上述关系模型的调节作用，结合探索性案例研究，对团队异质性、冲突规范等变量的测量量表进行调整，并通过问卷调查开展实证分析，进而归纳总结出优化高校异质性科研团队管理的建议，具有较强的理论意义，主要体现在以下三个方面。

第一，本书将高校异质性科研团队作为研究对象，验证团队异质性、团队冲突和团队绩效在特定文化背景、特定组织属性团队中的关系，在一定程度上是对以往研究传统 D－C－P 研究模型的一种验证，即验证 D－C－P研究模型在中国当前特定文化背景下特定工作团队中的适用性，无疑具有一定的理论价值。

第二，本书在前人研究的基础上，尝试将对待异质性态度和冲突规范作为团队异质性、团队冲突、团队绩效三者关系的调节变量，在文献梳理和案例研究的基础上构建理论模型，并在实证研究中予以验证，是一种有益尝试，可以进一步丰富团队异质性、团队冲突、团队绩效研究理论，具有理论意义。

第三，在高校科研团队中提出并验证对待异质性态度与冲突规范在团队异质性与团队冲突、团队绩效间的调节作用，一方面可以为优化异质性科研团队管理提供理论指导；另一方面可以丰富异质性管理与团队冲突管理两个领域的现有研究成果，具有一定的理论价值。

（二）现实意义

科研团队作为现代科学技术研究的重要组织形式，加强科研团队管理是提升科技创新能力、取得重大研究成果的重要手段。为适应现代科技交叉融合的趋势，科研团队普遍具有较强的团队异质性。科研团队异质性的存在引发团队管理在沟通、协调与知识整合等方面的挑战。另外，因为科研团队学术创新的工作属性、行政权力弱化、专职管理人员缺乏等原因，异质性科研团队的管理面临空前的挑战。在揭示团队异质性对团队绩效作用机理的基础上，通过优化团队管理，充分发挥科研团队异质性的潜在功能性影响，抑制团队异质性引发的知识割裂、利益冲突等因素造成的破坏性影响，成为高校科研团队管理的迫切需要。

本书在总结前人研究的基础上，结合针对科研团队的探索性案例研究，构建高校科研团队异质性对团队绩效影响机理模型，并在实证中验证高校科研团队异质性、对待异质性态度、团队冲突、冲突规范和团队绩效的关系，尤其是对待异质性态度、冲突规范等团队管理因素变量的调节效应，在此基础上对优化高校科研团队管理提出针对性的管理策略，对于组建高质量科研团队、优化异质性科研团队管理、提升科研团队绩效具有参考作用，实践价值明显。

第二节　研究思路与内容

一　研究思路

本书拟通过文献研究，结合对科研团队异质性、团队冲突和团队绩效关系的探索性案例研究，在传统 D－C－P 研究模型中引入对待异质性态度和冲突规范两个调节变量，建构高校科研团队异质性对团队绩效影响机理模型；借鉴国内外研究成果，结合本书探索性案例研究结论，对高校科研团队异质性、团队冲突、对待异质性态度、冲突规范与团队绩效等研究变量的测量量表进行翻译、调整、完善，使之更符合高校科研团队的团队属性与中国文化背景；通过基于调查问卷的实证研究对所构建的理论模型进行验证，对模型中所提出的研究假设进行检验；最后对优化高校异质性科研团队管理，有效发挥异质性团队的潜在优势、遏制异质性对团队绩效的潜在负向影响，提出通过优化异质性科研团队管理提升团队绩效的管理建议。

二　研究内容

根据上述研究思路，本书将重点开展以下三个方面的研究工作：

特定环境下团队异质性与团队绩效的关系验证。自 20 世纪 90 年代末，学界关于团队异质性的 D－C－P 研究模型确立，众多学者基于不同的文化背景、团队属性与研究方法，研究探索团队异质性、团队冲突、团队绩效的关系。即使有学者在中国文化背景下开展关于团队异质性的研究，很少是基于高校科研团队进行的，本书把高校科研团队作为研究对象，将案例研究与实证分析相结合，在高校科研团队中研究团队异质性、团队冲突与团队绩效的关系，验证科研团队异质性对团队绩效的影响是否显著。

在高校科研团队中，探索科研团队异质性对团队绩效的影响机理，揭示团队异质性与团队绩效之间的“黑箱”，是优化科研团队管理、提高科研团队运行效率与创新绩效的前提。本书在传统关于团队异质性的 D－C－P 研究模型中，将通过团队管理能够得以优化的对待异质性态度与冲突规范作为科研团队异质性与团队冲突、团队绩效关系的调节变量，通过构建团队异质性、团队冲突、团队绩效、对待异质性态度、冲突规范关系模型，分别验证团队异质性对团队冲突、团队绩效的主效应、团队冲突的中介效应和对待异质性态度、冲突规范两个变量的调节效应，揭示团队异质性对团队绩效的作用机理，回答团队异质性如何影响团队绩效的问题。

提出优化团队异质性科研团队管理建议。依据本书中构建的团队异质性对团队绩效的作用机理模型，尤其是对待异质性态度与冲突规范两个变量的调节效应，在组建异质性团队、提升对待异质性价值认知、规范冲突行为模式等方面，分别针对高校科研管理部门、团队负责人、团队成员就如何优化高校异质性科研团队管理、提高异质性科研团队运行效率与团队绩效提出相应的管理建议。回答如何提升异质性科研团队绩效的问题。

第三节　技术路线与研究方法

一　技术路线

技术路线是引导本书选题、构思、开展与研究总结归纳的总体性规划，研究执行遵循理论分析与实证研究相结合、定性与定量相结合的原则，如图 1—1 所示。

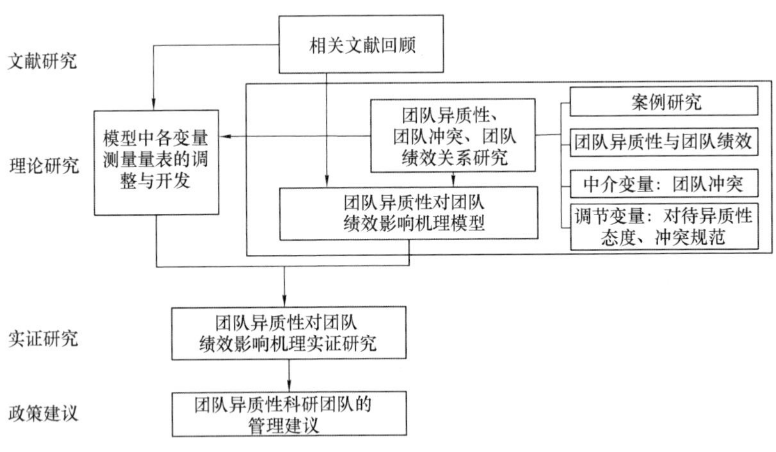

图 1—1　研究技术路线

二　研究方法

本书在研究方法上力求做到两个结合：定量与定性相结合、理论分析与实证研究相结合。在研究过程中拟综合运用定量与定性相结合的方法，采用文献研究、质性访谈、实证研究等具体研究方法。具体说明如下：

1. 文献研究

本书以“团队异质性”“团队冲突”“团队绩效”等研究变量为切入点，利用图书馆电子文献资源，对国内外相关文献进行回顾与梳理，通过对相关研究文献的阅读、归纳与总结，探索团队异质性、团队冲突等问题的演进过程与最新进展，结合研究实际需要，寻找研究突破点。为构建科研团队异质性、团队冲突、团队绩效、对待异质性态度、冲突规范等变量关系的概念模型，揭示团队异质性对团队绩效影响机理奠定理论基础。

2. 案例研究

较之以往关于团队异质性、团队冲突与团队绩效关系研究，本书研究对象是高校科研团队，且在理论模型中引入对待异质性态度与冲突规范两个变量，需要对科研团队的实际情况进行深入了解。探索性案例研究不仅可以在现实环境中分析研究变量之间的逻辑关系，检验和发展现有理论体系，也可以产生新的理论。通过选择典型的高校异质性科研团队作为研究对象进行探索性案例研究，在相关理论指导下设计研究方案，对团队进行案例描述与分析，凝练高校科研团队异质性、团队冲突、对待异质性态度、冲突规范等变量的构建维度与表现形式，初步揭示团队异质性对团队绩效的作用过程，为后续理论模型的构建与研究假设的提出奠定基础。

3. 实证研究

实证研究是本书的重点，通过设计制作高校科研团队异质性、团队冲突与团队绩效关系的调查问卷，采用随机方式发放与回收问卷，基于调查数据对科研团队异质性对团队绩效的主效应、团队冲突的中介效应、对待异质性态度与冲突规范的调节效应进行分析验证，揭示科研团队异质性对团队绩效的影响机理。本书实证分析共分三个阶段：

（1）在理论分析及初步明确各研究变量的基础上，结合探索性案例研究，通过对相关量表题项的翻译、整理和修订，完成小样本预测问卷设计工作，并邀请相关专家审查修订，确定小样本预测问卷后，以高校科研团队为样本，对其成员进行问卷调查。

（2）在小样本预测中，通过对各相关量表进行 CITC 分析、信度分析及探索性因子分析，对问卷进行修订，以提高量表的可靠性。在对正式调查收集的大样本数据的检验中，除进行信度分析和验证性因子分析外，还将对样本数据质量进行检验，确保实证分析的科学性与规范性。

（3）在调查数据的基础上，综合利用 SPSS、AMOS 等数据分析软件，对相关变量进行描述性统计、相关分析，围绕科研团队异质性对团队绩效的主效应、团队冲突的中介效应、对待异质性态度与冲突规范两个变量的调节效应，利用回归方法进行验证分析。对研究模型中提出的研究假设一一验证，并对结果进行总结与分析，充分揭示高校科研团队异质性对团队绩效的影响过程。

第四节　研究创新点

本书拟以高校科研团队为研究对象，基于优化团队异质性管理的视角，采用案例研究与实证研究相结合的方法，揭示团队异质性对团队绩效的影响机理，在传统研究模型的基础上提出并验证对待异质性态度与冲突规范两个变量的调节作用，为优化异质性科研团队的管理提供借鉴。研究的理论创新点主要体现在以下几个方面。

D－C－P 研究模型在 20 世纪 90 年代末被提出时，是基于一般工作团队、在西方文化背景下反映团队异质性通过团队冲突影响团队绩效的作用过程。验证该模型在不同文化背景下、不同工作属性团队中的适用性成为后续研究者的重要研究方向，先后有不同学者对D－C－P 研究模型在不同文化背景、不同工作属性团队的适用性进行验证。本书将高校异质性科研团队作为研究对象，探索团队异质性、团队冲突和团队绩效之间的关系，在一定程度上是对以往研究理论模型的一种验证，即验证以往理论模型在中国当前特定文化背景下特定工作团队中的适用性，无疑具有一定的理论价值。

在传统 D－C－P 研究模型基础上将对待异质性态度和冲突规范作为

调节变量，构建高校科研团队异质性对团队绩效影响机理理论模型，是对传统 D－C－P 研究模型的一种完善。在 D－C－P 研究模型被提出时，研究者曾将工作任务复杂性、成员彼此依赖性等变量作为团队异质性、团队冲突与团队绩效关系的调节变量，后续学者也基于不同研究背景探索更多、更有力的影响因素，揭示团队异质性对团队绩效的影响机制，使研究模型更具说服力、解释力度更强。本书以高校科研团队为研究对象，以优化异质性科研团队管理为研究视角，基于文献综述与探索性案例研究，将对待异质性态度与冲突规范作为调节变量，构建并在实证研究中验证团队异质性与团队冲突、团队绩效关系理论模型，是对团队异质性相关研究的一种丰富。

提出并验证对待异质性态度与冲突规范在高校科研团队异质性对团队绩效影响中的调节作用，为优化高校异质性科研团队管理提供理论依据。本书在梳理前人研究的基础上，结合针对高校科研团队的探索性案例研究，在 D－C－P 研究模型中引入对待异质性态度与冲突规范两个变量，探讨对待异质性态度积极与否对高校科研团队异质性与团队绩效影响关系的差异以及在冲突规范程度高低差异的环境中，高校科研团队冲突对团队绩效影响的异同。从而揭示对待异质性态度与冲突规范在团队异质性与团队绩效间的调节作用，为优化高校异质性科研团队管理，充分发挥团队异质性的积极影响，有效抑制团队异质性的消极影响提供理论依据。

第二章

文献综述

本书所关注的是团队异质性对团队绩效的影响机理，研究内容围绕科研团队活动过程，主要涉及团队异质性、团队冲突、团队绩效等研究变量。本章将对科研团队及其绩效、团队异质性、团队冲突及D-C-P研究模型进行梳理与评述，了解相关研究问题的演进过程与最新进展。

第一节　科研团队与绩效相关研究

现代科学技术的发展，学科交叉融合趋势日趋明显，科学研究的社会化程度日益凸显。传统的科研工作者单打独斗、个体作坊式的个人英雄主义工作模式难以适应现代科学研究的要求，代之以由众多科研工作者组成、彼此相互协同、开放合作的集约化的团队工作模式。科研团队工作模式一改传统个体工作模式中的分散、封闭等弊端，成为现代科学研究的主要工作组织形式。

团队工作模式在企业管理实践中由来已久，相关管理理论在20世纪70年代由日本的“质量管理小组”开始风行，逐步发展到“特殊目标小组”理论，20世纪90年代出现的“自我管理小组”理论，进一步丰富了团队管理相关理论，具体包括团队管理的目标与团队类型等内容。

与一般工作团队相比，科研团队在人员组成、组织目标、工作属性、任务特征、绩效评价等方面都具有特殊属性。本书拟就科研团队的概念及组织属性对现有研究文献进行回顾，并按照 I－P－O 模式，分别以科研团队的输入变量、过程变量与输出变量为维度，对科研团队相关研究进行梳理，以期为本书研究的开展提供部分理论支撑。

一　科研团队的概念与组织特征相关研究

与个体工作模式相比，团队工作模式更强调集体智慧。所谓团队，是指由少数具有互补技能、愿意为共同的目标和方法而相互承担责任的人组成的群体。团队工作模式被引入科学研究领域后，便被称为科研团队，如陈春花将科研团队定义为“以科学技术研究与开发为内容，为数不多的技能互补，愿意为共同的科研目的、目标和工作方法而相互承担责任的科研人员组成的群体”。就是在团队概念的基础上，强调科研团队的工作内容是科学技术研究与开发，科研团队的组成人员是由为数不多的科研人员组成，至于技能互补，为共同的科研目的、目标、工作方法相互承担责任等方面则与一般工作团队并无太多出入。关于科研团队的概念，康旭东等人强调科研团队过程，认为科研团队的本质特征应为团队领导者的战略眼光与协调能力，促使团队和谐有序运行，持续产生新成果这样一个过程。

高校科研团队作为一种特定的科研团队类型，存在于高校生态环境之中，是现代大学管理制度下的一种基层学术组织，作为承担高素质创新人才培养、科学技术创新与社会服务职能的前沿阵地，伴随着我国高等教育的发展，学者对高校科研团队的功能认知持续深化。刘慧在综合高校科研团队相关研究概念的基础上，将高校科研团队界定为：以科研创新为目的，以科学技术研究与开发为内容，由为数不多且技能互补、愿意为共同的科研目标从事科学研究、协同劳动并相互承担责任的以高校科研人员为主组成的群体。学者赵峰对于高校科研团队的定义为“以科学技术研究与开发为内容、由为数不多的技能互补的、愿意为共同的科研目的、科研目标和工作方法而相互承担责任的以高校科研人员为主组成的群体，具有目标共同性、知识共享性、利益依存性等特征”。可见，关于高校科研团队的概念，国内学者认知比较相似，一般突出由为数不多的高校科研人员组成，团队成员愿意为共同的科研目的、目标、工作方法承担责任、协同工作等。

作为高校开展科研工作的基础力量，高校科研团队主要以科研梯队、学术研究中心或课题组为主要存在形式，国内学者在从事高校科研团队的研究过程中，除对其概念进行研究与界定外，还对高校科研团队特定的组织特征进行分析与概括，主要体现在以下几个方面：

从团队属性上讲，高校科研团队不是一级行政组织，而是作为一个独立的学术组织而存在。虽然在特定环境下，部分高校科研团队的负责人具有行政职务，但不足以改变科研团队作为学术组织存在的团队属性。

从团队发展上讲，高校科研团队不是一个临时性的课题组，而是一个相对稳定的学术研究队伍，从组建、发展以至解散，具备特定的团队发展过程，符合团队发展的一般规律。

从团队工作内容上讲，高校科研团队的学术研究工作具有很强的计划性、目的性与系统性，科研团队的组建与发展以科研目标为导向，其工作过程受团队科研任务与规划的约束。

从团队领导角色上讲，高校科研团队一般都有声望较高的学术带头人。与一般行政性团队组织不同，科研团队的领导力对于行政管理力量的依赖远远小于对学术影响力的依赖，科研团队的运营与发展，主要是靠学术带头人的学术影响力与人格魅力，因此，高校科研团队须有高声望的学术带头人。

从组织经费来源上讲，高校科研团队的运转与活动经费主要是靠稳定的课题经费，与高校其他组织主要依赖财政拨款、行政经费不同，高校科研团队的主要经费来源是课题经费，用以支撑团队从事科学研究、人才培养与社会服务活动。

从组织功能上讲，高校多数组织都要承担科学研究、人才培养与社会服务的任务，但科研团队除承担上述核心职能外，还要进行学术讨论与学术交流。

二　科研团队输入变量相关研究

科研团队输入变量相关研究主要是指以影响科研团队过程与结果的因素为研究内容，以探索研究变量与团队结果关系的研究为主，主要体现在对团队成员特征、团队领导、组织结构等因素的研究上。

将团队领导因素作为科研团队输入变量的研究，多集中在领导风格、领导类型、领导行为等研究变量上，其研究目的主要是揭示领导因素对科研团队绩效的影响。

领导风格是科研团队的重要组成内容，常被作为科研团队重要的输入变量，能够对团队成果产生重要影响。国外学者 Hemlin 将领导风格理论引入高校科研团队中，验证了领导风格对科研团队绩效的重要影响。方阳春等人研究包容性领导风格对科研团队绩效的影响，他们认为包容性领导风格包含五个维度，对科研团队绩效都具有显著正向影响，其中领导者公平对待成员与充分发挥团队成员优势对团队绩效影响尤为突出。裴瑞敏等人的研究验证了科研团队领导行为风格对团队成员创造力的培养过程具有关键作用。

领导行为是影响科研团队的又一重要因素，孟太生从科研团队领导的变革型领导行为、团队沟通和组织公民行为三个方面研究科研团队领导行为对团队效能的影响。李梦雪将科研团队学术带头人的领导行为归纳为事业型、经费激励型和放任型，并验证了其与团队绩效的关系。

变革型领导理论认为，团队变革型领导具有领导魅力、智力激发以及个性化关怀三个特征，国内学者结合中国情景提出变革型领导包括领导魅力、德行垂范、个性化关怀和愿景激励四个维度。科研团队成员工作属性具有创新性、复杂性、主观能动性强等特点，容易被领导因素所影响，进而影响科研团队绩效。领导类型也常被学者作为影响科研团队绩效的领导因素，Athena 与 Maria 以变革型领导为研究对象，验证了变革型领导通过成就导向等中介变量影响团队绩效。汤超颖等人在其研究中认为变革型领导作为一种领导风格，通过让员工意识到所承担任务的重要意义，激发下属的高层次需要，建立互相信任的氛围，促使下属为组织的利益牺牲自己的利益并达到超过原来期望的结果，褚超孚在其博士学位论文中基于变革型领导理论，将变革型领导对科研团队绩效的影响定位在变革型领导的理想感召行为、个性关怀、智力激发三个方面，通过研究验证上述变革型领导的三个因素对科研团队绩效都具有正向影响。

陈晨等人构建科研团队变革型领导与创新行为被调节的中介作用模型，对中科院所属科研团队进行问卷调查，研究表明变革型领导通过心理授权对团队成员创新行为具有正向影响，且受到工作复杂性的正向调节影响。周家贵对科研团队变革型领导行为、组织公民行为、团队沟通与团队绩效的关系进行研究，结果表明变革型领导对团队绩效具有直接和间接的正向影响。汤超颖的研究表明变革型领导对团队创造力具有显著的正向影响，其另一项研究也验证了科研团队魅力型领导对团队绩效的影响。

科研团队的组织因素也是影响团队过程与结果的重要变量，国内外学者从组织结构、组织氛围等方面研究论证科研团队组织因素对科研团队的影响。闫俊周的博士学位论文将科研团队的组织因素定位于组织环境、组织网络与组织结构三个方面，研究其对科研团队创新绩效的影响。张崴在研究型大学的科研团队结构对创造力影响的研究过程中，从个体成员能力结构、团队角色配置、团队异质性结构等方面论证了科研团队结构对创造力的影响。

组织环境是使一个组织区别其他组织的相对稳定的内部环境特点，如 Charbonnier-Voirin 等学者已经验证了创新性环境对创新行为的正向影响。国内学者任毅以某制造业企业为特定研究对象，论证组织环境与科研团队创新绩效之间的关系，研究结果显示两者间存在显著的正相关关系。李德煌等人在研究中同样试图研究组织环境与创新性氛围对科研团队创新绩效的影响，具体表现在组织环境在团队知识整合行为与创新绩效间起到正向调节作用，创新性氛围与团队创新绩效密切相关。

科研团队成员是团队最重要的输入变量，是团队知识创造、创新的源泉，团队成员的特征自然成为影响团队过程与结果的重要因素。国内学者晋琳琳等人研究科研团队成员因学科背景引发的价值观差异对科研团队创新绩效的影响。黄淑芳的博士学位论文旨在研究跨学科团队异质性对高校原始性创新绩效的影响，将异质性定位在学科异质性、认知异质性与组织异质性三个维度，研究结果证实了团队成员异质性与团队绩效的关系。郑强国及其合作者则研究了科研团队社会类别属性异质性、信息异质性与价值观异质性对团队绩效的影响。电子科技大学的陈睿博士研究了高校科研团队异质性对创新绩效的影响，该研究关于团队异质性的关注点在于身份相关与任务相关两种类型的异质性。吕洁同样关注团队成员的异质性对团队创造力的影响，通过实验研究、案例研究与实证研究分析，验证了团队成员知识异质性对团队创造力的影响。王颖等人以共享心智模型为中介变量，提出并验证了研发团队知识异质性与团队创新绩效的关系。

三　科研团队过程变量相关研究

科研团队过程是一个知识集聚、融合、发展的过程，也是思想交汇、迸发的过程，更是团队成员沟通、协作的过程，诸多学者根据不同的研究需要，从不同的研究角度，选取不同研究变量，试图揭示科研团队过程变量对结果变量的作用过程。

科研团队冲突表现为团队成员间在思想、认知、行为等方面的不一致，不同团队成员因教育背景、工作经历、价值观等因素影响，团队过程中存在团队冲突属于一种自然过程。国内外不少学者选择将团队冲突作为揭示团队过程的杠杆，如马志强等人选择高校科研团队冲突作为自变量，研究团队冲突、内聚力与团队效能的关系，结果显示高校科研团队冲突通过团队内聚力对团队绩效产生影响。尹惠斌在其博士学位论文中，以企业研发团队为研究对象，验证研发团队知识冲突对突破性创新绩效的影响。蔡翔等人从关系冲突、任务冲突和过程冲突三个维度研究高校科研团队冲突对团队绩效的影响，研究结果证实：高校科研团队关系冲突、任务冲突均通过联合决策、开放沟通和团队合作对团队绩效产生影响。

高校科研团队从事的工作具有复杂性、创新性等特征，需要专业侧重点不同的团队成员彼此间相互协调，尤其是在具有异质性特征的高校科研团队中，沟通尤为重要。Reagans 等人之前就通过实证研究证实：团队成员间频繁、深入沟通是促进团队知识转移与创新的关键因素。吴杨及其合作者以系统动力学为理论基础，对沟通管理在科研团队知识创新绩效中的作用机制进行数据描述，提出科研团队知识创新过程中沟通管理的具体实施策略。杨振华等学者由高校科研团队规模入手，分析了高校科研团队中普遍存在的沟通网络类型与特点。

信任是组织合作的前提，是减少组织内部摩擦的润滑剂。Ford 通过实证研究证明了团队信任对知识创新的促进作用。异质性科研团队为攻克跨学科研究任务，由来自不同学科领域的团队成员组成，信任是团队合作不可或缺的基石。刘慧分析了科研团队人际信任、知识共享与创新绩效之间的关系，通过实证研究检验高校科研团队人际信任对知识共享和创新绩效具有显著的正向影响。高鹏基于中科院 6 所科研院所的 163 名科研团队成员的调研数据，研究得出：科研团队中，信任与团队创造力呈正相关关系，信任通过建设性争辩的中介作用促进团队创造力提升。

高校科研团队作为从事知识集聚、传播、生产的工作组织，异质性成员间的知识共享、整合、管理作为团队过程的重要变量，为很多学者所关注。赵丽梅对高校科研团队内部知识整合的内涵进行了明确，构建了高校科研团队内部知识整合网络，在实证研究中证实高校科研团队内部知识整合网络的存续是提升团队知识创新的关键。张敏的研究目的在于探索影响高校科研团队隐性知识共享行为的影响因素，研究结果显示高校科研团队在个体、组织和群体层面都存在影响知识共享的因素。张伟则在整体网络视角下，研究高校科研团队知识共享能力的测量方法与技术，包括网络黏性测量、中心性测量、核心—边缘测量、能聚子群以及结构洞测量等内容，并在实践中予以运用。国外也有研究验证了团队知识共享能够显著提升团队绩效与创造力。

协作，作为团队成员基于共同的信念与价值观以及一致的心理表征的行为模式，对于提升科研团队效能具有重要意义，如何改善团队协作以提升科研团队效能成为学界关注的重要命题。金惠红从团队层面探讨高校科研团队目标、团队沟通、团队规范、团队领导等相关协作因素对团队效能的影响，通过研究发现：团队协作因素中，目标、沟通、领导对团队效能正向影响显著。周家贵以三个科研团队为案例研究对象，从计划与规则、对象与表述、角色、例行程序、临近性等协调策略对团队绩效的影响入手，建立了团队协调机制与协调效果的普适性理论框架。马卫华的博士学位论文将研究中心转向学术团队的产学研合作，基于案例研究与相关理论基础，构建产学研合作对于学术团队核心能力形成的作用路径理论模型，并结合广东五所高校内的98个团队的调查数据对理论模型进行了验证。

四　科研团队输出变量相关研究

科研团队的输出变量是指用以标识科研团队过程结果的研究变量，综合关于科研团队的诸多研究，创新绩效、团队效能、核心能力、创造力等概念成为表达科研团队输出变量的高频词汇。

对于科研工作团队来说，创新绩效成为衡量团队产出的首要选择。季国民将创新绩效按照潜在绩效、行为绩效和结果绩效三个维度，将科研团队创新绩效分为个体、团队两个层面，组成 2×3 矩阵表达科研团队创新绩效。陈丝璐在研究集体主义人力资源实践对科研团队创新绩效的作用机制时，从创新程度与计划符合度两个维度，借鉴前人开发的量表测量科研团队创新绩效。杨陈和唐明凤认为科研团队创新绩效由团队成果的创新度、技术水平以及团队的适应能力三个方面组成。李林英在总结前人关于科研项目团队创新绩效研究的基础上，将创新绩效定义为团队及团队成员在开展科研活动过程中以及科研项目完成时产生的可感知的、可测量的物与人的总和。

科研团队与一般性工作组织不同，在人员组成与任务性质等方面具有特殊性，团队结果更强调创新、创造。有学者将创造力引入科研团队研究，作为评价团队结果的重要变量。创造力是组织行为领域的一个研究概念，向来有作为过程的创造力与作为产品的创造力以及一般创造力和特定创造力之别，吕洁在研究团队知识异质性对团队创造力影响机制的博士学位论文中，将创造力作为知识性团队的输出变量，将其定义为“形成新颖且有用的想法、流程或解决方案的能力”，并借助量表对其进行测量。汤超颖等人在研究变革型领导对创新、创造的影响机理时，也选择科研团队创造力作为因变量，通过对78个科研团队的实证研究，验证变革型领导对团队创造力的正向影响。赵新宇在认知评价理论的基础上，探讨高校科研团队中领导语言框架对科研团队成员创造力的影响作用与内在机理，通过所构建的作用模型与数据分析，验证了领导语言框架与科研人员创造力的关系。高鹏等人在研究团队信任、建设性争辩与团队绩效的关系时，同样选择团队创造力作为衡量科研团队结果的研究变量。

王颖在评价科研团队绩效时，采用知识创新绩效作为研究的因变量，研究中将知识创新作为一个整体变量，包含研发新产品数量、新产品质量、研发成本、工作效率、客户满意度等测量指标。张华等人在验证科研团队以往绩效与网络异质性对团队绩效影响的研究中，同样用知识创新作为结果变量评价科研团队的绩效产出。吴杨、李晓强等人同样将知识创新作为评价科研团队创新绩效的研究变量，并将其定义为“通过科学研究获得基础科学和技术科学知识的过程，其目的是追求新发现、探索新规律、创立新学说、创造新方法以积累新知识”。

团队效能是指团队实现预定目标的实际结果，主要包括团队绩效、团队成员工作能力提升和团队成员满意度三个方面。国内学者马志强等人在研究高校科研团队冲突、内聚力与团队效能关系的过程中，认为团队效能不仅包括团队绩效，还包括团队成员态度和行为，在构建理论模型的基础上，通过问卷调查与统计分析，验证了高校科研团队冲突通过内聚力影响团队绩效的关系。陈伟等人把研究的着眼点定位为揭示科研团队断裂带对团队效能的影响，把因变量团队效能划分为任务绩效与合作满意度两个维度，验证了断裂带对团队效能的负向影响。金惠红等人在总结前人研究的基础上，将团队效能定义为团队成员为实现团队目标，相互配合、共同完成任务而实现的实际结果，主要包括任务效能与周边效能两个方面，并且论证了团队目标、团队沟通、团队规范、团队领导对团队效能的影响。

五 科研团队及绩效相关研究述评

关于科研团队绩效的界定与评价，探索影响团队绩效的因素变量及其作用机理成为相关研究的主体，其研究目的主要聚焦于通过揭示影响团队绩效的各种变量及作用过程，进而强化科研团队过程管理，以提升科研团队的绩效水平。

现实中，高校科研团队过程既受团队结构、成员特征、环境因素等原始因素影响，也受团队领导、沟通协调、知识整合等过程因素影响，同时与团队绩效评价标准的选择与操作密切相关，仅仅局限于上述某一特定因素或具体变量，试图揭示高校科研团队的内在规律，势必受到种种限制。如果能够综合科研团队的输入—过程—结果过程的若干因素，通过完整考虑其运作过程构建理论模型，应该更具解释能力。

第二节　团队异质性研究

劳动力市场的结构变化、员工流动性加速和日益精细的专业化分工使社会和组织呈现越来越多的异质性，带动学者也逐渐将团队异质性作为研究的焦点。本节内容回顾了关于团队异质性研究的现有文献，按照概念、分类、度量、作用等维度进行梳理，并对团队异质性研究的历程与趋势进行评述。

一　团队异质性的概念、分类

异质性作为一个研究概念，起源于20世纪中期的美国黑人民权运动，当时研究的内容主要涉及种族与性别方面的异质性。此后，关于团队异质性的概念、分类及其作用，不同学者都尝试予以明确，相关研究也逐步深入。

1. 团队异质性的概念

关于团队异质性的概念，不同学者在不同研究阶段、基于不同研究视角、出于不同研究目的，对团队异质性的概念予以界定（如表2—1所示）。

表 2—1 团队异质性的代表性概念

作者	时间	角度	内涵
Blau	1977	在特定属性上的分散程度	团队个体之间在人口统计属性上的差异程度
Jackson	1992	强调异质性作为整体概念	团队成员中性格、性别、态度、背景和经验属性的混合物
Katzenbach Smith	1993		团队成员的个性特点、技能与想法彼此相异且能够对团队目标与绩效产生影响的诸多因素集合
Jackson Stone Alvarezk	1993	具体属性上具有不同特征	团队个体在某些属性上具有不同特征，这些属性既可以是性别、年龄和种族等不易改变的人口统计学变量，也可以是个性、专业、教育等可以改变的变量
John	1995	组建与管理团队过程的故意行为	团队为节省运营成本、提高管理效率，刻意吸收具有不同特征属性的成员进入团队而呈现的团队属性
Williams O' Reilly	1998	异质性属性的主观感知	任何能够被团队成员感知的可能导致自己与他人存在差异的特征
Knippenberg Schippers	2007	所有属性变量	一切能够反映群体成员之间客观或主观差异程度的社会分组特征
王国锋	2009	医疗团队异质性（差异）	成员在年龄、性别、教育程度、团队任期等特征方面的差异
王冰	2012	创业团队异质性（分布）	创业团队中成员个人特质的分布情况，即团队成员在性别、年龄、职能背景、专业以及价值观等方面的不同表现
张平	2005	高层管理团队异质性（差异）	团队异质性定位在年龄、任期、教、职业经验、文化和认知等维度上的差异
刘嘉、许燕	2006	团队成员在特征因素上的差异程度	团队成员在性别、年龄、教育程度、性格、团队任期等特征因素上的差异程度

由表 2—1 可以看出，在团队异质性研究的早期，人们倾向于将异质性研究关注点聚焦于性别、年龄、种族等人口统计学变量，因此将团队异质性定义为团队个体之间在人口统计属性上的差异程度。随着团队异质性研究的发展，关于异质性的定义逐渐深化，具体表现在 Jackson 等人把团队异质性定义为团队个体在某些属性上具有不同特征，这些属性既可以是性别、年龄和种族等不易改变的人口统计学变量，也可以是个性、专业、教育等可以改变的变量；Williams 等学者将团队异质性定义成任何能够被团队成员感知的可能导致自己与他人存在差异的特征；John 则把团队异质性定位为团队为节省运营成本、提高管理效率，刻意吸收具有不同特征属性的成员进入团队而呈现的团队属性。有学者将团队异质性视为团队成员差异，更有学者将团队异质性视为团队的一个整体概念。

国内学者对团队异质性研究开展的相对较晚，学者往往根据中国文化背景对团队异质性进行定义。如刘嘉等人认为异质性是团队成员在特征因素上的差异程度，如团队成员在性别、年龄、教育程度、性格、团队任期等特征因素上的差异程度。张平与王冰分别从高层管理团队和创业团队的角度定义团队异质性，前者将团队异质性定位在高层管理团队成员年龄、任期、教育、职业经验、文化和认知等维度上的差异，后者认为团队异质性是指创业团队中成员个人特质的分布情况，即团队成员在性别、年龄、职能背景、专业以及价值观等方面的不同表现。

从以上关于团队异质性的概念可以看出，学界关于团队异质性的研究趋势呈现以下几个方面的趋势：从关注团队成员在人口统计属性差异性，逐步发展到关注价值观、个性特征、文化、知识等深层次属性的差异性；从关注研究团队成员在个体属性的客观差异，过渡到团队成员对于客观差异的主观感知，即团队感知异质性；从关注团队成员个别变量属性差异性，逐渐延伸到成员间任意一种特征属性的差异；从关注一般工作团队成员异质性，发展到研究高层管理团队、创业团队、创新团队等专业团队成员异质性。从上述关于团队异质性研究的发展过程可知，关于团队异质性的研究必将持续深化，不断揭示团队异质性作为一种团队特征的意义。

2. 团队异质性的分类

除对异质性的概念进行明确外，对异质性按照种类、等级或性质进行分别归类也是正确认识团队异质性的重要手段。关于团队异质性的分类，与其概念的界定一样，内容各异、标准不一。通过研究关于团队异质性分类文献，本书将代表性的观点梳理总结标识如表 2—2 所示。

表 2—2　　团队异质性的分类

分类方法	分类类别	代表人物及时间	分类依据	分类内容
两分法	显性（浅层）异质性	Cunningham（2004）	是否易被观察	性别、年龄、种族背景
	隐性（深层）异质性			个性、态度、心理、文化、教育技能、职业背景
	关系导向异质性	Knippenberg（2004）	与工作关系	性别、年龄、种族
	任务导向异质性			职能背景、任期、学历
	构成异质性	Moynihan，Peterson（2001）	个体属性与个体间关系	年龄、性别、种族、教育背景、职能背景、任期
	构造异质性			文化、价值观、心理素质或个性、能力或技能、态度、身份知识、决策风格
三分法	信息异质性	Jehn（1999）	异质性的性质	职能背景、知识、技能
	社会分类异质性			年龄、性别、种族
	价值观异质性			文化、价值观、工作态度
	性状异质性	Knippenberg，Mell（2016）	异质性的表现形态	稳定属性
	状态异质性			认知、情感
	诱发异质性			团队互动过程中出现的异质性

Cunningham 按照异质性属性被观察的难易程度，将团队异质性分为显性（浅层）异质性和隐性（深层）异质性两种类别。前者主要包括性别、年龄、种族背景等属性特征差异性，后者的团队异质性则主要体现

在个性、态度、心理、文化、教育技能、职业背景等相对隐性的特征属性方面。显性（浅层）异质性与隐性（深层）异质性的分类在异质性相关研究中较为常见，国内学者刘树林和唐均的研究也是遵循这一分类结果。

也有学者将团队异质性分为任务导向与关系导向两种类型，其主要依据是异质性特征与工作的相关性。关系导向异质性与工作关系关联性差，主要涉及人口统计学变量，具体表现在性别、年龄、种族等方面的差异；任务导向异质性主要体现在与工作密切相关的知识、技能等特征属性上，具体指职能背景、任期、学历等。

Jehn 在其研究中，按照团队异质性的性质，将团队异质性分成信息异质性、社会分类异质性和价值观异质性三类。信息异质性包含成员在知识、经验与观点等方面的差异性，具体表现在职能背景、知识、技能的差异性；社会分类异质性是指团队成员在年龄、性别、种族等人口统计学属性特征的差异性；价值观异质性是标识团队成员对团队目标、任务、生活等内容的不同看法。

Knippenberg 和 Mell 在其关于团队异质性的最新研究展望中，提到性状、状态及诱发异质性的区别，其中性状异质性主要是指传统关于异质性研究静止不变的特征属性差异；状态异质性是指在团队成员之间存在且能够发生变化的特征属性差异，如认知、情感等；而诱发异质性则表示团队互动过程中出现的异质性。

也有学者将团队异质性按照 4 项、5 项进行分类，如 Zimnerman 等学者则通过职能、教育、任期、年龄四个维度考察高层管理团队，其中职能背景异质性主要从财务、人力资源、经理、市场营销等不同企业职能进行考察；教育背景异质性主要体现创业团队成员最高学历的差异；任期异质性则反映创业团队成员加入团队时间的不同。国内学者樊传浩研究了人口统计学属性、教育背景、创业经验、认知和工作价值观五种异质性对团队效能的作用。

关于团队异质性研究的发展推动了团队异质性分类研究的持续深入，从以往的研究可以看出，关于团队异质性的分类标准各异，分类内容更不尽相同。有两点应该引起学者注意：一是关于团队异质性的分类不宜过细，否则无法体现异质性类别之间的关系，更无法准确揭示团队异质性对团队的影响；二是关于团队异质性分类研究，应该体现不同异质性类别之间的互动关系，尤其是在团队过程中各种异质性之间的相互作用，既要关注团队成员间静态属性的差异，更应关注异质性之间的互动过程。

二 团队异质性的测量

对团队异质性的测量是进行团队异质性研究的重要内容，也是进行实证研究的基础与前提。关于异质性的测量，总体上有两种方式：公式测算与量表测量。公式测算是通过使用特定的公式，结合异质性变量数据测算异质性变量在团队层面的差异程度，这种方法主要用于测算易于观察的表层异质性变量，诸如年龄、性别、教育程度、任职年限等；量表测量是通过调查问卷的方式对团队成员主观或者不易观察到的异质性变量收集信息，在此基础上分析团队异质性程度。

1. Allison 差异系数

该系数主要用于测算团队异质性中连续变量的差异程度，这一指标用标准差与平均数的比值衡量团队异质性，计算公式如下：

$$CV = \frac{S}{M} \times 100\% \qquad (2.1)$$

其中，M 是样本平均数；S 是样本标准差。

Allison 差异系数 CV 值越大，表示该团队的异质性程度越高；反之，团队异质性程度则越低。

国内学者陈睿的博士学位论文在测定年龄和从事科研时间的差异性时，采取 Allison 差异系数。张平在测定创业团队年龄与任期异质性时，也使用了这一计算公式。

2. Blau 系数

Blau 系数主要用于测算团队异质性中类别型变量的差异程度，含义是第 k 个随机变量的个体同时不属于同一个样本的概率，计算公式如下：

$$H = 1 - \sum p_k^2 \qquad (2.2)$$

其中，P_k是第 k 个类别成员在团队中所占的比例。该系数越接近于1，表示该团队异质性程度越高；反之则越低。

金泉在测量团队异质性过程中，将职能背景、教育背景、年龄差异和加入团队的时间等变量进行类化后，利用 Blau 系数测定。张平在测量团队教育专业背景、职业经验异质性时，同样采用 Blau 系数确定。

3. Teachman 熵指数

Teachman 熵指数采用 T 系数作为异质性程度的测定方法，主要用于类别型变量的测算，计算公式如下：

$$T = -\sum P_i(\ln P_i) \tag{2.3}$$

其中，P_i 表示第 i 个类别成员在团队中所占的比例。

4. 异质性测量量表

量表作为一种测量工具，可以对主观的、抽象的概念进行量化测量。对于团队价值观异质性，一般采用量表的方式进行测定。Jehn，Northcraft 和 Neale 在对团队异质性、团队冲突的与团队绩效关系研究的过程中，制定了团队异质性（价值观异质性）的测量量表，该量表采用李克特 5 点刻度进行变量的测量，以数字 1—5 分别依次表示非常赞同、比较赞同、中立、不太赞同以及非常不赞同，受访者根据自己的主观感受进行各项问题的回答，通过量表测算团队价值观异质性，经检验该量表的 α 系数为 0.85，具有较好的信度。

知识异质性测量量表是由 Tiwawa 和 Mclean 于 2005 年开发，用于测量团队成员所拥有的专长的差异性程度。该量表采用李克特 5 点刻度量表测试知识异质性，在国内也被学者广泛使用。

近年来，学者在对团队异质性进行评价时，不但价值观异质性等主观属性变量采用量表方式予以确定，而且性别、年龄、教育背景、技能与职业技能等显性特征变量也用量表予以测定。国内学者王冰在其博士学位论文中，使用“成员在年龄上分布很广”等 5 个题项测定创业团队年龄异质性、用“成员在教育背景上差异很大”等 5 个题项测定创业团队教育背景异质性、用“成员在团队任期上各不相同”来测定职业背景异质性；胡桂兰在研究创业团队异质性对创业决策的影响过程中，同样使用测量量表测定年龄、职业技能（职能）和价值观异质性。

可见，对团队异质性的测量，有公式与量表两种测量形式，对价值观异质性等主观属性一般采用测量量表的方式测量，而对信息异质性中的教育背景、职业背景、年限、性别、年龄等一般采用公式计算的方式。相对于量表测量方式，公式测量具有准确、易操作等显著优点，但也有局限性，即必须对团队进行全员式的分析与研究，否则团队异质性数据质量难以保证。2011 年以后，部分学者在对类别属性变量异质性的测量也同样用量表方式进行。

三　团队异质性的作用

关于团队异质性对团队过程和团队结果的影响，是典型的“双刃剑”效应。此效应不仅表现在团队异质性与团队绩效本身的关系差异性，同时也表现在大量研究结论相互冲突、指导基础理论各异，致使团队异质性对团队绩效的作用“黑箱”无法被充分揭示。

1. 团队异质性的影响

关于团队异质性对团队绩效的影响，不同学者基于不同的理论基础构建模型，通过问卷调查与实验、元分析等不同研究方法进行探索，但至今尚未取得一致结论。关于团队异质性与团队绩效的关系，整体上有正向影响、负向影响、无影响等几种主要观点。

有学者基于信息加工、团队决策理论认为团队成员异质性可以为团队带来更多的观点、经验、知识，对于提高团队决策质量和解决复杂问题具有正向影响。持这一观点并通过研究验证的学者有很多（见表 2—3）。

另外一些学者，基于社会分类、认同理论，指出团队异质性的增加，不仅不能为团队带来功能性影响，反而存在破坏团队凝聚力、增加团队冲突、产生摩擦与隔阂等负向影响，同样也有实证研究基础。

有些学者通过研究发现团队异质性与团队绩效关系并不显著。Webber 利用元分析的研究方法，研究团队异质性与团队绩效、团队凝聚力的关系，结果显示前者无法对团队产生影响。

面对团队异质性与团队绩效之间的不确定性，或者研究结论的不一致性，有学者指出，应该综合异质性与团队绩效之间的影响因素，如环境因素、组织因素、任务特征因素、团队发展阶段等因素，需要考虑团队异质性与团队绩效之间的调节变量，也称为权变影响观点。如 Ancona

等人研究了任务特征，即任务复杂度、相互依赖性和持久性在异质性与团队绩效之间的调节作用。有研究侧重于研究团队处于不同发展阶段对异质性与团队绩效之间的影响，有学者论证了团队内部的沟通频率和成员之间的相互协作对异质性与团队绩效之间的影响。

表 2—3　　团队异质性的影响

影响形式	代表人物	理论基础	主要观点	备注
正向影响	Jackson，Jehn	信息加工、团队决策理论	团队成员异质性可以为团队带来更多的观点、经验、知识，对于提高团队决策质量和解决复杂问题具有正向影响	元分析
负向影响	Judge，Perris Zenger	社会分类、认同理论	团队成员会基于性别、年龄、种族和工作年限等异质性属性变量在团队内形成内团体，团体内外之别会影响成员情感与认同，进而对团队绩效产生消极影响	
无影响	Webber		通过研究发现团队异质性与团队产出关系并不显著	
权变影响	Ancona，Filley Shaw J.	权变管理理论	应该综合异质性与团队绩效之间关系的影响因素，如环境因素、组织因素、任务特征因素、团队发展阶段等因素	
双向影响	Van Knippen-berg	SEM 模型	团队中既存在对团队绩效产生积极影响的异质性因素，也存在对团队绩效产生消极影响的异质性因素	

面对团队异质性与团队结果变量关系研究结论的矛盾性，Van Knippenberg 在 2004 年提出团队异质性 SEM 模型，主要观点是团队中既存在对团队绩效产生积极影响的异质性因素，也存在对团队产生消极影响的

异质性因素，前者通过团队决策过程产生积极影响，后者通过社会类化过程产生消极影响。这与 Jehn 关于团队异质性、团队冲突与团队绩效 D－C－P 研究模型构建的理论基础相一致。

2. 团队异质性作用机制

关于团队异质性与团队绩效的研究，除关注其影响性质外，对作用过程的研究也是极其重要的组成部分，因为后者涉及团队异质性是如何影响团队绩效的。这一过程在未被完全揭示之前，学者一直称之为“黑箱”。揭示“黑箱”现象就意味着探索团队异质性对团队结果变量作用过程中的过程变量、环境变量以及异质性分类等产生影响的因素变量。

任务因素，任务本身的复杂性经常作为团队异质性与团队绩效关系研究的调节变量。Van Dijk 等人通过元分析得出，与任务复杂程度低的团队相比，当团队任务复杂程度高时，异质性团队能够取得较好的绩效。在 Jehn 的经典研究中，任务复杂性也是一个重要调节变量，即在任务复杂性越高的团队，团队异质性的功能性作用发挥得越充分。

团队结构，包括团队规模与成员分布情况，也是影响团队异质性与团队绩效关系的重要因素。一项关于科研团队的研究证实，规模越大的团队在团队异质性作用发挥上面临越多的困难。Polzer 和他的同事验证了团队成员分布对团队异质性与团队绩效之间的影响关系，他们将成员散在各处的虚拟团队与面对面团队进行比较研究，发现虚拟的异质性团队的团队信任水平更高，由此带来更好的团队绩效。

团队心理安全与团队信任能够在团队异质性与团队绩效之间产生重要影响。团队心理安全程度与团队信任水平越高，团队成员间的异质性特征越能够在彼此间相互影响，而且能够降低异质性的割裂作用，异质性的功能性作用发挥越明显。团队集体认同感也能够调节团队异质性与团队绩效之间的关系，团队成员如果能够彼此认同、友好相处，不但能够影响团队任务的完成，同时也能够调节团队氛围，进而影响团队绩效。

时间因素也能够影响团队异质性与团队绩效的关系。有学者试图研究验证团队异质性与团队绩效的关系在时间跨度上是否变化，或者说团队的成长过程对两者关系有无影响。Pelled 通过实证研究验证了团队存在时间越长，成员间由社会类别属性异质性导致的情感冲突显著减弱，而由信息异质性对团队绩效产生的促进作用随着团队成立时间越长会更明显。Giambatista 等学者在虚拟团队中同样验证了团队成立时间在团队人格异质性与团队绩效间关系的调节效应，该研究表明：成立时间越长的团队由异质性引发的绩效提升越明显。

团队异质性与团队绩效的作用机理除受上述因素影响之外，还可能以其他团队过程变量为中介，如知识共享、共享心智模型、团队沟通、团队冲突等。Hewitt B. A. 在传统的 D – C – P 研究模型中加入团队知识共享这一团队过程变量，验证了在 IT 工作团队中，团队异质性通过团队冲突、团队知识共享对团队绩效产生影响。

心智模型的概念来自认知心理学，反映认知主体运用概念对自身体验进行判断与分类的一种惯性化的心理机制或既定的认知框架。由不同成员组建的团队存在团队共享心智模型的概念，由相似性与准确性两维度构成，团队共享心智模型使团队成员能对团队作业形成正确的解释与预期，从而协调自己的行为以适应团队作业和其他团队成员的需求。基于团队共享心智模型的概念属性，使之成为团队异质性与团队绩效研究中介变量的重要选择。王颖、彭灿在研究知识异质性与团队绩效关系的过程中，即选择团队共享心智模型作为中介变量，验证了团队知识异质性与团队知识创新绩效间的倒 U 形关系。

鉴于团队冲突对团队绩效作用的复杂性，使之具备作为研究团队异质性与团队绩效关系中介变量的天然优势。D – C – P 研究模型自 20 世纪 90 年代作为研究团队异质性、团队冲突与团队绩效的重要研究思路，很多学者对三者之间的关系进行持续的研究，相关研究后文将进行总结。本书也是基于前人研究基础之上，在团队异质性、团队冲突与团队绩效之间的关系中，加入对待异质性态度与冲突规范两个调节变量，应归属于将团队冲突作为研究团队异质性与团队绩效关系中介变量的范围内。

有学者将团队沟通作为团队异质性与团队绩效间的中介变量。根据社会类化理论与断裂带理论，团队异质性会造成团队成员间割裂，影响团队沟通质量，进而对团队绩效产生不利影响。Valls 等人在研究团队教育层次异质性对团队绩效的影响过程中，将团队沟通质量作为中介变量，构建包括团队创新氛围在内的中介作用模型，根据 57 个银行团队的样本数据，研究结果支持了作者的研究假设。

四　团队异质性研究述评

从不同学者关于团队异质性的界定与分类看，团队成员间任何属性特征的差异均能对团队过程与团队结果产生影响，按照研究需要与分类标准，对团队异质性进行归类是学界研究团队异质性的惯用做法。学者关于团队异质性研究的焦点也在由传统的显性特征异质性向更深层次的特征变量发展，相对于性别、年龄等团队异质性，附属在团队个体上的价值观、知识、经验等属性异质性对团队的影响更深远，影响过程也更复杂。

由以往研究结论可知团队异质性作用的复杂性。不同团队属性异质性能够对团队产生性质、程度各异的影响。团队异质性的影响既取决于团队异质性内容的选择，同时受到文化、环境、团队自身、管理等因素的影响，因此，对团队异质性的影响不能一概而论。

学者对于团队异质性对团队的作用过程持续探索，对人们认识团队异质性具有重要影响，但远未达到揭开团队异质性对团队作用“黑箱”的程度。团队异质性通过哪些过程变量对团队绩效产生影响，同时受哪些因素影响、如何影响等问题仍亟待进一步研究深化。文化背景与团队属性的差异不仅是团队异质性的构成因素，同时也是团队异质性对团队绩效影响过程的调节因素，文化背景与团队属性对团队异质性作用的发挥能否产生影响、如何影响需要更多的关注。

第三节　团队冲突研究

冲突作为一种常见的社会现象，存在于社会生活的方方面面。团队冲突作为冲突的一种存在形态，也是团队过程的重要研究变量。本节针对团队冲突的概念界定、分类以及引发团队冲突的影响因素及团队冲突的作用与管理等内容，对相关研究进行梳理与总结，比较分析国内外主要研究成果，评析研究局限，为后续研究提供理论指导。

一　团队冲突的概念、分类及测量

1. 团队冲突的概念界定

团队冲突研究源于学者关于组织内冲突的研究，同理，关于团队冲突的概念界定要从组织冲突的界定说起。关于组织冲突的科学定义，学界存在两类不同理论指向：一派学者将冲突限定为包含竞争意图的独立现象，如主观故意阻止他人达成目标；另一派学者更关注过程，将冲突定义为一系列冲突事件组成的动态过程。如 Pondy 将冲突描述成为四种因素组成的过程：冲突行为的前因条件或状态（表现在资源稀缺、政策分歧等）、冲突双方的情绪状态（紧张、焦虑、感知到压力或敌意）、冲突主体的认知状态（个体对冲突情景的感知）、实际的冲突行为（消极抵制或公开侵犯），四要素共同构成了完整的冲突情节。将冲突视为过程这种关于冲突内涵的认知得到很多学者认同，如 Thomas 认为当互动双方的一方感到来自另一方的阻碍或企图影响自己实现利益时，冲突过程即将开始。在将冲突视为一种过程的基础上，把冲突划分为冲突前因条件（沟通因素、结构因素、个体因素）的存在、冲突的认知（对冲突的感知）、冲突情感（冲突处理倾向）、冲突行为和冲突结果 5 个阶段。

沿着这一思路，不同学者对冲突的概念予以明确，如 Wall 和 Nolan 在认同冲突过程说的基础上，指出不同层级的冲突都要具备前因、冲突双方、过程及结果等共同条件，且在一定条件下，前期的冲突结果会诱发新的冲突，就此形成冲突的循环。Robbins 同样认同冲突是一个过程，同时指出冲突一方主观上已经或者即将受到另一方的负面影响是冲突的起因，这种负面影响包括目标的不同、对事实的认知差异、对行为的期望差异等各种可能的冲突原因。上述关于冲突的概念表述，虽在表述上稍有差异但在概念内涵上存在诸多一致性认同：冲突作为一种过程，由特定原因所诱发；冲突现象必须被两个以上的冲突主体所感知，并引发情感变化；冲突的发展由不同因素影响会造成不同结果。

团队冲突作为上述组织内冲突的一种存在形式，以上关于冲突的特征描述与概念界定自然适用于团队冲突。Jehn 在对团队冲突进行定义的时候就参照上述组织内冲突的方式，把团队冲突定义为团队成员对于团队内部认知差异、目标不兼容和愿望不调和的感知。对于团队冲突，其他学者也基本上都认为团队冲突作为一个过程，由特定原因诱发并造成不同的团队后果，能够同时被两个以上冲突主体所感知并产生心理上的联结，这种联结表现为冲突一方对来自另一方潜在或正在侵害的感觉与认知上。

2. 团队冲突的分类

关于团队冲突的早期研究没有分类一说，当时团队冲突研究集中到单一维度上，认为团队冲突会降低团队绩效与成员满意度，在团队互动过程中应予以避免，应对已经存在的冲突进行抑制，以最大程度地降低其负面影响。

20 世纪中期，学者对团队冲突的认知逐渐深化，Guetzkow 和 Gyr 认为团队冲突应分为两种：一是团队成员对任务看法不同所引发的实质意见上的冲突；二是团队成员由于情感对立导致在主观情绪上的冲突。此后的学者多沿此思路，习惯将团队冲突一分为二。Coser 将团队冲突分为目标取向冲突与情绪冲突两种类型，还认为冲突既可能具备积极的功能，也可能产生消极的功能。Priem 等人用认知冲突与社会冲突区别团队冲突类型，前者是关于团队任务的，属于一般事务性的争论，后者则是指人际情感上的冲突。Amason 等学者在对高层管理团队研究过程中，使用认知冲突与情感冲突分类标识团队冲突，其中认知冲突事关团队任务，由成员间工作上的认知不同而引发，是一种建设性的冲突；情感冲突由团队成员间性格不合造成，属于伤害性的冲突类型。Witteman 依据团队冲突的作用，将冲突分为有成效的冲突与无意义的冲突，前者表示团队成员对他人一些想法的批判性评价，后者表示团队冲突各方仅关注对方的行为和个性，而不做分析判断。

Jehn 在总结前人研究的基础上，不但对团队冲突类型进行界定与划分，而且开发了相关测量量表，对后续研究产生重要影响。她将团队冲突分成任务冲突与关系冲突两种类型，任务冲突表示团队成员对于工作的观点、想法、判断意见不一，且彼此能够感知所造成的冲突；关系冲突是团队成员感知到人际关系上的不和谐或不一致，冲突伴随着情感的紧张、敌意、愤怒等情绪特征。Jehn 与他人合作，在任务冲突的基础上标识出过程冲突，即团队成员间有关任务执行、责任分工、资源分配的冲突，而任务冲突仅限于成员间关于任务内容、任务目标的不同认知而引发的冲突。

一种新的冲突形式，也被称为团队冲突的第四个类别——身份冲突，表示团队成员相对位置（尊重）与他们在团队等级地位之间的差距。Bendersky 不仅对其概念与特征进行明确，而且开发了测量量表，并指出身份冲突作为影响团队绩效的重要过程变量，通过影响信息共享进而对团队绩效产生负向影响，调节任务冲突与团队绩效的关系。

国内学者大部分依据上述关于团队冲突的分类，对团队冲突及其作用开展相关研究，也有部分学者提出新的观点，如马新建指出团队冲突具有认识性、情感性、称许性和目标性四种具体属性，属性差异造成团队冲突性质与类型的差异。张良久等学者以高层管理团队为研究对象，构建了六种类型的高层管理团队冲突，且探讨了六类冲突间的相互影响与转化关系。

通过上述研究文献的梳理，关于团队冲突概念的界定与分类为冲突研究奠定了基础，并推动了冲突研究的逐步深化，关于团队冲突的研究要注意处理两个问题：一是团队冲突的分类更准确，无论是二分法还是三分法，抑或是更多维度的划分，只是对团队冲突现象的一种描述，必须将各类团队冲突的界限予以明确。现实中，团队冲突作为一种团队现象，诱发冲突的原因及冲突的表现形式具有交叉性，各冲突分类很难将其完全隔开。二是各类团队冲突间的关系应该纳入研究范畴之中，目前关于团队冲突的分类目的都在论证其与团队结果的不同关系，而关于各类别冲突之间的相关关系与作用过程缺乏相应的理论指导和实证验证。

3. 团队冲突的测量

测量是将团队冲突研究推向深入的关键所在，因为团队冲突对于团队的作用不仅与团队冲突类别有关，还与团队冲突的强度有关，团队冲突测量量表作为测量团队冲突强度与频率的工具，已被广泛使用。

ICS（Intragroup Conflict Scale）量表，即群体内冲突量表，是 Jehn 在 1995 年开发，包含任务冲突与关系冲突两种冲突类型，量表采用李克特 5 点刻度量表，共 9 个测量题项，用于测量团队冲突的状况。经验证，量表系数达0.88，在关系冲突（0.92）和任务冲突（0.87）两个维度上的内部一致性表现良好，成为测量冲突水平的经典量表。

2001年，Jehn和Mannix在ICS两维度的基础上引入过程冲突测量题项，用以测量团队成员中存在的关于任务完成过程中的冲突现象，成功验证了团队冲突的三因子结构测量模型，任务冲突、过程冲突与关系冲突的系数分别达到0.93、0.94和0.94。

国内学者依据上述量表，并结合中文语言环境进行了修正，在研究中同样具有良好的效果。如张涛在其研究中测量团队冲突所使用的量表即有任务冲突、关系冲突、过程冲突三个维度，其中任务冲突和关系冲突各包括6个题项，过程冲突包括3个题项，量表总体系数达0.752，在关系冲突、任务冲突与过程冲突三个维度上分别达0.78、0.75和0.82。马硕在其博士学位论文中，借鉴使用“任务—关系”二维结构量表对团队冲突进行测量，各包含四个测量题项，用于对团队冲突进行评估。通过收集数据与实证检验，验证量表具有良好的信度和效度。

STATUS量表，学者针对团队冲突的第四维度——身份冲突，也开发出了量表。Bendersky和她的同事在对身份冲突的特征进行质性描述的基础上，开发了测量量表以备量化研究需要。身份冲突量表包含原始测量题项9项，经探索性及验证性因子分析，得到“我的团队成员经历了由于成员试图维护自己的优势而造成的冲突”等3个题项测量身份冲突，构建了团队冲突四维度理论模型，系数达到0.84，而同时任务冲突、关系冲突与过程冲突的系数达到0.79、0.79和0.73。由于该量表开发时间较短，目前暂未发现该量表的实证研究，也未发现有学者对团队冲突四维度理论模型进行进一步验证。

其他测量方式，上述量表是关于团队冲突现象的整体描述与测量，就某一特定冲突事件的水平而言，也有研究者认为可以通过冲突强度、冲突规模、冲突的重要程度和冲突解决的可能性、冲突双方的地位差距等指标来衡量。国内学者赵卓嘉在其关于知识团队内部的冲突处理与团队创造力研究过程中，采用冲突的强度、冲突的重要性和冲突解决的可能性三个维度，共5个题项，测量知识团队中的冲突水平。经验证，该量表的系数达到0.871，对知识团队的内部冲突测量效果良好。

二　团队冲突的影响前因

引发团队冲突的因素，也称为团队冲突的影响前因、前因变量，是团队冲突研究的重要内容。关于团队冲突的原因，学者们很早就开始探讨，从不同方面分析导致团队冲突的因素，主要有以下几个方面。

王曦在其文章中指出，团队冲突产生的根本性原因是人类活动的相互依赖性。相互依赖性是指行为主体之间的一种相互作用，其中一方要完成任务必须依赖于另一方目标的达成，是反映在任务完成过程中，成员间依赖或受他人支持程度的变量。人类活动面临的社会环境日益复杂、科技发展日趋精细，个体成员难以独立发挥作用完成组织目标，必然要求团队成员乃至社会成员间相互合作、协调行动，彼此依赖。

仅有团队成员间的彼此依赖尚不足以导致冲突的发生，相互依赖的个体间的差异是冲突产生的直接原因。相互依赖的个体差异性越大，越难以达成一致，但由于相互依赖的存在，彼此间不能置差异性于不顾，由此产生的意见分歧，最终导致冲突的发生。冲突产生的具体原因还包括资源稀缺、信息沟通障碍、任务不确定性等多方面的原因。团队成员间在时间观念、地位或资格的差异，管理风格等方面的不同，或外部环境的变化，都有可能引发团队冲突。

赵可认为除成员的差异外，沟通不良与团队结构因素也是造成团队冲突现象的影响因素。团队沟通不良可能导致团队冲突，假如每个团队成员都能够彼此充分了解，那么冲突就不会发生。团队结构因素，也是引发团队冲突的主要原因之一，所谓团队结构就是指团队内诸如正式系统、非正式系统、工作特征、团队性质（组成、规范、领导）以及人员特征等比较稳定的因素。

赵卓嘉认为团队构成的差异性、多样性和复杂性是导致团队冲突的潜在原因，团队成员在年龄、性别、种族、专长、资历、偏好、能力、教育背景与社会地位、文化背景等方面的差异，都能成为团队冲突的诱因。上述潜在因素在资源稀缺、团队成员相互依赖等客观条件作用下，则可能发展成为团队冲突的直接原因。团队冲突凸显的最后是由情绪驱动并且被情绪作用的过程，情绪因素不仅驱动团队冲突的产生，且影响着成员对冲突的理解及处理方式的选择，也决定冲突的进一步演化。

通过总结引发团队冲突的原因，可知团队成员异质性是团队冲突产生的基础性原因。邹今友在其博士学位论文中指出团队成员个体所具有的差异特征，是冲突形成的必要条件，甚至是冲突形成的本质原因。成员间的个体属性差异，是团队成员划分社会类别的依据，在团队内部具有相似特征的成员相互包容而彼此发生冲突的可能较小，然而不同属性成员之间极易引发团队冲突，他对可能引发团队冲突的各种异质性特性进行了说明。团队成员性别的差异是导致成员间认知差异的基本原因，因为男性与女性在语言、空间和数学等认知领域差异较大，容易引发冲突。Chowdhury 通过实证研究验证了创业团队中，性别的异质性程度与情感冲突显著相关。

团队成员教育背景异质性，同年龄异质性一样，也能够使得团队内部出现认知差异，进而引发团队冲突。不同的教育背景能够使团队成员在信息处理方式、问题思考模式、复杂性与不确定性的应对策略等方面形成差异，引发对外部环境、目标与实现方式的认知差异，造成团队成员间的冲突。团队年龄异质性也会引发团队内部成员间的认知差异，最终对团队冲突的形成产生影响。Boone 研究发现，不同年龄层次的团队成员因成长背景、社会环境及教育状况的差异，导致不同年龄阶段成员具有多样化的价值观与行为准则，在团队决策过程中可能出现差异较大的认知和决策结果，容易形成分歧，进而影响团队凝聚力。职能经验的差异也是引发团队冲突的因素之一。团队成员在工作专业化程度及相关职能知识的差异性，导致团队成员在认知模式上存在差异，往往因观点与看法的分歧而产生认知冲突。

综上所述，团队成员属性差异是引发团队冲突的根本原因，无论是在浅层次人口统计学属性差异上，还是在深层次文化、教育、价值观等属性差异上，都能够使得团队成员在面临团队决策、任务认知及行为选择等方面产生主观认知的差距，在团队氛围、资源状况、成员个体情绪选择等外在因素的影响下，导致团队冲突现象凸显，且决定团队冲突对团队结果的影响性质。虽然，很多学者对团队异质性与团队冲突之间的关系在理论指导下通过实证研究进行了验证，但其作用过程仍是研究的重点。

三　团队冲突的影响

对于团队冲突与团队绩效的关系，在不同时期、针对不同冲突类型，学者的观点都不一致，本书依据研究历史与团队冲突类型两个维度，对关于团队冲突与团队绩效关系的相关研究进行回顾与梳理。

1. 团队冲突作用认知进化论

关于对团队冲突与团队绩效关系的认知，有一种说法叫“团队冲突观点进化”，描述人们对团队冲突与团队绩效关系认知的变化过程，如图2—1所示。

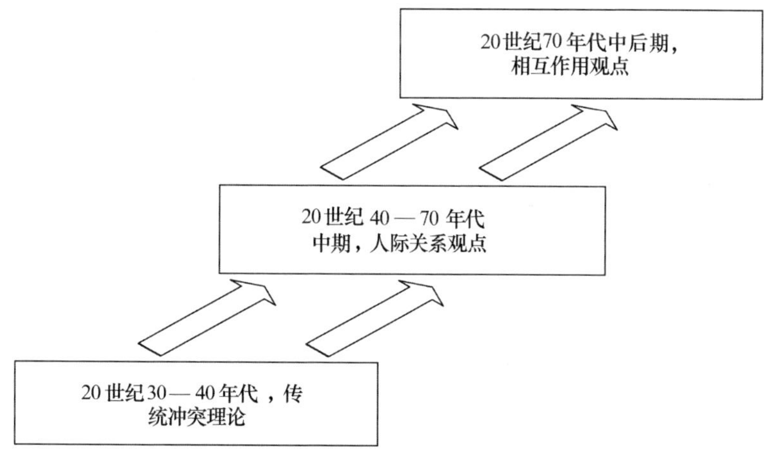

图2—1　团队冲突观点进化

20世纪三四十年代，业内学者对冲突的认知普遍是暴乱、破坏及非理性等，团队冲突的出现意味着团队功能失调，必须加以避免，对已经存在的团队冲突现象，要寻找冲突的起源及解决办法，降低冲突对于团队绩效的影响。

70年代以后，学者关于团队冲突作用的看法日渐成熟、全面，认为一定水平的冲突能够使团队保持旺盛的生命力和不断创新，应该鼓励冲突现象的发生，这种观点被称为相互作用观点。但需要指出的是，相互作用的观点不是否定团队冲突的消极影响，而是在正确认识团队冲突两种影响的前提下，提醒人们应该从正反两个方面看待冲突，并对冲突现象与冲突过程施加影响，降低团队冲突的负向影响，强化正向影响。

2. 冲突类型与团队绩效的关系

任务冲突对团队绩效的影响，以往的研究结果以正向影响为主。Amason 以高管团队为研究对象，以团队任务冲突为自变量，以团队决策质量为因变量，研究团队冲突与团队绩效之间的关系，通过研究发现：任务冲突可以提高团队成员对决策的理解程度，可以提高团队成员对问题的接受程度，任务冲突对团队决策质量正向影响显著。Jehn 和 Mannix 研究团队处于不同发展阶段，任务冲突与团队绩效的关系，研究结论是在团队发展的中期阶段，任务冲突对团队绩效有积极作用，即团队任务冲突正向影响团队绩效。Kurtzberg 和 Mueller 通过实证研究论证了团队冲突与团队绩效的关系，影响过程是当团队出现任务冲突时，团队成员通过对各种观点的分析与讨论，提高了团队的学习水平和团队的创新性，最终对团队绩效产生正向影响。

任务冲突对团队绩效的负向影响也有实证研究支持。Camevale 和 Probst 利用实验研究方法验证团队任务冲突与团队创造力的关系，指出当团队任务冲突水平低或者不存在任务冲突时，团队成员更容易产生发散性思维，可以激发大量具有创新性观点的出现；当团队成员处于任务冲突水平高的团队环境时，团队成员的创造力会被抑制，对创新绩效产生负向影响。De Dreu 和 Weingart 通过元分析的方法研究团队冲突与团队绩效的影响，结论是任务冲突与关系冲突一样，对团队绩效有负向影响。Friedman 通过研究也验证了团队任务冲突与团队决策绩效之间的负向影响关系，该研究认为团队中的任务冲突通过增加团队成员的压力感，使团队成员对任务本身的注意力下降，从而负向影响团队决策的绩效。

也有学者指出，任务冲突与绩效之间的关系不是线性的，而是呈倒 U 形分布，过高或过低的任务冲突都会造成团队绩效下降。Jehn 认为，中等程度的任务冲突有助于团队绩效的提升，每个团队都存在最优的冲突水平，当团队任务冲突处于一定水平之内时，其能够正向影响团队绩效，当团队冲突超出最优水平后，由任务冲突引发的作用关系就会发生质的变化，从正向影响变成负向影响。

相对于任务冲突与团队结果变量关系的不确定性，关系冲突对团队绩效的关系，研究结果具有较高的一致性：关系冲突对团队绩效有负向影响。Jehn 和 Amason 的研究都发现，团队中的关系冲突会降低团队成员满意度、对其他成员的认同感和情感接受程度，即关系冲突对团队成员的工作态度有负向影响。Jehn 针对不同任务类型团队中的关系冲突与团队绩效的关系进行了比较分析，发现无论是在常规性工作团队中，还是在非常规性工作团队中，关系冲突与团队绩效都呈现负相关关系。Langfred 通过研究也得出结论：当团队出现关系冲突时，团队成员中会形成消极情绪，消极情绪会降低团队的理性程度，降低团队成员自我管理能力，影响团队运行效率乃至无法完成团队任务，最终降低团队绩效。

关于团队冲突类别、水平与团队绩效的关系，Robbins 在其组织行为学教材中进行了总结，基本能够反映团队冲突类别与团队绩效之间的关系，如表 2—4 所示。

表 2—4　　　　团队冲突类别、水平对团队绩效的影响

	过程冲突	任务冲突	关系冲突
冲突水平高	恶性冲突	恶性冲突	恶性冲突
冲突水平中等	恶性冲突	良性冲突	恶性冲突
冲突水平低	良性冲突	良性冲突	恶性冲突

过程冲突、身份冲突与团队绩效的关系。当过程冲突与身份冲突作为冲突的维度被提出后，不仅使我们对团队冲突的内涵有更深刻的理解，也为团队冲突研究提供新的思路与方式。一方面表现在关于团队冲突在过程、身份两个维度上还需进一步的理论演绎与实证检验，另一方面，传统建立在团队冲突两维度基础之上的研究模型与理论还需要进一步完善。关于这两种冲突类型对团队绩效的影响，还缺乏相应的研究结论，有待进一步强化。

国内关于团队冲突与团队绩效关系研究的结论稍有不同，主要表现在两个方面：一是团队任务冲突同决策绩效表现出较强的负向相关关系，另一类观点是过少的任务冲突对中国管理者来说更加不利。前者不难解释，因为在中华传统文化思想影响下，国人讲究和谐，即使在关于团队任务的认知上也不愿过多地表达不一致的意见，从而抑制了任务冲突潜在作用的发挥。由此引发的团队任务冲突过少，会抑制创新观点的产生，引发群体性思维，不利于团队创新绩效的提升。

四　团队冲突的管理

基于上述关于团队冲突与团队绩效之间的相关认识，团队冲突管理在发挥冲突正向功能方面不可或缺，Thomas 曾指出："冲突本身并不是问题的关键，如何处理冲突才至关重要。"

冲突管理也称为冲突解决，基于对冲突及其作用的不同认知，冲突管理的策略选择也经历一个逐步成熟的演变过程。早期的冲突管理研究者基于对冲突的传统认知，主张减少所有的冲突，然而随着冲突分类的明确以及对冲突作用认知的成熟，冲突管理的选择也日趋多样化，从冲突管理主体多元到冲突管理策略与方法的选择，冲突管理理论也在逐步发展。

1. 冲突管理的有关概念

伴随着冲突的产生与演变，冲突管理作为一个系统过程，包括冲突的诊断、干预、结果和反馈等环节与步骤。团队冲突管理的目的就是通过制定合理有效的冲突治理机制，以最大限度地降低功能失调性冲突影响，充分发挥功能性冲突的作用。冲突管理具体内容包括以下三个方面：对团队有消极影响的冲突，如关系冲突、情感冲突、身份冲突等，应该抑制其发生、发展，减少其负面影响；对具有功能性作用的任务冲突，应当培养与保持适度的数量，以便发挥任务冲突对团队的建设性作用；团队成员应采取建设性的方式来处理冲突，如营造开放讨论氛围、秉承合作态度等。

冲突管理策略是冲突管理的重要内容，对团队冲突解决至关重要，合理的选择冲突管理策略是对团队冲突有效管理的前提。从冲突管理主体上分析，冲突管理策略包括团队内部自我管理，内生化的管理策略，通过外部力量来解决冲突，即引入“第三方”的冲突管理策略。内生化的冲突管理策略表示通过团队冲突主体自身的努力来解决冲突，不需要外在的力量进行干预与调节，是一种主要的冲突解决手段。“第三方”的冲突管理策略是在冲突主体间不能通过自身努力来化解冲突或涉及第三方利益时，需要冲突双方以外的其他力量来调节解决团队冲突。

冲突管理方式也是团队冲突管理的核心内容，表示在微观层次上，冲突双方在面对冲突时采取的行为倾向。学者们习惯把冲突管理方式放入二维模型加以考察，确定了内容各异的五种典型的冲突管理方式，也称为“双向度、五风格”冲突管理方式。

所谓双向度是“关心人”与“关心生产”两个维度，五风格是在上述两个维度确定的坐标上确立的五种不同的冲突管理方式。Blake 和 Mouton 是最早引入二维模型构建冲突管理方式的学者，他们把横坐标定义为“关心人”，纵坐标定义为“关心生产”，构建了五种冲突管理方式模型：竞争、合作、妥协、逃避和宽容。两维分析思路开始成为冲突管理方式研究的惯用思路，更多的学者把团队成员间的冲突管理行为纳入两维模式中进行分析与讨论。Thmas 将横坐标定义为“合作”，反映与他人的合作程度；将纵坐标设定为“自我肯定”，表示追求个人目标的武断程度，在此基础上构建回避、竞争、忍让、合作与妥协五种冲突管理方式。Rahim 从关心自己与关心他人的角度，将命令、整合、回避、服从与折中作为五风格的内容。Vliert 和 Euwema 的模型两维度分别是冲突主体积极主动和重视合群与否，依据此维度将冲突管理方式分为问题解决、退让、竞争（直接、间接争论）、回避与妥协五种风格。

不同学者修改、定义的“双向度、五风格”模型，构建维度与冲突管理方式的名称各异，但关于冲突管理方式的思路大体一致，形成了二维思考的定式。在关于冲突管理的实际研究中，并不是所有冲突管理方式都纳入其中，有学者仅关注个别冲突管理方式，Tjosvold 常认为其中的合作、竞争和回避等策略相对于其他策略更为常用。合作冲突管理策略表示团队成员能够认识到彼此目标一致，在冲突互动过程中希望满足各方利益，采取相互合作以追求共赢的做法；而竞争冲突管理策略认为团队成员之间是一种零和关系，在冲突互动过程中不惜牺牲其他成员利益寻求自我利益的满足；回避型冲突管理策略意味着团队成员虽然意识到冲突的存在，但采取逃避或者抑制的做法。相对于竞争型冲突管理，合作型冲突管理更能够激发团队的任务反省，进而提升团队绩效，是发挥团队建设性作用的重要基础。

2. 国内学者关于冲突管理方式的研究

东西方文化差异对团队冲突管理方式的选择与实施效果具有重要影响，因为在不同文化环境中，团队冲突在表现形式、引发范式、管理策略选择等方面存在较大差异。不少学者，尤其是国内学者，针对特定的文化环境，对特定环境的团队冲突展开研究。Cheung 等人在以项目经理为研究对象的一项研究中发现，组织中发生概率最高的冲突类型是人际冲突，即使在面对任务冲突时，管理者也倾向于用对抗的处理方式，在面临情绪冲突时则常采用强迫和退缩的方式处理冲突现象。蔡树培按照“双向度、五风格”的研究思路，结合中国特定文化背景，提出规避式、妥协式、息事宁人式、携手并进式和强渡关山式五种冲突处理方式，具有强烈的中国文化特色。杨连生提出创新性的冲突管理“5C”原则，即文化、沟通、关怀、控制与组织章程，并且指出“5C”原则不仅可以有效地指导团队解决冲突问题，而且可以通过冲突管理改善团队决策。岑颖在研究中提出处于不同位置的冲突主体对于冲突处理策略选择上的差异，在冲突面前，主管对下属，采取冲突处理的顺序是：整合、逃避、支配、忍让、包容和妥协；而同事之间，冲突处理模式顺序则为整合、忍让、逃避、支配、坚持与妥协；对上司，则倾向于采用忍让、整合、逃避、支配、妥协与坚持的顺序处理冲突。相对于西方文化，在中国文化环境中，由于受儒家文化的影响，人们更倾向于采用回避型冲突管理策略，在合作型与竞争型冲突管理策略之间，合作性冲突管理策略更为中国人所钟爱。

五　团队冲突研究述评

目前关于团队冲突的分类及作用效果，研究结论倾向于达成一致。

但团队冲突作为一种团队现象存在，其对团队结果的影响过程需要更深入的探索，具体包括不同类型团队冲突之间的作用机制、影响团队冲突与团队结果的中介变量与调节变量的识别等方面。

冲突管理在实践中需要新理论的指导。在冲突管理方面，当前大部分研究都基于“双向度、五风格”的研究模式，但沿用此模式处理团队冲突问题，往往会导致对团队环境因素、冲突产生动因等因素的忽略，研究结论的普适性还需要进一步审视与验证。在探讨关于团队冲突有效管理的进程中，需要构建新的理论作为指导。

冲突管理的文化差异性应得到重视。现代冲突理论发源、发展于西方，受西方文化环境与价值观影响深远，东方文明璀璨，关于如何处理人际关系思想尤其丰富。现实中，在受儒家文化影响的社会环境中，人们关于团队冲突的认知、处理方式以及冲突对于团队的影响自然具有厚重的文化烙印。国内学者虽有这方面的研究，但多数是在现有冲突理论模型下考察团队冲突现象，且数量较少。因此，关于冲突管理理论在文化差异上的研究应该得到足够重视。

第四节　团队异质性、团队冲突、团队绩效关系研究

20 世纪 90 年代末，学界关于团队异质性与团队绩效关系的研究结果各异，难以取得一致结论，亟待探索新的研究变量揭示两者联系的过程。同时，关于团队冲突的研究取得诸多新的进展，团队冲突对于团队结果的多元作用属性，刚好用以解释团队异质性与团队绩效研究结论的不一致现象。从此，将团队冲突作为团队异质性与团队绩效关系研究的过程变量，D－C－P 研究模型成为团队异质性研究的常见选择。

本节以团队异质性、团队冲突和团队绩效三者关系作为研究对象，对国内外众多研究成果进行梳理，总结分析其研究过程与结论，为下一步构建理论模型提供理论依据。

一　D－C－P 研究模型的构建过程

D－C－P 研究模型在 20 世纪 90 年代开始出现雏形，后经众多学者

共同努力使其团队异质性、团队冲突与团队绩效研究的经典选择，伴随着相关领域研究的进展，该研究模型也在逐步完善。

1. 模型构建的研究准备

20 世纪 90 年代末，基于团队异质性研究结论差异与团队冲突研究的推动，学者逐步将团队冲突纳入团队异质性研究中来，构建 D－C－P 研究模型，且通过实证研究予以验证。

在 Jehn 等人构建成熟研究范式之前，已有学者尝试将团队冲突作为团队异质性与团队绩效关系的中介变量，为 D－C－P 研究模型的建立奠定了基础。Pelled 是较早将团队冲突纳入团队异质性与团队绩效关系研究的学者之一。他在研究中，提出并验证了团队异质性（性别、种族）导致团队情感冲突增加，而情感冲突导致团队绩效降低的研究假设。另一篇文献也堪称异质性研究经典文献，Reilly 等人研究团队在性别、年龄、种族、任期等维度异质性与任务冲突、情感冲突、团队绩效的关系。该研究模型中团队异质性正向影响团队冲突，包括任务冲突与情感冲突，任务冲突与情感冲突对团队绩效产生负向影响；如果能够控制团队冲突，团队异质性能够对团队创新产生积极影响，对团队执行力产生消极影响。基于 32 个项目团队的研究数据表明：团队任期异质性对团队冲突的正向影响得到强力支持，而其他维度异质性支持力度不强；团队冲突对团队创新并未产生显著影响，对团队执行力具有负向影响；种族异质性能够提升团队创新与执行力，而任期异质性则降低团队执行力。Pelled 也尝试将团队冲突作为揭示异质性与团队绩效关系“黑箱”的一把钥匙，该研究以团队职能背景、任期、年龄、性别、种族等维度异质性为自变量，以任务冲突与情感冲突为中介变量，以任务常规性、团队年龄为调节变量，开始构建基于团队冲突的中介作用模型。经过对 45 个团队的调研分析，实证发现团队冲突的中介效应并不显著，因为团队异质性与团队绩效关系并不显著；团队冲突之间相关关系显著，调节变量的调节效应也未能到验证。

上述研究都将团队冲突作为团队异质性与绩效作用关系的过程变量，试图论证团队异质性通过团队冲突对团队绩效产生影响。虽然验证结果各异，但都为 D－C－P 研究模型的最终形成奠定了基础。

2. 研究模型的构建

Jehn 与她的合作者 Sherry Thatcher、Clint Chadwick、Margaret Neale、Greg Northcraft 等人先后进行五项关于团队异质性、团队冲突与团队绩效关系的研究，为构建理论模型奠定了实证基础。其中一项研究，通过对五项研究结果所作的总结，提出了 D－C－P 研究模型（见图 2—2）。该模型中，团队异质性分为信息、社会类别属性、价值观三个维度，冲突由任务、关系和过程冲突组成，结果变量则考察团队绩效与团队士气两个方向。团队信息异质性通过任务冲突对团队绩效产生积极影响，社会类别属性和价值观异质性通过关系冲突和过程冲突负向影响团队士气。

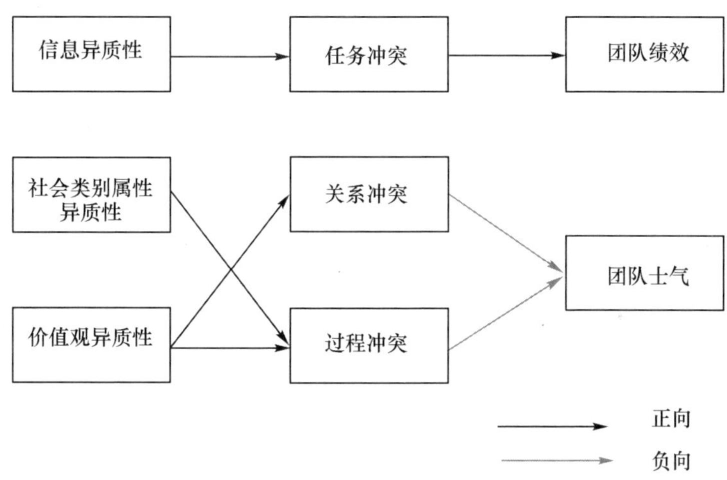

图 2—2　Jehn 团队异质性、团队冲突与团队绩效关系模型

相对于前期关于团队异质性、团队冲突与团队绩效关系的研究，该模型具有几个突出特点：

首先体现在团队异质性分类上。与以往 D－C－P 研究模型不同，Jehn 等人不再将团队异质性局限于性别、年龄、种族等外在属性变量，而是将价值观异质性纳入团队异质性研究中。同时摆脱了将异质性定位在种族、年龄、功能背景、任期等具体属性变量上，将所有异质性归纳到信息、社会类别属性与价值观三类，其中社会类别属性异质性指团队成员在人口统计学属性特征（年龄、性别、种族）差异，信息异质性指团队成员间教育水平、工作经历、组织任期等方面的差异，价值观异质性主要指团队成员潜在的工作价值观、项目目标方面的差异。

其次，Jehn 模型体现了团队冲突的最新研究成果。之前虽有学者尝试将团队冲突纳入异质性与绩效研究模型中，大部分局限在任务冲突与关系冲突的二分法，Jehn 等人构建的理论模型吸取当时关于团队冲突的最新研究成果，将过程冲突作为团队第三类冲突类型纳入研究模型中，提出且验证了团队冲突在团队异质性、团队绩效关系中的作用。

最后，对支撑研究模型的基础理论进行了整合。在构建研究模型的同时，对支持研究假设的各种基础理论进行整合。连接团队社会类别属性异质性与团队冲突过程的是社会类化过程。组织中的人们倾向于根据种族、性别等显性异质性特征进行社会分类，进而在不同类别之间产生敌意、焦虑、刻板印象等情绪。此类异质性不但与团队任务无关，且通过分类过程影响团队成员间的行为与关系。自我分类理论、社会认同理论和相似相吸理论都能够强化上述过程，构成团队社会类别属性异质性与团队关系冲突、团队绩效之间关系的解释理论。信息加工、团队决策视角能够解释团队信息异质性与团队绩效的关系，团队信息异质性使团队具备更多、更广的信息入口，有机会接收到更多的观点、技能和信息，通过整合能够对团队绩效产生积极影响。针对团队价值观异质性，基于价值观认同理论，认为团队价值观认同能够对团队绩效产生积极影响，团队中价值观异质性会引发更多的关系冲突和过程冲突，从而降低团队士气。

3. 研究模型的丰富与完善

Neale 作为 D－C－P 研究模型的贡献者之一，在后续研究中根据研究实际需要，对这一模型进行了丰富，在原团队异质性、团队冲突与团队产出关系模型中，提出任务复杂性与任务依赖性对 D－C－P 研究模型的调节效应，如图 2—3 所示。

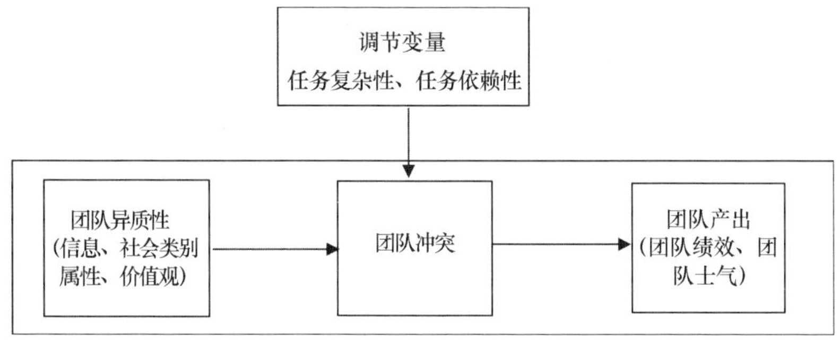

图 2—3　Neale 含调节效应的 D－C－P 研究模型

当团队身份冲突概念被提出后，Bao L. 在其学位论文中基于 D－C－P 研究模型，构建了包括任务相关、社会类别属性异质性，任务、关系、过程和地位四种冲突类型、团队产出的关系模型（见图 2—4），这是对 D－C－P研究模型的又一次丰富。

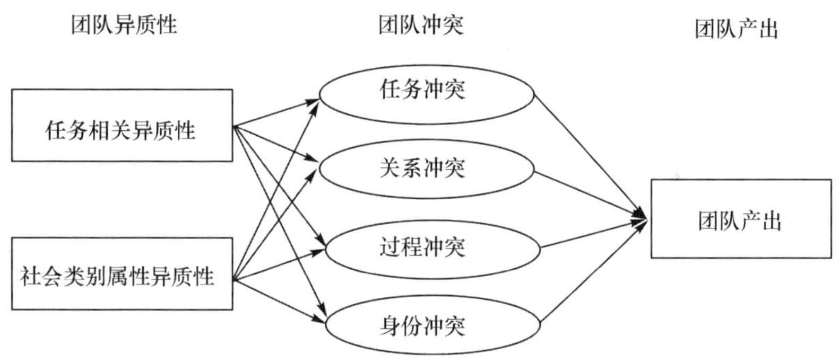

图 2—4　Bao 构建的四冲突 D－C－P 研究模型

D－C－P 研究模型构建后，后续学者经过多年的研究与验证，要么选择不同性质的工作团队、要么选择在特定的文化背景下、要么选择不同的研究方法，对团队异质性、团队冲突和团队绩效进行研究，形成一系列研究成果，现总结如下。

二　文化差异对三者关系的影响

D－C－P 研究模型是基于西方文化，尤其是在美国文化背景中提出的，在其他文化环境中是否适用，结果会存在哪些差异，成为很多学者选择研究的方向。

巴西学者 Sobral F. 以巴西 44 个管理团队 798 个样本为研究对象，实证研究了 5 种团队异质性与团队工作满意度、团队绩效的关系以及人际关系冲突和任务冲突的中介效应。研究结果表明：不同维度的团队异质性以不同形式影响任务冲突，进而负向影响结果变量（包括工作满意度和团队绩效）；团队异质性与关系冲突关系不显著，关系冲突对结果变量产生负向影响。

在文献梳理过程中，发现两项探索韩国文化背景下团队异质性、团队冲突与团队绩效关系的研究。Yun 以韩国文化为背景，收集到 303 份调查问卷，论证了团队成员在社会类别属性、价值观和信息三个维度上的异质性与任务冲突、关系冲突及团队绩效的关系。在韩国文化环境中，三种团队属性异质性与团队绩效关系都显著，关系冲突的调节作用显著，而任务冲突的调节作用并不显著。另外，团队异质性作用的发挥依赖于团队成员对异质性的接受程度，比实际异质性作用更明显。另外一项研究通过对 66 个韩国团队 439 个样本的研究证实了团队异质性与团队效益的正向影响关系。性别、任期等社会类别属性异质性正向影响团队效益，信息异质性与团队效益正向相关，价值观异质性与团队效益关系未达到显著水平。社会类别属性与价值观异质性引发任务冲突和关系冲突。

França 的研究以 231 个葡萄牙工作团队为研究对象，探索可观测团队异质性（包括教育水平、性别、年龄）与团队冲突、团队绩效的关系，研究结果发现团队异质性与团队冲突没有关联。另一项研究则以巴基斯坦为文化背景，选择任务冲突与情感冲突作为自变量，考察团队冲突对团队绩效的影响，文化异质性作为调节变量存在，通过对移动电话公司 170 名被试的调查研究，验证了理论假设，即团队冲突与团队绩效负向相关关系显著，文化异质性对上述关系具有调节作用。

Khan 等人的研究选择澳大利亚 44 个创业团队为研究对象，试图验证团队成就需要异质性对团队效能与效率的影响，同时考察团队关系冲突对上述关系的调节效应，研究发现团队成就需要异质性对因变量的两个维度都具有显著的负向影响，调节作用明显。荷兰一篇博士学位论文以荷兰创业团队为研究对象，采用定量、定性两种研究方法探讨创业团队异质性、团队冲突对创业公司财务绩效的影响。通过定量研究，并未发现团队异质性对新创立公司的财务绩效产生影响，文化和种族背景异质性能够降低团队任务、情感冲突，工作风格的差异仅对情感冲突水平的提升具有正向影响。另外用质性访谈的方式，验证了情感冲突对团队决策具有破坏作用；认知冲突似乎提升了决策过程的质量，但它也提高了情感冲突的倾向。

三　团队属性差异对三者关系的影响

D－C－P 研究模型是针对一般工作团队的，不同团队类型对三者关系的影响也是学者研究的方向之一。

1. 创新（科技、医疗）工作团队

鉴于创新工作团队的工作属性，团队异质性对于创新绩效的影响一直是学者关注的重点。郑强国等人通过收集 108 个研发团队的实证数据，研究信息异质性、社会类别属性异质性、价值观异质性三类团队异质性与任务冲突、关系冲突和团队绩效的关系，研究结果证实关系冲突在社会类别属性异质性和团队绩效之间发挥中介作用，任务冲突在信息异质性与团队绩效之间发挥中介作用，价值观异质性直接对团队绩效产生负面效应。

Hewitt 将 Jehn 的 D－C－P 研究模型引入信息科技（IT）团队，验证团队异质性、团队冲突与团队绩效的关系。令人意外的是，该研究结果中，仅 IT 团队价值观异质性与关系冲突、信息异质性与过程冲突、信息异质性与任务冲突的影响关系达到显著水平，团队异质性与团队绩效间影响关系未达到显著水平，团队冲突的中介作用自然也未得到验证。荷兰学者 Van Kastel 以荷兰医疗团队为研究对象，构建团队异质性、团队冲突与团队绩效研究模型，研究发现该研究所选择的三种异质性维度中，仅有整合与学习维度与关系冲突、团队绩效有关，其他两维度与中介、结果变量均不相关；任务冲突、团队绩效不相关，关系冲突与团队绩效负相关。

袁安府等人则探讨了中国医疗团队中团队异质性与团队冲突、团队绩效的关系，该研究结合113个医疗团队问卷调查数据，选择教育背景、任期多元化作为异质性变量，情感冲突和实质性冲突为中介变量，综合考察了团队异质性、团队冲突和团队绩效的关系。结果显示：团队成员教育背景、任期异质性与实质性冲突、团队绩效显著正相关；年龄异质性与情感冲突正相关，与团队绩效负相关；性别异质性与情感性冲突相关性不显著，但与团队绩效显著正相关；实质性冲突在教育背景、团队任期异质性与团队绩效间的中介效应显著；情感冲突在年龄异质性与团队绩效间的中介效应显著，而性别异质性与团队绩效相关性不显著。

2. 管理团队

从事管理与决策工作团队，按照团队决策理论，团队异质性对团队决策具有重大影响，因此，团队异质性在管理决策团队中的作用成为经济、管理领域学者研究的重要方向之一。

美国学者Olson以来自美国85家医院的高层管理团队作为研究对象，在传统D－C－P研究模型中，将基于能力的信任关系作为调节变量，通过实证研究得出结论：认知多样性与任务冲突有较强的正相关关系，基于能力的信任加强了这一关系；任务冲突中介认知多样性对决策结果的影响。国内学者刘海山等人基于123个高管团队的数据，研究了经营管理价值观异质性对团队冲突和团队绩效的影响。马富萍等人同样以高管团队为研究对象，团队异质性选择任期、教育专业、职业背景异质性，研究团队异质性和团队创新绩效之间的关系，与以往研究不同，该研究并未验证团队冲突的中介效应，但提出团队冲突管理方式的调节作用。数据分析表明，高管团队任期、教育专业及职业背景异质性对技术创新绩效正向影响显著，合作型冲突管理处理方式在上述关系中正向调节作用显著，而竞争型冲突处理方式则起到负向调节作用。

Walker的研究文献以16个公司的董事会作为研究对象，通过对98名董事进行调查，验证团队深层次异质性对团队冲突的影响。其中深层次异质性用人格差异表示，团队冲突则有认知冲突与情感冲突两个维度。结果显示董事会人格差异与团队认知冲突负相关，其关系受到性别、任期等异质性的调节，董事会人格差异与情感冲突相关关系并不显著。Lee

C. 以中国台湾地区高雄市房地产经纪公司团队为研究对象，通过收集362 份调查问卷，实证研究了团队异质性、任务独立性、团队冲突和团队合作对团队绩效的影响。通过研究得出团队异质性对任务冲突、关系冲突具有显著正向影响；任务独立性正向调节团队合作与团队绩效的关系；关系冲突对团队合作的负向影响显著；团队合作则对团队绩效产生正向显著影响。国内学者宋东风以创意管理团队为研究对象，通过收集 47 个团队 220 份调查问卷，研究教育背景、职业背景等团队成员属性异质性对团队冲突与团队绩效的影响。结果显示：教育背景异质性、职业背景异质性、团队任务冲突带来更高的团队表现；价值观异质性和关系冲突带来较低的团队绩效；同时提出，企业应在具体实践中改善任务冲突，同时减少关系冲突以提高团队绩效。在组建管理团队时，企业应选择教育、职业背景异质性高而价值观相一致的团队成员。

3. 创业团队

与从事创新工作的科研团队一样，创业（即新企业）团队异质性对团队冲突与团队绩效的影响同样受到业界学者的关注。瑞典学者 Massini 的博士学位论文用定量与案例研究相结合的方法，研究瑞典文化背景下创业团队异质性、团队冲突与创业绩效的关系，构建了直接作用模型和间接作用模型。令人意外的是，在定量研究过程中发现团队异质性与创业绩效关系并不显著，直接作用模型未得到验证；间接作用模型得到部分验证。国内学者柳青以新企业团队为研究对象，通过研究三个问题：新企业团队职能异质性对新企业绩效作用如何，新企业团队职能异质性是不是通过团队冲突起作用，如何利用关系导向影响新企业职能异质性和团队冲突，从而影响新企业绩效。

4. 其他特定工作团队

关于团队异质性、团队冲突与团队绩效的关系研究，除集中在上述科研团队、管理团队、创业团队等属性团队中，部分学者针对另外一些特定属性团队（如虚拟团队、体育运动团队）来验证 D－C－P 研究模型。

国内学者刘咏梅发表的一篇英文文章，研究了中美两种文化差异对团队冲突和团队绩效的影响，且提出冲突管理行为（合作、竞争与回避）

的调节作用，为后续实证研究奠定了基础。与以往研究不同的是，该研究以虚拟团队为研究对象。Campion 以美国大联盟 30 支棒球队为研究对象，不仅研究了团队异质性、团队冲突和球队成绩的关系，而且加入了时间变量，在两年的研究周期内，发现团队异质性对团队绩效确有显著影响，但团队冲突的中介效应并不显著。Mcgurk 的博士学位论文以美国陆军预备役军官训练团队为研究对象，研究了社会类别属性、学术能力、先前军事经历、价值观等异质性变量和人际关系冲突、任务冲突和过程冲突对团队绩效的关系。与研究假设不同的是，验证性因子分析只得出关系与任务两个团队冲突维度，但验证了价值观异质性正向影响团队冲突，社会类别属性异质性与团队绩效正相关的假设。

四　研究方法差异对三者关系的影响

在形成 D－C－P 研究模型及后续大部分验证研究中，都是基于实证研究进行的。当大量实证研究出现后，具备了进行元分析研究的客观条件。有学者借助这一研究方法，试图验证三者之间的关系。DE Wit 的研究利用 178 个实证研究的 20000 个团队数据对团队异质性、团队冲突和团队结果变量的关系进行元分析，验证了信息异质性与任务冲突之间的正向相关关系，以及在特定条件下任务冲突与团队绩效之间的关系。刘咏梅的研究是国内少有的对团队异质性、团队冲突和团队绩效进行元分析的研究，该研究通过对国内外 112 篇实证文章搜集到的 9263 个样本进行元分析，研究结果与美国类似研究结论并不完全相同：深层次异质性是引发团队冲突的重要因素，表层异质性不会显著增加团队冲突；与美国同行研究不同的是，中国情境下任务冲突将显著降低团队绩效，被试类型、回收率、团队规模和团队冲突的不对称感知等变量调节团队冲突和团队绩效之间的关系。

以往关于团队异质性、团队冲突与团队绩效的关系研究中，大部分都没有区分团队属性变量与个体属性变量，对彼此间的相互作用更少涉及，跨层次研究可以克服传统研究方法的不足。Tekleab 等人利用 53 个团队、260 位受访者的数据，进行跨层次分析，验证团队层面的关系冲突水平对团队成员满意度与离职倾向（个体层面数据）的影响，研究结果显示，在宜人性、尽责性、情绪稳定性等人格属性上的相似性或同质性，会减弱关系冲突对团队成员情感反应的负面影响；在开放性和外倾性等属性上的团队异质性削弱了这些关系。

五　研究变量的选择差异对三者关系的影响

1. 自变量的选择

伴随着团队异质性研究的发展，团队异质性、团队冲突和团队绩效的研究在团队异质性选择上也经历了由浅入深的过程，反映出研究者对团队异质性维度选择上的多样化。

单独（独立或特定）属性异质性，在 D – C – P 研究模型确立前，学者习惯选择性别、年龄等特征属性异质性作为团队异质性的研究对象。有后续学者沿原始的研究思路，选择团队成员中性别、任期等特定属性异质性作为 D – C – P 研究模型的自变量。如 Ainoya 的博士学位论文，在诸多异质性属性中选择种族与任期两个维度，团队冲突选择任务与情感冲突，调节变量选择任务独立性和冲突管理，采集 59 个团队数据，验证 D – C – P研究模型。结果发现：异质性对团队冲突的影响不显著，任务冲突对团队绩效的影响不显著，情感冲突负向影响团队绩效；冲突管理的调节作用部分显著；任务独立性的调节作用不显著。

经营管理理念异质性，刘海山等人首先通过质性访谈构建六类经营管理价值观，确立团队异质性研究的基础，随即通过对 123 个高管团队的问卷调查，实证验证了高层管理团队创新价值观异质性、长远发展价值观异质性、经济效益价值观异质性对团队任务冲突正向影响显著，创新价值观异质性对关系冲突正向影响显著；任务冲突在创新价值观异质性、长远发展价值观异质性、经济效益价值观异质性和决策有效性关系间起到完全中介效应，在长远发展价值观异质性和企业短期绩效间起到完全中介效应。

人格属性异质性，荷兰埃因霍温科技大学博士学位论文通过 8 个团队负责人及工作团队成员的问卷调查，提出并验证了团队成员人格特征属性异质性、团队冲突与团队绩效的关系。研究结果显示外向性与易处性两个维度的异质性对所有类型冲突与绩效产生正向影响，团队冲突对绩效影响效应不显著。

认知异质性，Martins 的研究以认知异质性的两个维度（专长、专业）为自变量，以团队绩效为因变量，将团队心理安全与人际关系冲突作为调节变量，研究团队异质性、团队冲突与团队绩效的关系。研究结果为：当团队心理安全较低时，专长异质性与团队绩效负相关，相反，专业异质性对团队绩效呈正相关关系；当团队关系冲突水平较低时，专业异质性对团队绩效呈正相关关系。

文化异质性，Aletz 等人研究文化多元、团队冲突与创新绩效之间的关系。研究模型相对复杂，除包含文化多元、团队冲突与创新绩效等研究变量外，还将对冲突的容忍程度作为调节变量，将是否接受冲突作为团队冲突与创新绩效关系的中介变量。所构建的理论模型并没有通过实证研究予以验证。

Vodosek 选择文化异质性作为自变量，构建包含文化异质性、任务冲突、关系冲突、过程冲突与团队满意度和团队感知绩效的研究模型。通过对 76 个科学研究小组的调查发现，文化异质性与过程冲突、任务冲突呈正相关关系；三种团队冲突类型引发不利的团队结果。

2. 调节变量的选择

在 Neale 提出任务复杂性与任务依赖性作为 D－C－P 研究模型的调节变量后，很多学者探索不同的研究变量对这一作用关系的调节效用。

选择心理安全作为调节变量，Martins 的研究以专业背景与特长异质性为自变量，以团队绩效为因变量，在团队异质性、团队冲突与团队绩效关系模型中，提出并验证团队心理安全的调节作用。研究结果显示：当团队心理安全较低时，专业特长异质性与团队绩效负相关；相反，专业特长异质性与团队绩效正相关。

国内学者梅强、徐胜男等人验证了冲突处理对团队异质性与团队冲突、团队绩效的调节效用，该研究通过实证研究论证了新创企业高层管理团队异质性、团队冲突和创业绩效的关系，选择冲突管理策略作为调节变量，构建了可调节的中介效应模型。研究结论证实新创企业 TMT 异质性对创业绩效具有促进作用；任务冲突与关系冲突在两者之间都起到部分中介作用；合作式与竞争式冲突管理在任务冲突与创业绩效间起到显著的调节作用，回避式冲突管理在关系冲突与创业绩效间起到显著的调节作用。

关系导向的调节作用，国内学者柳青在其博士学位论文中，验证了关系导向对团队异质性、团队冲突与团队绩效的调节作用。该研究通过对五个城市的新企业团队的抽样调查，结合分层回归与结构方程模型分析方法，验证了创业团队职能异质性对团队认知冲突和情感冲突具有积极影响，认知冲突对新企业成长绩效正向影响显著；相反，情感冲突对新企业成长绩效负向影响显著。关系导向虽能够减少团队情感冲突，但同时对团队任务冲突也产生负向影响。

3. 中介变量的选择

关于团队异质性、团队冲突与团队绩效的 D－C－P 研究模型，仍不足以说明团队异质性对团队绩效的影响过程，有学者将其他过程变量作为三者关系中的中介因素。

Hewitt 在研究 IT 团队中团队异质性与团队绩效的关系中，在 Jehn 所构建的关于 D－C－P 研究模型基础上，在团队冲突与团队绩效之间加入信息共享这一变量，对模型进行了修改，认为团队异质性、团队冲突的作用是通过信息共享实现的，并通过收集 IT 团队数据，对这一模型进行了验证。

Eu 以团队信任为中介变量构建模型，异质性选择性别和国籍两个维度，中介变量选择任务冲突、关系冲突，在团队冲突与团队效益之间将团队信任作为一个中介变量。模型中，他们认为异质性正向影响团队冲突，团队冲突负向影响团队信任，团队信任正向影响团队效益；任务冲突与团队效益呈正相关关系，而关系冲突与团队效益呈负相关关系；异质性负向影响团队信任。Rau D. 在研究特长异质性、任务冲突、关系冲突、团队绩效关系的过程中，也加入信任作为调节变量，认为信任能够降低由异质性引发的关系冲突，信息共享在任务冲突与团队绩效的关系中起调节作用。通过实证研究发现团队异质性影响团队冲突；信任能够减少关系冲突；任务冲突与关系冲突与团队绩效无关。

团队信息合作作为中介变量也被学者引入 D－C－P 研究模型中，Schilderman 研究团队异质性、团队冲突和团队绩效的关系，探索了异质性信念的调节作用，加入团队信息合作作为中介变量。研究发现，团队异质性信念减少任务冲突、关系冲突和过程冲突，提高团队绩效、团队满意度和自评创造力水平；团队合作冲突管理策略，尤其是领导者作为第三方，是最有效的冲突管理方式；过程冲突与团队绩效、团队信息合作、团队满意度与自评创造力呈曲线关系；任务冲突与过程冲突对团队绩效都具有潜在的有利影响。在前文提到的台湾地区地产经纪人团队异质性、团队冲突与团队绩效研究中，作者也选择了团队合作作为团队异质性、团队冲突与团队绩效关系的中介变量。

六　团队异质性、团队冲突、团队绩效三者关系研究述评

通过对团队异质性、团队冲突与团队绩效三者关系研究文献的梳理，发现从 20 世纪 90 年代学者将团队冲突纳入团队异质性与团队绩效关系研究开始，采用实验、调查、元分析等不同研究方法，持续验证三者的作用过程，依然未取得一致性的研究结论，充分反映出需探索更具说服力的影响因素揭示团队异质性通过团队冲突对团队绩效产生影响的作用机理。

人类的思想与行为受特定文化背景的影响，处于不同文化环境中的团队成员就如何认知团队异质性的影响、处理团队冲突的行为选择必然因文化而异。同时，从事不同性质工作的团队类型对三者关系也存在显著影响，后续研究需要在特定文化背景下，特定性质团队中验证团队异质性、团队冲突与团队绩效的关系。

第五节　文献综述总结

通过对高校科研团队、团队异质性、团队冲突以及关于 D－C－P 研究模型相关研究文献的梳理与归纳，总结研究问题的发展历程与相关研究现状，对于寻找研究突破点具有重要影响。

通过本书对团队异质性相关研究回顾，分析发现：（1）团队异质性对团队绩效的影响并未取得一致的研究结论；（2）团队异质性对团队绩效的影响是一个复杂的过程，受环境因素、领导因素、价值认知等外在

变量影响；(3) 对待异质性态度等主观认知因素能够对异质性作用的发挥产生显著影响，逐渐受到学者关注。

本书还对团队冲突相关研究文献进行梳理与归纳，通过对团队冲突的概念、分类、作用等研究结论的分析发现：(1) 团队冲突对团队绩效具有“混合”影响作用，使之成为研究团队异质性与团队绩效关系的常见选择；(2) 团队冲突管理对改变团队冲突对团队绩效影响的方向与作用大小起到重要作用，是优化团队管理的重要抓手；(3) 团队冲突管理的文化差异因素应得到重视。

通过对 D－C－P 研究相关研究的回顾，本书明确了 D－C－P 研究模型的发展历程，并总结出当前 D－C－P 研究模型的不足：(1) D－C－P 研究模型在不同文化背景、不同性质团队中的适应性未得到普遍验证；(2) 学界对D－C－P研究模型更具说服力与解释力度的影响变量深入探索不足；(3) 不同研究变量对 D－C－P 研究模型的作用机理未得到有效揭示。本书立足解决以上问题而展开案例和实证研究。

第三章

探索性案例研究

通过对科研团队、团队异质性、团队冲突与团队绩效等研究变量相关研究文献的综述，对团队异质性与团队冲突、团队绩效之间的关系有了初步的理论认识。但在当前中国文化背景下，在高校科研团队中团队异质性对团队绩效的作用机理并未得到有效揭示，以往的研究结论和理论基础并不能直接用于本书。鉴于此，在构建理论模型之前，引入探索性案例研究，选择具有异质性典型特征的高校科研团队作为研究对象，在现实环境中探索高校科研团队异质性对团队绩效的影响过程，作为构建研究理论模型并提出研究假设的基础，增强理论模型证实能力。

第一节　案例研究方法概述及研究设计

本节从介绍案例研究方法理论基础开始，具体包括案例研究方法的起源、发展及在本领域的应用，然后对案例研究进行综合研究设计，为案例研究奠定理论基础，提高案例研究设计方案的科学性与规范性，提升案例研究质量。

一　案例研究方法概述

与实验法、调查法一样，案例研究方法作为社会科学研究的一种重要形式，尤其是心理学、社会学、政治学、经济学、管理学等领域研究者或研究团队常考虑运用的方法之一。案例研究对研究对象进行全面审视与系统深入研究，在揭示社会现象深入性、复杂性等方面具有基于大样本基础之上的调查研究所不具备的优势，而与实验研究比较而言，对研究现象真实性的把握则是其所无法比拟的，因此典型案例研究与定量研究可取长补短、互为补充。

当然，案例研究传统上常受到诸如研究过程缺乏严密性、研究效度低、研究投入大等方面的诟病。自 1989 年艾森哈特教授首次在顶级学术期刊 *Academy of Management Review* 上发表以探讨案例研究方法为主旨的经典文献《由案例研究构建理论》起，案例研究方法逐渐为学者所接受，经过 30 多年的努力与推广，在案例研究著名学者凯瑟琳・艾森哈特、罗伯特・K. 殷、徐淑英等人的不懈努力下，案例研究方法正逐渐成为既符合学术严谨性的要求也符合学术意义性的要求，被广大学者公认为是组织管理研究的重要方法，已经成为一种学术桥梁，将传统的量化研究范式与质化研究范式连接起来。

1. 案例研究的概念、起源与发展

案例研究作为一种研究思路与方法，罗伯特・K. 殷在其著作《案例研究方法的应用》中，通过对案例研究概念的梳理，认为案例研究是一种实证研究，在不脱离现实生活环境的条件下研究当前正在进行的现象，且研究的现象与其所处环境背景之间的界限并不明显；因为案例研究方法处理有待研究的变量比数据点要多的特殊情况，案例研究通过多种渠道收集资料，进行交叉分析，且需要事先提出理论假设，以指导资料收集及资料分析。

案例研究最初起源于 20 世纪初，最早开始于人类学和社会学研究领域。英国人类学家马林诺斯基被称为案例研究的先驱，他于 1910 年对太平洋中的特洛布里安岛上原住民的文化进行了系统研究。在案例研究的历史上，出现过很多著名的案例研究个案，国外的如美国社会学家威廉・怀特的《街角社会》（1943 年）、政治学者格瑞汉姆・亚里森的《决策的本质：古巴导弹危机的解释》（1971 年）等，国内如著名的社会学家费孝通的《江村经济：中国农民的生活》（1938 年）、毛泽东的《湖南农民运动考察报告》（1927 年）等，都是出色的案例研究成果，对于人们认识相关社会现象具有重要的指导意义。

后来，案例研究被引入管理学研究领域当中，虽然时间稍晚，但也取得了很多重要的理论成果，具体如高德诺的《工业的官僚形式》（1954年）、钱德勒的《战略与结构：美国工业企业史的若干篇章》（1962 年），尼尔森 1993 年提出的国家创新系统理论也是基于案例研究方法的。作为世界上最具权威的案例研究专家之一，凯瑟琳·艾森哈特在 *Administrative Science Quarterly*，*Academy of Management Journal* 等国际顶尖学术期刊上发表案例研究论文十余篇，是目前全球在顶尖学术期刊发表案例研究论文最多的学者。罗伯特·K. 殷是美国 COSMOS 公司总裁，该公司从事社会科学应用研究，其本人积极从事与推广案例研究方法，先后出版《案例研究方法的应用》《案例研究：设计与方法》等多部专著。

2. 案例研究的分类与过程

案例研究的分类。根据不同的划分标准，可以区分出不同的案例研究类型。服务于不同案例研究类型的方法是不同的，有一些案例研究方法只适用于特定的案例研究类型。也有一些案例研究可以同时综合应用多种案例研究方法。

比较公认的分类方式，是依据研究目的的不同，将案例研究分为探索性案例研究、描述性案例研究和解释性案例研究。探索性案例研究往往会超越已有的理论体系，运用新的视角、假设、观点和方法来解析社会现象，这类研究以新理论的形成为己任；在已有理论框架下，当研究者希望对社会活动做出详尽的描述时，可以采用描述性案例研究；解释性案例研究则适用于运用已有的理论假设来理解和解释现实社会实践活动的研究任务。

按案例研究选择案例的数量分类，案例研究有单案例研究和多案例研究之别。单案例研究是选择单一案例进行深入的描述、探索和分析，把握研究现象的规律；多案例研究则按照理论抽样的法则，选择多个案例进行研究，既可以进行案例内分析也可以进行跨案例分析。相比较而言，多案例研究所得到的结论，往往更具有说服力，研究过程也更经得起推敲。

案例研究的过程。罗伯特·K. 殷认为，案例研究是一个线性的、反复的过程。一个完整的案例研究从研究计划开始，具体包括设计案例研究、收集研究数据、分析数据、呈现与报告研究结果等过程。国内学者苏敬勤和崔淼总结案例研究的流程分为理论回顾、案例研究设计、数据收集、数据分析及案例研究报告的撰写等环节。李占强在其博士学位论文中总结案例研究的过程有理论回顾、案例研究设计、数据收集、数据分析、撰写研究案例报告等环节。国内各学术期刊发表的有使用案例研究的研究成果，绝大部分都遵循这一过程。

二　案例研究设计

案例研究设计是研究过程的路线图，是实施案例研究的路标，可提高案例研究质量，增进案例研究的信度。本部分内容针对案例研究进行设计，对研究过程中的重要环节予以明确，形成案例研究草案，以增加案例执行过程的针对性和规范性。

本书在前文梳理理论文献的基础上，探索高校科研团队异质性对团队绩效的影响机理，通过典型性案例研究，对高校科研团队异质性对团队绩效的影响机理进行初步探索，对下文基于问卷调查基础之上的实证研究奠定感性认知基础。

1. 研究定位与目的

本案例研究定位为局部探索性案例研究。根据苏敬勤和崔淼的观点，局部探索性案例是“研究的理论框架已经有了初步发展，但某个或某些问题研究处于起始阶段，研究可修订或完善已有理论体系”。通过本案例研究，希望达到如下研究目的：

探索科研团队异质性水平与结构，初步验证高校科研团队异质性与团队绩效的关系；

分析异质性科研团队冲突在团队过程中的表现形式，初步验证团队冲突在团队异质性与团队绩效关系中的中介作用；

了解异质性科研团队成员对待异质性态度、冲突规范等概念的构成维度，初步探索其对团队异质性与团队绩效关系的影响。

2. 案例选择

案例研究遵循理论抽样原则，即要求研究对象足够典型即可，与统计研究不同，对案例数量要求不高，选取典型案例是研究成功与否的关键所在。根据研究内容的需要，本书拟遵循以下原则选择待研究的案例。

团队科研业绩突出，选择获得国家级科研奖励或承担国家重大科研项目的高校科研团队作为研究案例；团队成长良好，备选团队要经过一定的发展历程，在规模、管理、氛围等方面发展良好；异质性特征突出，案例团队成员在社会类别属性、信息、价值观等属性上异质性特征显著。

基于上述原则，本书在农学、工学领域各选择一个案例，即案例1河南某高校小麦育种科研团队和案例2江苏某高校煤炭资源高效洁净加工科研团队，如表3—1所示。

表3—1　　案例访谈科研团队基本情况表

类别	成立时间	主要代表人物	主要研究领域	所属学科	绩效标识	访谈对象
案例1	2003年	R教授	杂交小麦新品种选育、小麦杂种优势理论研究	农学	国家科技进步一等奖	团队负责人及业务骨干
案例2	2009年	Z教授	煤炭干法分选与筛分、深度脱硫降灰与洁净煤制备、煤中有机质的组成与高附加值利用	工学	国家自然科学基金委创新研究群体；国家技术发明二等奖1项；国家科技进步二等奖1项	业务骨干

案例1依据黄淮生态条件，围绕河南小麦生产特点制定育种目标，开展高产、稳产、优质小麦育种与理论研究，长期从事小麦遗传育种工作，先后培育多个小麦优秀品种，取得良好的社会效益与经济效益，并于2013年获得国家科技进步一等奖。案例2作为国家自然科学基金委员会创新研究群体，长期从事煤炭干法分选与筛分、深度脱硫降灰与洁净煤制备、煤中有机质的组成与高附加值利用等领域的研究工作，为我国煤炭资源高效、低成本洁净加工与利用，节约煤炭资源，提高能源利用

效率和减少环境污染发挥了重要作用，研究成果处于世界领先水平，具有重要的国际影响，研究成果获得国家技术发明二等奖、国家科技进步二等奖各一项。

3. 数据收集

根据罗伯特·K. 殷提出的关于案例研究中收集资料的方式，案例研究一般不仅仅局限于单一的数据源，文件、档案记录、开放式访谈、直接观察、参与性观察和实物证据六种都可以作为研究数据来源，其中直接观察、开放式访谈和档案记录是三个最常见的数据来源。需要说明的是，六种证据来源渠道并不存在优劣之分，各自具有优点与缺点。

根据本书的需要与现实条件，拟采用开放式访谈和档案材料作为案例研究的数据来源，并在此过程中建立案例研究资料库和注重两种数据源之间的验证关系。

档案记录是指借助现有的媒介存储的信息，如图书、报纸、文件、电子档案等。案例研究可以把这些及其他类型的档案记录和其他来源的信息结合起来使用，作为案例研究的资料来源。本书中的档案材料主要包括科研团队内部档案（管理制度、会议记录、申报、总结等材料）、人事档案（团队成员性别、年龄、职称、所学专业、研究特长等信息）、网络信息（互联网对团队发展与突出业绩的介绍）等内容，必要时进行针对性回访延伸和深化数据收集。

开放式访谈，也称为非结构性访谈，相较于问卷调查收集的数据，访谈可以提供更加丰富、更广泛的资料，本书遵循以下过程进行开放式访谈。

首先，进行预调研，作为形成案例研究访谈提纲的依据。选择科研团队负责人作为访谈对象，针对案例研究的内容与目的进行预调研，获得初步访谈材料，作为形成调研提纲的依据。结合预调研收集的数据，通过组织相关人员进行座谈，形成最终的访谈提纲。

其次，在对研究案例进行初步了解的基础上，开始对案例科研团队负责人、业务骨干成员就团队基本情况、团队发展历程、团队标志绩效、团队异质性情况、冲突现象及处理、异质性科研团队管理等问题进行深度访谈，形成案例研究数据库，作为案例研究的主要信息源。

最后，对收集的数据进行编码，按团队建立资料数据库，从团队异质性、对异质性作用的认知、团队冲突现象及处理、异质性团队管理四个维度进行编码。

第二节 案例描述

一 小麦育种团队

河南某高校小麦育种科研团队成立于2003年，以立足河南、服务全国为指导思想，依托省优势特色学科“作物学”，在小麦育种家R教授带领下，依据黄淮生态条件及可持续发展需要，重点围绕河南小麦生产特点制定育种目标，开展高产、稳产、优质小麦高光效新品种选育及小麦杂种优势理论研究。相继培育并推广了一系列高产小麦品种，2005年通过国家审定的小麦新品种，具有高产稳产、抗倒、抗冻、抗病和品质好等优点，在河南、安徽、江苏、陕西和山东等省大面积种植，截至2013年该小麦品种增产小麦86.7亿千克，实现增产效益170多亿元，为促进河南粮食核心区建设和保障国家粮食安全做出了巨大贡献，并于2013年度获得国家科技进步一等奖。团队带头人先后被授予“全国先进工作者”“全国杰出专业技术人才”和“全国粮食生产突出贡献农业科技人员”等荣誉称号。

1. 团队基本情况

团队业务情况，该团队以培育高产、稳产小麦品种为主要任务，通过理论与实践研究持续推动相关科研工作的发展，主要业务包括以下三个主要方面：

巨型超级小麦新品种培育，以改善小麦群体空间结构、保持较高经济系数、大幅度提高生物产量为目标，以高光和特性的小叶巨穗小麦为突破口，培育巨型超级小麦新品种。近年有望将高光和生理特性与其结合，并投入生产应用。

新核型小麦品种创建，主要利用异源染色体及染色体组改造普通小麦，形成在抗性、产量方面显著优于普通小麦的新核型品种。实现小麦生产大面积亩产突破700千克、最高800—900千克的目标。

温敏雄性不育系杂种优势利用。在巨型超级小麦水平上以及新核型水平上利用杂种优势开展不育系研究工作。已育成矮秆抗冻早熟的温敏雄性不育性转换系BNS，具有“不育彻底、转换彻底、恢复彻底”三大特点。

团队发展历程，该团队所在高校具有育种研究传统，先后在两位育种专家领导下，于不同时期组建了三个小麦育种团队，都取得突出的科研业绩。

第一个时期是在20世纪七八十年代，在科研条件相对落后的环境下，一群年轻人在著名小麦育种专家H教授的带领下，采用师傅带徒弟的方式，5名团队骨干成员分工协作，依靠肩挑手扛，用“阿夫与内乡5号”杂交后代、与“咸农39”作三交、再与“西农64”和“偃大24”杂交子一代复交，采用系谱法培育出具有划时代意义的小麦新品种，具有较耐肥抗倒、适应性好，较稳产，适于黄淮南片中等肥力麦田种植等特征。该品种凭借良好表现与优异的社会效益，在1987年获得国家技术发明二等奖。后因团队带头人年龄过大、人员调离等原因，团队成长出现断层。

虽然小麦育种团队出现断层，但小麦育种研究工作没有中断。作为第一阶段团队核心骨干成员的R教授，整合小麦育种学术资源，于20世纪90年代中后期组建小麦育种团队，核心成员在田间管理、遗传观测、土壤根系、栽培、植物保护等方面分工明确，培育出的小麦品种获得河南省科技进步一等奖。伴随着团队研究成果的完成，团队解散。

小麦育种团队进入第三个时期，即以培养核心成员为主要方式构建团队。团队仍在R教授带领下，按照小麦育种规律与学术链业务要求，逐步引进、培养团队成员，实现团队的可持续发展，团队在小麦优异种质合成与品种创新、生态育种、网络代谢、形态构型及适应性仿真鉴定等研究方面取得一系列重要突破，在杂种优势利用方面，创育出小麦温敏雄性不育转换系BNS，全国联合攻关研究表明BNS具有“不育彻底、转换彻底、恢复彻底”及适应性广等特点，具备了杂交小麦制种的必备条件。

2. 团队成员异质性情况

小麦育种团队现有工作人员 35 人，在访谈中得知，主要骨干团队成员有 13 人，本书以骨干成员为样本，分析团队成员异质性情况。

信息异质性，在 13 名核心团队成员中，在学缘结构、专业背景、研究方向与特长等方面体现出很强的团队异质性。具体分析如下：

从团队学缘结构分析，13 名核心团队成员分别毕业于中国农业大学、西北农林科技大学、南京农业大学、山东农业大学、四川农业大学、武汉大学等 9 所高校，仅中国农业大学毕业生就 3 人，考虑到中国农业大学在农学领域的学术影响力，加之这 3 人从事的研究重点各有侧重，表明该团队学缘结构分布广泛，异质性程度高。

从团队成员专业背景分析，13 名团队成员中，作物遗传育种专业毕业的有 8 人，农学专业毕业的有 1 人，作物栽培与耕作学专业毕业的有 2 人，作物种质资源学专业毕业的有 1 人，基因学专业毕业的有 1 人。案例团队作为主要从事作物遗传育种的团队，其成员除作物遗传育种专业毕业外，还涵盖作物栽培与种质资源学、基因学等专业，可见团队成员专业背景分布广泛，异质性程度较高。

团队成员在研究方向与特长方面也体现出较强的团队异质性，如团队成员 B、E、G、K、L、M 都从事与基因有关的研究工作，但各有侧重，成员 B 主要侧重研究杂交小麦的致死基因，成员 E 则主要研究小麦白粉病致病基因及防治，成员 G、K、L、M 都从事小麦基因理论研究基础工作，但同样各有方向，成员 M 负责基因的精细定位，成员 G 主要负责基因模型分析，成员 K 负责基因克隆定位等。在访谈中，R 教授也印证了这一点，“研究团队内有搞遗传育种的，有搞基因比较的，有搞数学模型设计的，有研究微生物的，有从事加工品质研究的，有搞物理结构（抗倒伏）的，所有人就像根系一样，最终使得科研产品进入千家万户”。可见，团队成员拥有的专业知识涉及多个领域，且具有方向各异的研究方向与特长，能够根据自己擅长的知识领域承担不同的科研任务，团队知识异质性强。

从团队成员工作经历分析，从事科研时间超过 25 年以上的有 2 人，10 年以上的有 3 人，其余则从 2 年到 8 年不等。团队成员的工作经验差异很大。与其他成员大部分在高校工作不同，成员 M 长期在科研机构工作，且具有海外工作经历；成员 B 具有海外教育背景；成员 D 目前尚在攻读博士研究生，其他成员大部分都是研究生毕业后一直在团队工作。

社会类别属性异质性，从以往关于团队异质性相关研究可知，团队社会类别属性异质性主要表现在团队成员在性别、年龄两个维度上，案例团队成员在年龄结构上分布明显，50 岁以上的有 1 人，40—50 岁的有 2 人，小于 30 岁的有 1 人，其余皆在 30—40 岁；从性别结构上看，男性有 10 人，女性有 3 人。

在开放访谈过程中发现，职称、学历与年龄、性别等变量一样，往往是团队成员分类的主要特征变量，从这两个维度上，团队成员博士层次的有 10 人，硕士层次的有 2 人，本科层次的有 1 人；正高级职称的有 2 人，副高级职称的有 3 人，中级职称及以下的有 8 人。

价值观异质性，团队成员价值观异质性难以通过团队现实资料反映，从团队领导人、团队业务骨干成员的访谈中可以实现整体认知。如团队成员 B 在谈到团队成员价值观差异问题时，说“个人情况不一样，自然想法就不一样”；如针对团队在合作过程中的“互为助手、互为主持人”的工作方式，成员就有不同的认识，有成员就会认为“所做工作不属于职责范围内的事情”；在涉及团队发展和责任分配交流过程中，不同成员基于不同的视角，存在类似“自己的工作相对重要一些”的想法；在育种周期中比较忙碌的阶段，不同成员对于高强度工作的认识也不一样，有成员会发些牢骚，有成员则已经习惯，有成员则享受其中的乐趣。

由此可见，小麦育种科研团队在信息异质性、社会类别属性异质性和价值观异质性等维度上分布广泛，尤其是学缘结构、专业背景、研究方向与特长等方面异质性尤为突出，存在激发团队成员间的信息交流与知识碰撞的物质基础。同时在性别、年龄、职称、学历层次等分类因素上具有广泛差异性，在理论上确实存在引发关系冲突、降低团队凝聚力的风险。价值观异质性在该团队成员中同样突出，不同成员基于不同的成长、工作经历和社会阅历，对生活、工作等方面的认识因人而异。

3. 对团队异质性作用的认知

对团队异质性作用的认知即对待异质性态度是本书的重要变量，是发挥团队异质性作用的关键所在。在开放访谈过程中，就团队异质性对团队过程与团队结果的影响进行深度访谈，发现案例团队中对待异质性态度偏向积极的方向。

成员 A 从团队异质性的必要性谈道："在科研团队中，人要做到学缘分布最大化，学科要交叉作用集成化，科研成果要多面化"；要实现"团队的研究者要多元化，未来问题的现实化"，只有这样才能"有利于提升团队的创造力，提升服务社会的实力与活力"。

成员 C 从团队异质性与团队资源的角度谈到异质性的作用，提到"团队成员间学缘分布广泛，会为团队汇聚不同的社会资源、社会资本"；"不同学校毕业的博士，能够带来全新的研究视角与思路"。

通过访谈，无论是团队负责人还是学术骨干，或是一般团队成员，对于组建异质性团队的必要性，对于团队异质性功能性的认识，普遍持肯定的态度（"团队异质性的作用，一致认可"）。

4. 团队冲突及其管理

依据 D－C－P 研究模型，科研团队异质性的作用是通过团队冲突这一过程实现的，在案例访谈过程中，以关键事件访谈的方式，通过受访者回顾团队过程中存在的冲突现象及处理过程，观察案例团队中团队冲突的情况。

团队任务冲突情况。在访谈中，当问到团队在工作过程中存在的冲突现象时，成员 A、B 均表示冲突现象主要反映在任务冲突上。成员 A 在访谈中说："现代科学研究，是科技密集型成果，在研究过程中要有理论、技术、集成、转化等方面的融合"；"科研团队要做到多方面功能集成"；"团队中的每一个人都受其他人影响，相互支持，要考虑其他内容，在其他人那里吸收知识"。能够完全体现团队成员的教育背景、工作经历和知识等异质性属性是通过成员间的相互学习、交流即任务冲突过程提升团队绩效的。

成员 B 提到"在不同学科、方向之间提出意见，会产生相当大的作用"也是对团队任务冲突的一种现象描述。另外，还举例说明：成员 E，以前主要从事抗病基因在烟草上的转化，在讨论过程中有"外行"提出，"抗病基因能否转到小麦上，虽然对研究提出更高的要求与风险，但的确是有价值的，不一定是错误的”。

团队关系冲突及过程冲突情况。在谈到团队过程中是否存在由于社会类别属性变量之间的差异造成成员间的关系紧张、小团队现象等情况时，成员 B 回答“现象不明显，可以说是没有”。团队关系冲突现象之所以很少，他认为有几个方面的原因：一是与团队带头人的管理要求与团队氛围不无关系。在访谈中提到，团队带头人“要求在团队内部不能搞小团体，团队成员间有远有近，但绝不允许有搞小团体倾向，有倾向要克服，一再强调，不搞小团体”；另外，可能还与团队工作模式有关，团队中推行“互为助手、互为主持人”的合作模式；还有很重要的一点，就是与团队负责人的权威与人格有关，有权威领导的感召并在其人格影响下，团队成员关系冲突并不明显，“有 R 老师在，大家人际关系相处的不错”。

过程冲突是团队成员间在责任分工、资源分配和贡献度等问题上因为认知不同而产生的冲突现象。在谈到这一问题时，成员 B 表示“暂时没有”，因为团队科研资源相对充足，往往鼓励团队成员有效利用学术资源，不存在因资源分配造成关系紧张现象。另外，团队成员中年轻人比较多，尊重团队负责人及核心成员的安排，过程冲突现象并不明显。还有，与一般工作团队相比，科研团队成员依据业务特长从事特定学术研究，责任划分界限比较明显，引发过程冲突的可能性较小。

5. 异质性团队管理

针对案例团队中存在的团队异质性与团队冲突现象，在访谈中就优化异质性团队管理为主题，请受访对象就充分发挥科研团队异质性的功能性作用，抑制潜在的负功能性风险，进行访谈，探索冲突管理在其中的影响。

保持团队紧密合作。成员 A 认为应该“做好顶层设计、分块攻关、集成组装，最后形成成果”；“要做到在一个命题下，一个大背景下解决问题，模型是变动的，不是固定模型”；“就像发射卫星一样，需要各部门协同合作，其中任何一段出现一点小问题，就有可能导致发射卫星失败”。所有团队成员应该以团队利益为最终利益，访谈中提到，大家都应该以小麦为中心，而不是以个人为中心；有些人，做自己的事情，很自我，是不对的，错误的。在大环境下，大家都应该做小麦中心的任务，有小部分人没有意识到这一点。

加强团队沟通与交流。至于异质性团队成员间这种彼此不同观点、知识之间的交流学习，成员 B：团队各成员在小麦育种大背景下，各自从事科研工作，每季度举办一次学术汇报活动，各主要成员报告自己的研究进展。

有必要指出的是，团队中实行的“互为主持人，互为助手”的互助工作模式，即在某些特定工作阶段与学术时期内，不同团队成员之间相互协调互助。在某一具体项目任务中或特定工作阶段，一直负责该任务的团队成员 C 仍作为主持人，而成员 I 则由其他任务组抽来协助，并作为任务助手，在成员 C 的指导下工作。这种工作模式既是一种团队合作模式，也能够促进团队成员之间信息交流与知识传播。

完善团队制度建设。在利益分配制度设计中，就成果署名问题，案例团队主要制度安排为：所有研究成果都应该归团队，负责人 R 老师为第一署名或通讯作者，具体研究者本人、其他负责具体工作的成员依次排序。

二　矿物加工团队

“创新研究群体科学基金”是国家自然科学基金委员会资助的人才项目中的一个重要组成部分，2000 年开始设立，主要用于资助国内以优秀科学家为学术带头人、中青年科学家为骨干的研究群体，围绕某一重要研究方向开展基础研究和应用研究。以江苏某高校 Z 教授为学术带头人的煤炭资源高效洁净加工理论与应用创新研究群体，于 2009 年获得国家自然科学基金委员会创新研究群体科学基金资助。

煤炭资源高效洁净加工理论与应用创新研究群体依托国家重点学科（矿物加工工程）、江苏高校国家重点学科培育建设点（化学工艺）、教育部重点实验室（煤炭加工与高校洁净利用）和国家煤炭工业工程重点实验室（矿物加工），团队成员由国家杰出青年基金获得者、长江学者特聘教授、千百万人才工程国家级人选、国家有突出贡献的中青年专家、中国青年科技奖获得者、全国百篇优秀博士学位论文获得者为骨干组成。

1. 团队基本情况

团队业务发展情况，该案例团队主要围绕煤炭资源高效洁净加工的理论与应用，着重对煤炭干法分选与筛分、深度脱硫降灰与洁净煤制备、煤中有机质的组成与高附加值利用三个主要科学问题进行深入研究，实现了研究群体预期的阶段性科学目标。研究成果在我国煤炭工业得到广泛应用，年加工处理煤炭约 5 亿吨，占全国煤炭年入选量的 1/4，年新增经济效益约 6.5 亿元，为我国煤炭资源高效、低成本洁净加工与利用，节约煤炭资源，提高能源利用效率和减少环境污染发挥了重要作用，研究成果处于世界领先水平，具有重要的国际影响。

研究成果获国家技术发明二等奖 1 项、国家科技进步二等奖 1 项、教育部自然科学一等奖等省部级科技奖励 7 项；获国家教学成果二等奖 1 项、江苏省教学成果特等奖 1 项；获授权国外发明专利 7 项、中国发明专利 30 项；发表的论文被 SCI 收录 182 篇、EI 收录 67 篇，出版著作 6 部。

团队发展历程，2009 年以 Z 教授作为学术带头人创建了“煤炭资源高效洁净加工”创新群体研究团队，依托于国家自然科学基金委创新研究群体项目（Ⅰ期）；2012 年成功通过国家自然科学基金委的验收考核，并顺利获得延期资助（Ⅱ期）；2016 年再次成功通过国家自然科学基金委的验收考核，圆满完成国家自然科学基金委创新研究群体项目预期研究计划，实现预期研究目标。

2. 团队异质性

本书仍以该案例团队的核心成员为样本，分析团队异质性。通过对该案例团队的人员构成情况进行考察，根据 17 名团队核心成员的基本情况分析团队异质性。

从团队学缘结构看，17 名核心成员中 13 名毕业于中国矿业大学，另有毕业于中国矿业大学（北京）1 人、昆明理工大学 1 人、日本东京大学 1 人、南开大学 1 人。从学缘结构上分析，成员大部分来自中国矿业大学，所占比例达 76%。主要原因是中国矿业大学作为国内矿业工程领域的特色学府，在矿物加工方面具有突出的比较优势。

从团队成员所学专业分析，17 名团队成员所学专业主要有矿物加工工程、化学工程、机械工程、环境工程，作为主要从事矿物加工的团队，团队成员毕业于矿物加工工程专业的人员（10 人）最多，化学工程专业 5 人，所学专业还涵盖机械工程、环境工程。可见，团队成员所学专业分布广泛，异质性程度高。

团队成员专业特长与学术优势分布情况，团队成员根据各自的研究方向与专业特长，承担不同的研究任务，如成员 B 擅长煤炭干法分选的振动流态化基础研究，主要负责课题煤炭干法分选与筛分项目组；成员 I 负责深度脱硫降灰与洁净煤制备课题组，其研究特长包括微泡柱分选与洁净煤技术；成员 M 的研究特长是在煤中分析有机质的组成结构和高附加值利用，其主要负责课题 3，与其研究特长完全适切；另外，团队成员 P、Q 也都依据自己的学术专长负责相应课题任务。

即使在同一课题组内部，不同成员仍然根据研究基础承担不同的任务分工。如课题 1 中成员 D、E、F、G、H 的学术特长分别是"矿物干法分选与二次资源利用""煤炭干法分选与实验设计""磁稳定流态化机理与应用""浓相流态化仿真模拟""细粒煤干法提质"，同样作为课题组学术骨干承担不同的科研任务，相互协作。该团队中，团队成员具有方向各异的研究特长与学术方向，能够根据自己擅长的知识领域承担不同的科研任务，团队知识异质性强。

从工作经历的角度分析，从事科研工作超过 30 年的有 3 人，从事科研工作超过 20 年的有 8 人，从事研究工作 20 年以下的有 6 人。团队成员由工作经历积淀的工作经验差异很大。

社会类别属性异质性，从社会类别属性上分析，团队成员在年龄结构上的分布情况为：50 岁以上的有 10 人，40—50 岁的有 4 人，小于 40 岁的有 3 人。在整个研究群体中，50—60 岁、40—50 岁、30—40 岁与 30 岁以下的人数比例约为 1∶1∶1.3∶5.7，其中 30 岁以下人员主要是在读研究生。

从性别结构上看，男性在团队中占绝对多数，17 名核心团队成员中男性有 16 人，女性有 1 人。通过访谈得知，整个研究群体性别比例为 10∶1，这主要受到团队所在研究领域（煤炭资源高效洁净加工）的工科属性与实践属性的影响。

17 名核心团队成员中均具有高级专业技术职务，其中正高级职称的 13 人，副高级职称的 4 人，他们全部具有研究生学历。但就整个研究群体来讲，算上在读研究生，其教授、副教授、讲师与在读研究生人数比例约为 1：1.2：0.8：6。

价值观异质性，团队成员之间会在诸如生活习惯、价值观与行事风格等方面存在差异，即团队成员价值观异质性，成员 D 称之为真隐性知识。

通过对研究案例团队异质性的考察，该团队的成员异质性相对较为复杂，主要体现在：团队成员学缘结构分布相对集中，主要受学科属性与该校在相关领域的相对领先位置所定；团队成员在专业背景、研究方向与特长等信息异质性维度上分布较为广泛，有较为突出的异质性特征。在性别、年龄、学历、职称层次等分类因素上异质性程度不是特别明显，主要原因在于团队承担研究生培养任务，在读研究生承担很多学术任务，如果将该因素考虑在内，团队社会类别属性仍显示出较高的异质性。价值观（真隐性知识）异质性在该团队成员中同样突出，不同团队成员生活习惯、价值观与行事风格等方面存在差异。

3. 团队成员对异质性的态度

对于团队成员在年龄、职称、学历层次等社会类别属性异质性，访谈中，团队成员 D 认为，这些显性异质性虽然存在差异，但属于客观实际，也是团队组建时考虑的基础因素，因此不会对团队绩效产生负面影响。

团队成员中存在的诸如工作方法差异、对重要事物的认知差异、对工作成员与逻辑的判断差异等有利于团队绩效的提升。针对上述差异，访谈中 D 成员称之为伪隐性知识，他认为通过建立科学、良好的目标规划与沟通机制，发挥团队成员逻辑、思维多样性的优势，既能够凸显成员各自专长的贡献空间，又能够促进成员之间的知识传递、共享与深化。

“团队真隐性知识（诸如生活习惯、价值观与行事风格）异质性会在一定程度上阻碍知识共享与团队创新。”

可见，在对团队异质性的认识上，团队成员对待异质性态度在该研究团队中以积极为主，对团队异质性可能对团队造成的负向影响也有清楚的认知。

4. 团队冲突现象

本案例访谈中，谈到团队冲突现象时，主要表现形式是任务冲突。比如针对“煤炭资源高效洁净加工”项目的研究规划问题，研究领域分别为矿业工程、环境工程、化学工程的研究人员产生了意见分歧，主要是基于各自领域的研究现状对各个研究目标的权重评估、执行顺序意见不一，因此在项目研讨会上各执己见，无法达成统一方案。

针对团队过程中是否存在成员关系紧张、团队责任分工等团队关系冲突、过程冲突等现象，研究发现团队过程中基本不存在该类现象。团队过程基本不会造成人际关系紧张，因为关于具体问题的公开讨论都是在知识的范畴内探讨，不涉及个人层面；个人利益服从团队利益，同时保障他人的合法利益；总的原则是严格区分个人利益、团队利益与他人利益，公私分明，一切都在合法合规的条件下探讨。

5. 异质性团队管理

就优化异质性科研团队管理，该研究团队提出较为明确的结论。主要体现在以下几个方面：建立良好的沟通机制，保障信息传递畅通，促进团队成员相互之间的信息与知识扩散；以开放度和合作度为中间变量，形成良好的创新氛围以正向调节成员异质性与团队开放度的正相关关系，加强其对团队合作度的影响。团队人员分工明确，相互协作；通过签订责任书明确了研究群体学术骨干的分工与合作；坚持认真倾听不同意见，尊重每个人的立场，鼓励成员之间相互沟通，分享经验。

第三节　案例分析

一　科研团队异质性构成及其对团队绩效的影响

由前文文献综述可知，Jehn 将团队异质性标识为信息异质性、社会类别属性异质性和价值观异质性三种表现形式，其中信息异质性主要表现团队成员教育背景、工作经验及专业知识等方面的差异，社会类别属性异质性表现团队成员在性别、民族、种族等人口统计学属性特征上的差异，而价值观异质性是标识团队成员对团队目标、任务、生活等内容看法的不同。

作为知识型创新工作主体的高校科研团队，工作性质本身要求团队成员具备不同的学科背景、经验与技术方法，从事个体很难完成的知识融合、交叉与创新任务。本书案例中的高校科研团队均具备高异质性的特征，尤其是在学缘结构、专业背景、研究方向与特长等信息异质性方面。

科研团队学缘结构是指团队成员在完成某一级学历的学校的构成状态，科学合理的学缘结构有利于团队基于不同学术派别观点的交流，激发学术争鸣，促进学术创新。

专业背景既是高等学校所分的学业门类，也是科研人员长期储备知识与训练特有技能的过程，是从事科研创新工作的基础，由此也造成个体科研工作人员的知识局限，因此专业互补也是创新工作的重要保证。小麦育种团队成员所学专业有作物遗传育种、农学、作物栽培与耕作学、作物种质资源学、基因学等专业，涵盖农学、理学、工学等不同学科门类，专业背景分布广泛，异质性程度较高。矿物加工团队成员所学专业涵盖矿物加工工程、化学工程、机械工程、环境工程等领域，学科分布广泛，具备良好的知识储备。

研究方向与特长是科研工作者在长期从事科研工作过程中积累的从事知识创新的兴趣点与专有特点，研究方向与特长的互补是科研团队创新的重要保证之一。小麦育种团队在研究方向与特长方面体现出较强的团队异质性，访谈中有“研究团队内有搞遗传育种的，有搞基因比较的，有搞数学模型设计的，有研究微生物的，有从事加工品质量研究的，有搞物理结构（抗倒伏）的”，即使在基因研究这一方向上，团队成员也各有侧重，如有成员侧重研究杂交小麦的致死基因，有成员主要研究小麦白粉病治病基因，有成员侧重小麦基因基础理论研究工作。矿物加工团队成员依据研究方向与特长，承担不同的科研任务，有成员负责煤炭分选与筛分，有成员负责煤炭深度脱硫降灰与洁净煤的制备，有成员负责煤中有机质的构成分析与高附加值利用。即使在同一研究小组内部，不同成员仍根据研究基础承担不同的任务分工，彼此协作共同推动科研任务的完成。

关于团队社会类别属性异质性研究中，性别、年龄、种族等人口统计学属性常作为研究变量，在案例访谈过程中发现，职称、学历与年龄、性别等变量一样，往往是团队成员分类的主要特征变量。案例中两个科研团队在职称、性别、年龄结构异质性上表现各异。案例 1 中 13 名核心业务骨干成员在职称层次上正高、副高、中级结构稳定，男女性别比例中男性偏多，在 50 岁以上、40—50 岁、30—40 岁等年龄阶段上配置合理，团队异质性程度较高，有利于团队管理与学术创新。案例 2 中，17 名核心骨干成员在年龄结构上 50 岁以上人员偏多，全部具有高级专业技术职务，男性占绝对多数。但考虑到团队中尚有大量年轻在读研究生，年龄结构与职称结构尚在合理范围之内，性别结构则与矿物加工学科属性密切相关。

价值观异质性反映团队成员价值观、集体观、责任感等方面的主观认知差异，属于深层次属性变量差异，难以通过团队现实资料反映，从团队领导人、团队业务骨干成员的访谈中可以实现对其整体认知。如小麦育种团队成员 B 在谈到团队成员价值观差异问题时，说“个人情况不一样，自然想法就不一样”；如针对团队在合作过程中的“互为助手、互为主持人”的工作方式，成员就有不同的认识，有成员就会认为“所做工作不属于职责范围内的事情”；在涉及团队发展和责任分配交流过程中，不同成员基于不同的视角，存在认为类似“自己的工作相对重要一些”的想法；在育种周期中比较忙碌的阶段，不同成员对于高强度工作的认识也不一样，有成员会发些牢骚，有成员则已经习惯，有成员则享受其中的乐趣；矿物加工团队也在访谈过程中提到团队成员因个体差异致使成员主观认知不同。

关于高校科研团队异质性对团队及其绩效的影响，学界对此的研究结论并不完全一致，“双刃剑”效应被大家所认可，本案例研究中在一定程度上验证了这一结论。小麦育种团队中，团队负责人与业务成员都认为，团队成员学缘分布广泛，能够凝聚不同的社会资源、社会资本，为学术研究提供全新的研究视角与思路，能够做到学缘分布最大化、学科交叉作用集成化、研究成果多面化，成员异质性有利于提升团队的创造力，提升团队服务社会的实力与活力。矿物加工团队成员认为成员间存在显性差异，不仅是客观实际，也是团队组建时考虑的基础因素，因为团队成员间存在的工作方法、认知差异、判断差异等有利于团队绩效的提升。只要构建科学、有效的目标规划与沟通机制，发挥团队成员间逻辑、思维多元化优势，有利于知识融合与创新。

当然，并不是所有的成员差异对创新团队绩效都具有正向促进作用。矿物加工团队中有成员就认为：团队成员在诸如生活习惯、价值观与行事风格等方面的差异会在一定程度上阻碍知识共享与团队创新。

通过上述研究与分析，就高校科研团队异质性的构成与作用可以得出如下结论：

命题1　高校科研团队信息异质性表现为团队成员在学缘结构、专业背景、研究方向与特长等方面的差异，社会类别属性异质性表现在团队成员在年龄、性别、职称与学历层次等方面的差异，而价值观异质性主要表现在团队成员在价值观、责任感和集体荣誉感等方面的差异。

命题2　科研团队异质性对团队绩效具有显著的影响，其中团队成员信息异质性对团队绩效具有积极影响，而社会类别属性异质性、价值观异质性对团队绩效可能产生消极影响。

二　科研团队冲突表现形式及其作用

传统关于团队冲突的认知是一维的，伴随着研究的深入，冲突一般被分为：基于对团队任务认知不一致的任务冲突、团队成员人际关系的关系冲突，以及在任务冲突基础上衍生的过程冲突，其侧重于团队任务执行、责任分工与资源分配等方面的冲突类型。

团队冲突在高校科研团队中的表现形式及性征是本案例研究的重点之一。高校科研团队作为一种特殊的团队组织形式，通过案例中科研团队冲突现象的研究，一方面了解团队冲突在高校科研团队中的存在形式与演变过程，更重要的是可以发现冲突在团队异质性与团队绩效之间发挥的功能，作为揭示高校科研团队异质性对团队绩效的重要作用。

任务冲突表示团队成员对于工作的观点、想法、判断意见相左，且成员间彼此能够感知到观点对立所造成的冲突。在异质性科研团队中，不同团队成员基于不同的工作经历、研究特长、学术背景、知识储备，甚至是思考问题的角度不同，对同一研究问题产生不一致的观点、意见、看法再正常不过。矿物加工案例中，针对“煤炭资源高效洁净加工”项目的研究规划问题，分属矿物加工、环境工程与化学工程的团队成员就产生过意见分歧，其主要原因就是各成员基于各自学术领域的研究现状，对各个研究目标的权重评估、执行顺序意见不一所致。

关系冲突是团队成员感知到的人际关系上的不和谐或不一致，冲突往往伴随着情感的紧张、敌意、愤怒等情绪。受中国传统文化重人情、好面子等因素的影响，高校科研团队在人际关系冲突方面表现并不突出。如小麦育种案例中，团队成员认为该现象表现并不明显，甚至说没有。并且指出关系冲突表现不显著的原因：一则与团队带头人的管理要求和团队氛围有关，另外也可能与团队工作模式有关。矿物加工团队中，团队成员也提到团队过程中基本不存在关系冲突现象。

过程冲突在以往研究中主要表现在团队成员有关任务执行、责任分工与资源分配等方面引发的冲突现象。通过案例研究发现，过程冲突与关系冲突一样，在高校科研团队中表现并不突出。小麦育种团队中，由于团队科研资源相对充足，除要求团队成员有效利用学术资源外，并不存在因资源分配造成关系紧张的现象；另外，团队中年轻成员较多，一般会尊重团队负责人及核心成员的工作安排，由责任划分引发的过程冲突也不明显。矿物加工团队成员在案例研究中也反映出团队过程冲突现象与关系冲突一样，在团队过程中表现不突出。与一般工作团队相比，高校科研团队中由学术方向决定研究任务分工，工作职责相对明确，过程冲突现象不显著也能理解。

至于团队冲突在异质性科研团队中的作用，在案例研究中也得到一定程度上的验证。高校科研团队冲突的作用主要体现在成员间通过碰撞产生学术创新灵感。如在小麦育种案例中，团队成员谈到，现代高校科研团队中，面对科技密集型研究任务，在研究过程中要有理论、技术、集成、转化等方面的融合；团队中的每一个人都受其他成员影响，彼此相互支持，要考虑其他内容，在其他人那里吸收知识，完全能够体现不同团队成员的教育背景、工作经历和知识等异质性属性通过成员间的相互学习、交流对团队绩效产生正向影响。访谈中有团队成员还提到，成员间不同学科、方向之间提出意见，会产生相当大的作用，也是对团队任务冲突对异质性与团队绩效间作用的一种描述。如小麦育种团队成员E以前主要从事抗病虫基因在烟草上的转化，在讨论过程中受“外行”的启发，将抗病虫基因转到小麦上，虽对研究本身提出更高的要求与风险，但确实整合了团队研究资源，对团队科研任务的完成，具有重要影响。

基于上述对案例中高校科研团队冲突的表现与作用分析，可以得出如下结论：

命题3　高校科研团队的冲突形式主要表现为任务冲突，而关系冲突与过程冲突现象并不明显。

命题4　科研团队异质性主要通过任务冲突影响团队绩效。

三　对待异质性的态度及其作用

在研究中，对待异质性的态度表示团队成员对异质性的评价，主要内容表现在团队成员对团队异质性的整体评价或在何种程度上团队成员在工作环境中与来自不同背景的人共事或互动。对待异质性态度分积极与消极两个维度，实证研究表明，对待异质性态度持积极态度的团队成员能够在异质性团队中更有效的互动，行为结果会更加有效；在对异质性态度消极的团队环境中，随着团队异质性水平的提升，团队任务绩效提升趋势并不显著。作为本书的重要概念，案例研究中对高校科研团队成员对团队异质性的态度及其作用进行了研究。

如小麦育种案例中，对于对团队异质性价值的认知，团队负责人谈道：团队的研究者要多元化，才能研究未来的问题；只有实现团队成员的多元化才能提升团队创造力，提高服务社会的实力与活力。在对团队业务骨干进行访谈中，关于团队异质性的认识，也是“一致认可”的。无论是团队负责人还是一般业务骨干，对于组建异质性团队的必要性都有充分的认知，对于团队异质性功能的认识，普遍持肯定的态度。

对团队异质性功能的认知在矿物加工案例中则更加全面。访谈中，团队成员认为：团队成员中存在的诸如在工作方法差异、对重要事物的认知差异以及判断差异通过科学、有效的沟通机制，能够发挥成员间逻辑、思维多样性的优势，促进成员间知识传递、共享与深化，从而提升团队创新绩效；同时，成员间在生活习惯、价值观与行事风格等方面的差异，则存在阻碍团队知识共享与团队创新绩效的可能。

通过对案例团队中团队成员对团队异质性功能认知的研究，就高校科研成员对异质性所持态度的判断与作用，可以得出如下结论：

命题5　高校科研团队成员对团队异质性的作用认知全面，态度偏向积极。

命题6　积极的对待异质性及其功能的发挥具有促进作用。

四　冲突规范及其作用

针对团队冲突在异质性团队中发挥作用的不确定性，如何就团队冲突加强与规范异质性团队管理，以便充分释放团队异质性的功能性影响，有效抑制团队冲突在异质性团队中的负面影响，成为冲突管理的重要着力点。就这一方向，学者相继提出冲突管理策略、冲突规范等研究变量，其中冲突规范成为普遍关注的重要概念。本书中，冲突规范作为高校科研团队异质性潜在功能发挥的重要影响因素，以科研团队冲突有效管理为主要内容对其进行归纳，并对其影响进行总结。

小麦育种案例团队中，保持团队紧密合作、加强团队沟通与交流和完善团队制度建设三个要素是充分发挥科研团队异质性功能性作用，抑制潜在的负功能性风险的主要内容。保持团队紧密合作，使得团队成员像石榴籽一样，围绕团队工作目标，协同努力共同进步。各团队成员都要以团队利益为最终利益，就像发射卫星一样，各成员协同合作，任何一点出现哪怕很小的问题，都可能导致卫星发射失败。加强团队沟通与交流，促使团队成员间不同观点、知识的交流学习，是发挥团队知识异质性、减少意见分歧的最有效途径，要求按季度举办学术汇报活动，结合各自的研究任务与进展，进行研讨。针对容易引发科研团队关系冲突的成果署名问题，团队一致认为所有研究成果归团队共同所有，负责人为第一署名人或通讯作者，具体研究者本人、其他负责具体工作的成员依次排序，可以有效避免团队成员因此产生关系紧张、对立的冲突现象。

就异质性科研团队管理，矿物加工团队案例中也提出明确的结论，主要体现在建立良好的沟通机制，以开放度和合作度作为中间变量，明确团队成员分工、相互协作。保持良好的团队沟通，坚持倾听不同意见，尊重每个人的立场，鼓励成员间相互沟通与分享，可以促进团队成员间信息与知识的传播与扩散，有效减少彼此间的误解与偏见，是发挥团队异质性作用，降低团队冲突潜在风险的有效手段；同时要保持团队合作，形成良好的创新氛围以正向调节团队异质性与团队开放的相关关系，加强对团队合作的影响；还要做好利益分配制度，抑制关系冲突的发生，在团队过程尤其是交流研讨过程中，坚持在知识范畴内探讨，不涉及个人层面，区分个人利益、团队利益，在合法合规的条件下保障所有人的合法利益。

参照以往关于冲突规范的主要研究结论，结合案例研究的结果，就冲突规范的主要维度与作用，得出如下结论：

命题 7　团队合作、团队沟通与抑制关系冲突是冲突规范的主要内容。

命题 8　冲突规范是提升高校异质性科研团队绩效的重要方式。

第四节　案例研究总结

本章以文献综述所梳理的研究为切入点，就高校科研团队异质性对团队绩效影响这一研究问题，通过选取具有典型代表性的科研团队进行探索性案例研究，在特定环境中归纳科研团队异质性、团队冲突、对待异质性的态度、冲突规范等研究变量的特征与主要维度、内容，初步探索高校科研团队异质性对团队绩效的影响过程，为后续研究构建理论模型与基于问卷调查基础之上的实证研究奠定了基础，增强研究模型的证实能力。

案例分析结果表明：高校科研团队信息异质性表现为团队成员在学缘结构、专业背景、研究方向与特长等方面的差异，社会类别属性异质性表现在团队成员在年龄、性别、职称与学历层次等方面的差异，而价值观异质性主要表现在团队成员在价值观、责任感和集体荣誉感等方面的差异。科研团队异质性对团队绩效具有显著的影响，其中团队成员信息异质性对团队绩效具有积极影响，而社会类别属性异质性、价值观异质性对团队绩效可能产生消极影响。

与专业背景、研究方向与特长等团队信息异质性对团队绩效的作用得到一致性认可不同，对科研团队中存在的社会类别属性异质性、价值观异质性对团队绩效的影响作用并没有完全揭示。案例研究中有人认为社会类别属性异质性不会产生不利影响，如“年龄、学历、职称等因素虽然存在差异，是团队组建时考虑的基础因素，不会对团队绩效产生负面影响”“显性异质性不会对团队绩效产生负面影响”；有些认为则反映负面影响，如“团队真隐性知识异质性会在一定程度上阻碍知识共享与团队创新”。显然，关于团队异质性对团队绩效的影响效应，需要进一步验证。

通过研究案例中团队冲突现象及作用分析，我们还发现：高校科研团队的冲突形式主要表现为任务冲突，而关系冲突与过程冲突现象并不显著。同时，科研团队异质性主要通过任务冲突影响团队绩效。

案例研究结论中能够明确团队过程中存在任务冲突现象，且团队异质性通过任务冲突对团队绩效产生影响。但对于关系冲突与过程冲突在团队过程的表现则没有反映出来。有可能是确实存在冲突现象但受限于面对面访谈的性质没有如实反映出来，也有可能团队过程中关系与过程的冲突现象确实少见，其在异质性与团队绩效之间的中介作用自然无法体现。需要在后续的实证研究中进一步验证。

对待异质性态度与冲突规范作为能够影响高校科研团队异质性与团队绩效关系的研究变量，其作用在案例研究结果中也得到了有效揭示。高校科研团队成员对团队异质性的作用认知全面，态度偏向积极；积极的对待异质性态度对异质性功能的发挥具有促进作用。团队合作、团队沟通与抑制关系冲突是冲突规范的主要内容；冲突规范是提升高校异质性科研团队绩效的重要方式。

团队成员对待异质性的态度以积极肯定为主，但案例研究中也提到了消极负面的态度；案例研究中也提到团队合作、团队交流和抑制关系冲突作为异质性科研团队管理的方式，但作为团队异质性与团队绩效关系研究中重要研究变量，对待异质性态度与冲突规范在团队异质性与团队绩效间的调节作用需要进一步验证。

第四章

理论模型与研究假设

第一节　研究框架

在文献综述与案例研究的基础上，结合本书的研究目的和研究内容，对研究过程中的核心概念进行界定与维度划分，构建本书的概念模型，作为进一步构建高校科研团队异质性对团队绩效影响机理模型的基础。

一　概念界定与维度划分

本书针对高校科研团队异质性对团队绩效的影响机理进行研究，其中涉及团队异质性、团队冲突、团队绩效、对待异质性态度和冲突规范等主要研究变量。首先，参照以往对相关变量的研究结论，结合案例研究结果，对各研究概念、维度以及外延做进一步的阐述与明确。

1. 团队异质性

本书关注高校科研团队异质性，反映科研团队成员间在个体属性变量上的差异程度，既包括在性别、年龄等社会类别属性上的差异，也包含团队成员在知识、特长、价值观等深层次属性上的差异。参照 Jehn 的分类形式，将科研团队异质性划分为信息异质性、社会类别属性异质性和价值观异质性三种类型。信息异质性反映科研团队成员在知识、经验与观点方面的差异，具体表现在受教育专业、学缘结构、研究特长、学术方向等特征差异。社会类别属性异质性指科研团队成员在性别、年龄、职称、学历等属性特征方面的差异程度。价值观异质性是标识团队成员对团队目标、任务、责任等内容的不同看法。

需要特别说明的是，有研究对信息异质性、知识异质性与认知异质性进行了区分，指出知识异质性涉及团队成员在知识、技能、经验或专长等知识属性方面的差异性，认知异质性指反映团队成员在知识基础（知识与经验）上的差异性。鉴于三者之间在外延上的相近性，在以往研究中常常将“信息异质性”“知识异质性”“认知异质性”等术语交替使用。本书参照 Jehn 研究框架中对异质性的分类，将信息异质性作为团队异质性维度之一。本书以信息异质性表示科研团队成员在知识、经验与观点等方面的差异，如遇认知异质性与知识异质性属同一概念。

以往研究中，社会类别属性异质性主要是性别、年龄、种族等属性特征差异，本书中根据高校科研团队的组织性质与中国文化背景，依据案例研究结论，将职称与学历层次纳入社会类别属性，考察科研团队社会类别属性异质性。主要原因在于职称、学历属性与性别、年龄一样属于易观察属性，且容易在科研团队中成为成员分类的依据。

2. 团队冲突

团队冲突作为一种常见的社会现象，也成为高校科研团队过程的重要组成部分。本书以高校科研团队为研究对象，综合以往关于团队冲突的定义，认为团队冲突表现为科研团队成员间因感知到认知差异、目标不兼容与愿望不调和而产生的情绪及行为反应的动态的互动交往过程。

本书参照传统 D－C－P 研究模型，将团队冲突划分为任务冲突、过程冲突与关系冲突三个维度，其中任务冲突表示科研团队成员对于工作的观点、想法、判断意见不一，且彼此能够感知，所造成的冲突；过程冲突反映团队成员间有关任务执行、责任分工、资源分配的冲突行为；关系冲突是团队成员感知到人际关系上的不和谐或不一致，冲突伴随着情感的紧张、敌意、愤怒等情绪特征。

关于本书中科研团队冲突的选择，主要做以下几点说明：本书中所指的科研团队冲突表示团队成员间的冲突，强调冲突主体之间地位的平等性，不包括团队领导与一般工作人员上下级的冲突；科研团队冲突标识成员间一对一的冲突状态与冲突事件，不包括一对多或多对多的群体冲突行为。从冲突层次上，本书所指的团队冲突仅包含团队成员间的人际冲突，并不涵盖存在于团队成员个体的内心冲突和团队层面的群体间冲突。

3. 团队绩效

绩效是组织期望的结果，是组织为实现其目标而展现在不同层面上的有效输出，团队绩效是团队成员共同努力的结果。关于团队绩效及其构成维度，国内外学者构建了不同的理论模型，分别有两维度、三维度、四维度之分。参照以往相关研究，本书在考察团队绩效时，考虑到研究样本数量，且从属于不同高校、学科，又处于不同发展阶段，拟采用团队感知绩效与满意度作为团队绩效的评价维度，其中团队感知绩效表示团队领导及成员对团队取得的成绩与发展水平的主观评价；满意度指团队成员在团队发展过程中对个人价值与个人成长的自我评价。

团队效能与团队绩效在内涵上稍有不同，团队效能是指团队业绩对预期的满足程度，反映实际结果与目标任务的比较。团队效能包括任务绩效与团队态度两个方面。其中任务绩效既可以用量化的客观数字来判断，也可以由领导及成员的主观认定来实现；团队态度则主要由团队成员满意度与团队承诺作为判定依据。

需要说明的是，本书所指的团队绩效并不是团队成员绩效与满意度的简单加或平均，而是团队层面的特有属性，是将团队作为一个整体，对其团队业绩、完成目标情况及满意程度的整体感知。本书在实证阶段构建的感知绩效与满意度绩效评价维度，是对传统团队效能评价中任务绩效与团队态度的具体化。

4. 对待异质性态度

对待异质性态度是标识团队成员对团队异质性主观认知的众多变量之一，学界已构建异质性信念、异质性氛围、异质性心态等不同的研究变量，用以判定团队成员对团队异质性价值的认可程度。

对待异质性态度表示团队成员对异质性所持有的评价。本书参照 Nakui 等人的观点，将对待异质性态度定义为团队成员对团队异质性的整体评价或在何种程度上团队成员愿意在工作环境中与来自不同背景的人共事或互动。本书拟选择对待异质性态度作为团队异质性对团队冲突、团队绩效影响关系的调节变量，表明团队成员对团队中的信息、社会类别属性及价值观异质性的评价，有积极与消极两个维度，积极的对待异质性态度表示科研团队成员普遍认为成员间在各方面的多元化能够带给组织功能性影响，至少不会破坏团队绩效；而消极的对待异质性态度则相反，表示团队成员的多元化对于团队的功能性影响得不到广泛认可。

5. 冲突规范

冲突规范对团队成员具有普遍的引导、规范和约束的作用，是团队管理的重要工具之一，表示团队控制成员如何看待冲突且能控制冲突对团队成员绩效与态度的影响的行为标准。本书在总结前人研究的基础上，认为团队冲突规范是团队及其成员认识、处理团队冲突过程中所遵循的规则、准则的总称，是团队及其成员普遍认可、接受的具有一般约束力的行为准则，由团队开放、团队合作和抑制冲突转化三个维度构成。

6. 高校科研团队

基于前文对高校科研团队相关研究的回顾与梳理，参照国内学者许刚的研究结论，本书中将高校科研团队界定为在高校环境中，以科研创新为目的，由专业技能互补、研究特长各异、愿意为共同的科研目标与任务而相互承担责任的教师与科研人员组成的互动系统，其主要工作是科学技术研究与开发，承担部分人才培养与学术交流任务。

依据关于高校科研团队的界定，本书所研究的高校科研团队具体体现在以下几方面的特征：（1）团队结构。高校科研团队一般都由多个教师或科研人员组成，具体数量则受团队所属专业、发展阶段、工作任务等因素影响，本书所研究的高校科研团队一般由学术带头人、业务骨干和部分学生（含研究生）组成，团队规模与结构相对固定。（2）空间特征。高校科研团队在空间特征上有专职团队与临时团队之别，前者一般有相对固定的科研场所，空间特征比较明显，本书中的高校科研团队如无特别说明单指专职团队，不包括为特定科研任务而组建的临时团队。（3）存在形态。伴随着计算机网络与现代通信技术的不断进步，高校科研团队在存在形态上有现实型与虚拟型团队之别，本书所研究的科研团队专指存在于高校环境之中的现实型科研团队，虚拟型科研团队暂不列入研究范围。

二 概念模型

参照传统 D－C－P 研究模型，基于前文探索性案例研究结果，本书构架了团队异质性、团队冲突与团队绩效之间的中介作用模型，如图 4—1 所示。根据以往研究结论，团队在不同属性变量上的异质性特征，对团队绩效的影响作用是不同的。能够为团队带来多元化知识、观点、社会资本的异质性特性，对团队绩效能够产生积极影响；而在价值观、社会类别等属性变量上的异质性属性，可能会对团队绩效产生负向影响。团队冲突作为团队过程变量，能够在团队异质性与团队绩效之间起到中介作用，由团队信息异质性带来的多元化知识、技能、观点，通过团队成员间的观点碰撞才能达到交流、融合的作用，且在团队成员间的多元化观点碰撞过程中，能够产生新的创新思想，对科研团队绩效产生积极影响。同样，团队社会类别属性异质性、价值观异质性，通过社会类化过程，往往造成团队成员间的团队割裂，产生团队成员间的关系紧张等现象，阻碍团队交流与合作，降低团队凝聚力，消极影响团队绩效，特别是团队成员满意度。

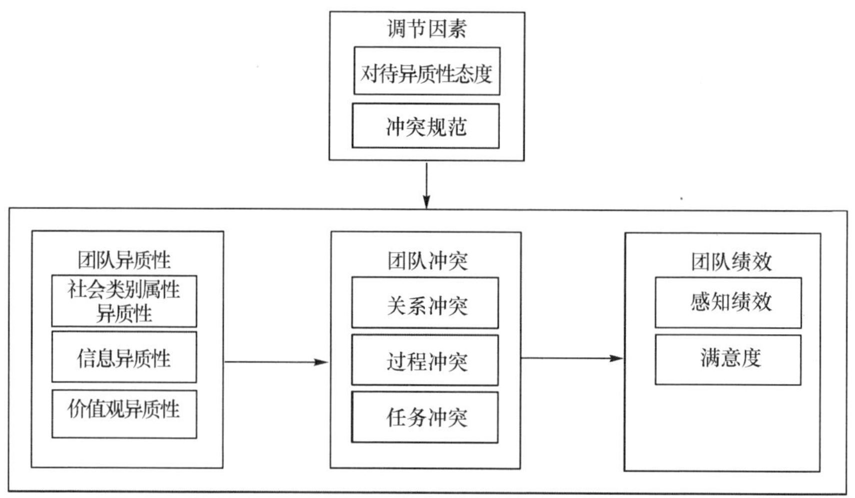

图 4—1 本书的概念关系模型

本书的目的在于通过揭示高校科研团队异质性对团队绩效的影响过程，为提高科研团队创新绩效提供管理指导，在传统 D－C－P 研究模型中，加入对待异质性态度和冲突规范两个调节变量。对待异质性态度反映团队成员对团队异质性价值的认可程度，团队成员对待异质性态度积极的团队环境中，异质性的功能性作用发挥得更充分，破坏性作用能够得到最大程度的限制，而通过异质性培训、异质性信念管理等手段能够有效提升团队成员对待异质性态度。冲突规范是团队强化冲突管理的重要手段，在团队中对团队及成员的冲突行为进行有效规范，能够规避团队冲突的负面影响，提升团队冲突的正面影响。鉴于此，本书将对待异质性态度与冲突规范作为调节变量，通过验证这一调节效应，为优化高校异质性科研团队的管理提供理论指导。

第二节　理论基础

关于团队异质性对团队结果的研究一直难以取得一致结论，不同学者纷纷援引不同理论解释团队异质性对团队的影响过程，所以关于团队异质性研究的基础理论先后有社会认同理论、团队决策理论、相似相吸理论、自我类化理论、社会资本理论，以及最近出现的断裂带理论。

异质性团队活动过程中，存在两个潜在的团队过程：一个是团队类化过程，另一个是团队决策过程，能够对团队绩效产生截然相反的影响。社会类化过程的理论基础是社会认同、自我类化、相似相吸理论，团队决策过程的理论基础是团队决策理论。团队类化过程基于社会类化过程与相关理论基础，解释团队性别、年龄、种族等外在异质性属性特征对团队过程与团队绩效的影响，团队异质性引发次团队，形成团队内外之别，割裂团队交流，降低团队凝聚力，导致团队绩效的降低。团队决策过程基于团队决策理论，认为多元化团队成员丰富团队决策信息与观点，促进团队知识沟通与融合，激发创新思想，提高团队决策质量与团队绩效。社会资本理论关于内部社会资本、外部社会资本的判断，则可以同时解释团队异质性对团队绩效的“双刃剑”效应。社会资本理论认为，团队异质性造成的次团队现象，不利于团队内部社会资本的流动与开发，对团队绩效产生消极影响；同时，团队成员多元化能够为团队带来更多的潜在外部社会资本，对团队的发展具有潜在的正向影响。

一　社会类化过程

社会类化过程是指异质性科研团队中团队成员依据异质性特征属性差异，在团队成员中形成若干次团队，并给予次团队内成员积极评价，给予次团队外成员消极评价，且逐步强化次团队内团队身份认知与非个体化的活动过程。社会类化过程是解释团队异质性对团队绩效产生负向影响的认知视角，由团队异质性尤其是性别、年龄、种族等显性异质性引发团队分化，造成次团队内外之别，进而形成团队隔离与对立，引发团队关系冲突与利益对立，造成团队整体凝聚力下降和团队绩效的降低。指导异质性团队社会类化过程的理论主要有社会认同理论、自我归类理论和相似相吸理论。

1. 社会认同理论

社会认同被定义为个体知晓自己属于特定的社会群体，而且在群体中所获得的群体资格会赋予其某种情感和价值意义。社会认同理论又称为社会同一性理论，起源于20世纪70年代，并一直处于持续而快速的发展进程之中，最初由英国社会心理学家Tajfel等人提出，是群际行为研究领域影响最大的理论。社会认同理论主要包括社会分类、群体比较以及人们对积极社会认同的追求等内容，是群际冲突和群际歧视的根源。

社会认同理论的第一个重要概念就是范畴化，范畴化将一个模糊的世界明晰化，方式是在同一个范畴内增强、夸大事物之间的相似性，同时增强、夸大不同范畴间的差异，即范畴化产生了一种增强效应。范畴化是社会认同理论的概念基础，也是社会认同心理过程的开端。

范畴化过程会产生刻板化的感知，即某一社会范畴或群体的所有成员均被感知或判断为拥有某些共同的特征，正是这些特征将他们与其他社会群体区别开来。个体范畴化就是指人们倾向于根据他人与自我的相同或相异对其他人进行分类，不断地将其他人或者感知为与自我是同一范畴的成员（内群成员），或者感知为与自我是不同范畴的成员（外群成员），自我范畴化就是将个体转化为群体的过程，这一过程中个体完成两项任务，一方面，它使某人认为自己与该范畴的其他成员是相似的，而且他们具有相同的社会认同；另一方面，自我范畴让个体在某些维度上做出与范畴相符的行为。

社会认同理论的第二个重要概念就是社会比较。当进行群际社会比较的时候，即在作为内群成员的自己或作为外群成员的他者之间进行比较的时候，有将群际差异性最大化的趋势，即在尽可能多的维度上在群体之间作出尽可能多的区分。同时，相对于外群，内群获得了积极的社会认同，由此带来相对积极的自我评价，提升内群成员的自我价值与自尊。

Tajfel 认为，个体总是努力追求积极自我形象，这可以通过他所隶属的群体获得。社会比较中表现出“内群体偏爱”效应，还指出社会成员因所处社会地位的不同（高、低）和关于社会流动的信念不同（社会流动信念体系、社会变革信念体系），人们争取积极社会认同的策略也不同。

总之，范畴化与社会比较协同发挥作用，产生了一种独特的行为形式：群体行为，包括群际区分与歧视，内群偏好，感知到内群具有相对于外群的优越性，对内群、外群和自我刻板化感知，对群体规范的遵从，情感上对内群的偏爱等。

社会认同理论首次将社会比较区分为人际社会比较和群际社会比较两种不同过程，被看作近几十年来欧洲本土化心理学最重要的成果之一。

2. 自我类化理论

自我类化理论是欧洲独特的研究传统的产物，源自社会归类过程与社会认同理论。20 世纪七八十年代，Tajfel、Turner 等人在英国布里斯托大学对“群体对个人的影响”开展研究，并依据研究结果，在社会认同理论的基础上，提出自我类化理论。

自我类化理论是由一系列有关社会自我概念（基于与他人的比较而形成，并与社会互动有关的自我概念）功能的假定与假设构成的。

假定 1　自我概念是个体对自我的一系列认知表征，是涉及自我的心理系统或过程的认知成分，至少在一定程度上，自我概念可以理解为认知结构、信息处理过程中的一个认知成分。

假定 2　人们对于自我的认知表征采用了自我归类的形式，即和某些其他类别的刺激相比，对于自己以及被看作相同的某些类别的刺激的认知组合。

假定 3 自我归类是作为分级分类系统的一部分而存在的。

假定 4 当人们的特征是从他们所属类别的成员身份中推演出来时，自我归类的显著性就会导致对于类别内相似性和类别间差异性的知觉增强。

自我分类过程也是去个体化过程，提高内群体—外群体归类显著性的因素往往增加了在自我与内群体成员间知觉到的一致性，同时也增加了知觉到的不同于外群体成员的差异性，这一过程也称为个体自我知觉去个体化过程。

所谓类化，就是当我们知觉事物时，往往先根据一些简单的原则，将事物进行归类。人们在认知他人时，并不是简单地把他当成独立的个体，而是自动、自发地立即将其归到某一类别中。社会类化则是指个体在产生社会知觉时，主观上将自己归属于某个群体的过程。社会类化的结果，是在认知水平上扩大了群体之间的差异，同时缩小了群体内成员之间的差异。

通过自我类化，无论是物理刺激还是社会刺激，类化会使类别内的相似性和类别间的差异性在知觉上都得到加强，这称为加强效应，依此可以解释刻板印象的形成机制。个体自我类化导致两个结果：人的自尊变得与群体的命运相连，为使自己感到良好，人就对（也必须对）自己的群体产生积极看法；人们进行比较的基础发生了改变，这时群体外人员的信息和施加的社会压力，与自己的关联程度降低，影响力出现下降。当人们认同自己群体的时候，就开始出现去个人化和自我刻板印象的过程。

3. 相似相吸理论

相似相吸理论由 Byrne 提出，他通过研究总结前人关于态度相似性的研究理论，在此基础上于 1971 年提出：一个人的态度和信念上与他人越相似，其被他人所吸引的可能性就越大。

研究表明任何维度的相似性均可增加吸引力，除态度与信念之外，在人口统计学属性、个性、价值观等特征属性上的相似性都可以影响吸引力。将相似相吸理论用于团队层面，表现在团队成员之间越相似，则团队成员越容易相互吸引，团队成员间的相似性不仅局限在性别、年龄等浅层属性特征，在价值观、情感认知、感情与个性等属性上同样表现出很强的吸引力。

相似相吸理论能够解释组织同质化的演化过程。基于相似相吸理论，在找工作的时候，人们最初总是被他们认为是由跟自己相似的人组成的组织所吸引；在评估求职者时，组织方更容易对“适合”组织的申请人形成良好印象；即使录用后，相似性的看法继续发挥作用：员工如果难以适应组织价值，更容易因遇到不满而离开，这就是组织同质化机制。同质化的团队通过团队成员共享的相似性，运转更加流畅，功能性发挥更充分。

相似相吸理论与社会认同、自我类化理论稍有不同，前者认为人与人之间的相似性是形成人们之间彼此吸引的原因，而后者的关注重点是团队内次团队的产生及在团队成员中造成的割裂。

4. 团队异质性通过社会类化影响团队绩效的过程

由社会认同理论、自我类化理论、相似相吸理论引发的社会类化过程是解释团队异质性与团队过程、结果关系的重要依据。基于社会认同、自我类化和相似相吸理论，社会类化过程反映研究团队异质性团队内部的分裂过程，如次团队现象的产生与存在，易引发团队关系冲突、降低团队凝聚力。自 K. Y、Williams 和 C. A，O’Reilly 将社会类化过程（观点）作为团队异质性影响团队绩效的指导理论后，多数研究者认为是社会类化过程导致团队异质性负向影响团队结果，成为异质性研究的经典理论基础，从 Knippenberg 的文献综述中可见一斑。

建立在上述三个理论基础之上的社会类化过程这样解释团队异质性对团队过程与团队绩效的影响。依据相似相吸理论，团队成员倾向于跟自己相似的成员共享、互动、凝聚，这种相似既可以表现在性别、年龄、种族等外在因素，也可以是价值观、个性特征相似或者共同的人生经历，团队表现出类化的倾向。

依据自我类化理论，团队成员在自我定义的基础上，将自己与他人进行社会归类，组织中成员之间是否存在差异成为人们将自己与他人归为不同类别的基础。这样，团队中便会出现基于团队成员异质性形成的若干次团队，即所谓的小圈子，形成内群体与外群体。

团队成员基于社会认可与自身安全、自尊的需要，通过社会认同理论，积极寻求各种次团队的组织认同。形成与自己相似的内群体成员和与自己差异较大的外群体成员。

社会认同理论进一步强化了因成员差异造成的团队割裂。因为次团队内部成员基于“内群体偏爱”效应，基于群体属性对自身所属的次团队成员给予正面、积极的评价，甚至容忍成员的各种错误与不足，团队沟通顺畅，合作层次高；对次团队以外的成员则给予负面、消极的评价，成员间信任程度低，甚至相互猜忌。

因此，基于上述理论过程，团队异质性是造成团队成员分裂，降低团队凝聚力和合作水平，引发团队关系冲突，影响团队的重要因素，用以解释团队异质性与团队结果变量之间的负向关系。大量实证研究证实了团队异质性与团队结果变量的这种关系。Earley 等人通过实验评估团队中的分类和群体认同现象，发现具有较强断层线的团队经历有较强的子群分布和较弱的团队认同。Chattopadhyay 等人通过研究发现团队成员差异明显降低个体对团队的组织归属认同。Chatman 等人研究证实在异质性团队中，社会分类使得成员对圈内成员态度更积极、更信任、更愿意合作，与圈外人相比，圈内成员互动增加顺畅。国内学者胡望斌等人依据社会认同理论考察了创业团队异质性与创业绩效的关系，通过对新技术企业的调研数据发现，创业团队社会异质性与企业绩效呈倒 U 形关系。姚冰湜等人同样基于社会类化过程，致力于高管团队职能异质性对企业绩效关系的研究，通过收集 2004—2013 年上市公司的数据研究发现，我国上市公司高管团队职能异质性对企业绩效有显著的负向影响。

二　团队决策理论

团队决策过程是潜伏在异质性团队活动过程的又一重要过程，也是作为解释团队异质性对团队绩效产生正向影响的认知角度，指导团队决策过程的基础理论是团队决策理论。按照团队决策理论，异质性团队成员能够为团队决策带来不同的决策知识与信息，增加决策方案的多元化，通过提升决策质量达到提升团队绩效的目的。

决策行为与理论的发展体现时代特征的表现，就是团队决策受到重视并获得迅速发展。现代社会中，决策者面临的内外部决策环境日益复杂多变，要求决策过程中综合多领域的知识储备，显然已经超出个人所能掌握的限度。同时，决策者个人的价值观、态度、信仰与背景都有一定局限性，必然对问题识别与解决思路与方法的提出造成不利影响。

团队决策则可以有效克服个人决策的缺点与不足，集中不同领域成员的智慧，应对日以复杂的决策问题，利用更多的知识优势，借助于更多的信息渠道，形成更多高质量可行性方案，以提升决策质量，同时与个人决策相比，团队决策更容易得到团队成员认可，有利于提升决策的可执行性。

异质性团队决策的过程，就是团队异质性成员受教育程度、经验和背景等多元化信息与知识交流、融合的过程。具有不同背景、经验的团队成员在选择收集信息、团队任务识别，解决思路与方法等方面的差异，使得团队能够具有差异化的观点与视角，拥有更多认知资源和与团队任务相关的知识、技能对团队任务的认知更全面。异质性团队成员参与决策，更有利于团队创新平台的产生，团队能够整合不同渠道的信息，调和不同的观点，激发创新思维，阻止群体思维现象产生。

Williams 和 O’ Reilly 在对其过去 40 年团队异质性的研究进行总结时，将信息决策理论（也被称为团队决策理论）作为团队异质性与团队绩效关系的指导理论之一。团队决策理论用于解释团队异质性对团队绩效正向影响作用，指出异质性团队成员能够丰富团队信息渠道与知识储备，充盈团队信息池，进而提高团队决策质量与解决复杂问题的能力，对团队绩效产生积极影响。

Van Knippenberg 等人在整合团队异质性对团队绩效影响模型 SEM 时，再次将团队决策理论作为团队异质性对团队绩效产生积极影响的指导理论。

Van Knippenberg 在其研究结果中，提出两个过程隐含在团队决策之下，其中团队决策过程就是团队异质性知识、团队观点等因素相互交流、融合，提升团队绩效的过程。

Jackson 在其论文中提出的在新时期指导团队异质性研究的基础理论，团队决策理论仍具有重大理论意义。

大部分实证研究，都基于团队决策理论提出并验证团队异质性与团队绩效的关系。Kristinsson 以北欧冰岛 133 个新企业管理团队为研究对象，验证了团队信息异质性对团队思想创新的正向影响。韩国学者在验证团队认知异质性与团队创新的关系研究中，团队决策理论也是得出其研究结论的指导理论。国内学者樊传浩等人使用量化与质性研究相结合的研究方法，考察创业团队异质性与团队效能的关系，通过 806 个研究样本的数据分析证实：创业团队异质性对团队效能的影响效应显著。

团队决策理论从团队决策的角度，认为团队成员异质性能够为团队决策带来更丰富的决策信息与知识，提升异质性团队成员在决策过程中的创新程度，成为团队异质性研究，尤其是信息异质性（包括认知、知识、教育背景、职能、经验等）研究的理论基础。

三 社会资本理论

与上述社会类化过程、团队决策过程以及相应指导理论对团队异质性与团队绩效特定影响关系的解释不同，社会资本理论能够在正、负两个方向解释团队异质性对团队绩效的影响：从团队内部社会资本角度看，团队异质性造成的次团队现象，不利于团队内部社会资本的流动与开发，对团队绩效产生消极影响；从团队外部社会资本角度分析，团队成员多元化能够为团队带来更多潜在的外部社会资本，对团队的发展与功能性作用发挥具有潜在重要影响。

20 世纪 70 年代开始，社会学、经济学与组织行为学以及政治学等领域的学者开始关注社会资本的概念。到 20 世纪 90 年代末，社会资本理论逐渐成为学界研究的前沿与焦点问题。其间，Pierre Bourdieu、James S. Coleman、林南等学者从各自角度对社会资本进行深入研究，形成社会资本理论体系。虽然关于社会资本的概念界定不一，但林南的资源论被大家普遍接受。他将社会资本视为嵌入于社会结构中的可以在有目的的行动中摄取或动员的资源，包括该结构中事实存在的资源、结构中成员摄取资源的能力以及通过有目的行动动员或运用的资源。

团队作为镶嵌在更大社会系统中的基本工作单位，管理学中学者关注更多的是团队社会资本。团队社会资本是团队可利用的一种资源，可分为团队内部社会资本和团队外部社会资本。

在社会资本理论与高阶理论融合后，产生了高管团队社会资本的概念，成为学者通过社会资本理论研究高层管理团队的理论基础。科研团队作为一种从事学术创新的特殊性质的团队种类，社会资本理论在解释其团队过程中发挥重要作用。

Jackson 解释团队异质性与团队绩效的关系时指出，基于社会资本理论，团队异质性对团队既能够造成有害影响，也能够产生有益影响。只有当团队异质性增加而造成的内部社会资本的损失，可以由团队异质性创造的外部社会资本来弥补时，即异质性的净效益创造足够价值的时候，团队异质性才能够发挥其功能性影响。

团队异质性的不利影响主要表现在异质性会抑制团队成员间社会资本（内部社会资本）的开发与使用。与相似相吸理论相似，社会网络的组成趋向于同质性属性，特征属性相似的成员之间互动更为频繁，同类交流比不同个体之间也更稳定，而在异质性成员社会网络中，密集的信任关系发展则会遇到困难，因此，越是同质性成员，内部社会资本就越容易被开发和使用。

从团队外部社会资本的角度来看，异质性团队成员能够为团队带来更丰富、更全面的外部社会网络，从而增加团队的外部社会资本。如此就可解释团队成员异质性增加，团队绩效在团队社会资本的影响下得到提升的现象。

社会资本理论作为团队异质性与团队冲突、团队绩效关系研究的理论基础，虽然提出时间不长，但已有实证研究试图通过社会资本理论揭示团队成员异质性对团队冲突、团队绩效的作用过程。侯楠等人通过实证研究验证了社会资本在研究团队异质性与团队创新绩效之间的中介效用。张进华在其博士学位论文中则通过社会资本理论构建了高管团队人口统计变量特征对团队社会资本与企业绩效的影响模型，并在实证过程中予以验证。王端旭研究了因团队人员变动引发的人员异质性对社会资本与团队绩效的影响。

随着团队异质性研究的推进，关于团队异质性与团队结果研究结论冲突的矛盾引发学者不断探索更多解释这一过程的理论，断裂带理论就是最近提出的一种新的理论研究视角。

综上所述，基于社会认同理论、自我类化理论、相似相吸理论之上，学者用社会类化过程描述团队异质性对团队造成的内部分裂及相应行为，解释异质性与团队结果的负向相关关系，团队断裂带理论对上述过程构成另一种解释；用基于团队决策理论的团队决策过程，描述异质性团队观点、知识、技能的汇聚与融合，解释异质性与团队结果的正相关关系；社会资本理论则倾向于用内部社会资本与外部社会资本分别解释团队异质性对团队结果的负向与正向影响。上述团队活动过程及相应理论基础与研究主题的关系如图4—2所示。

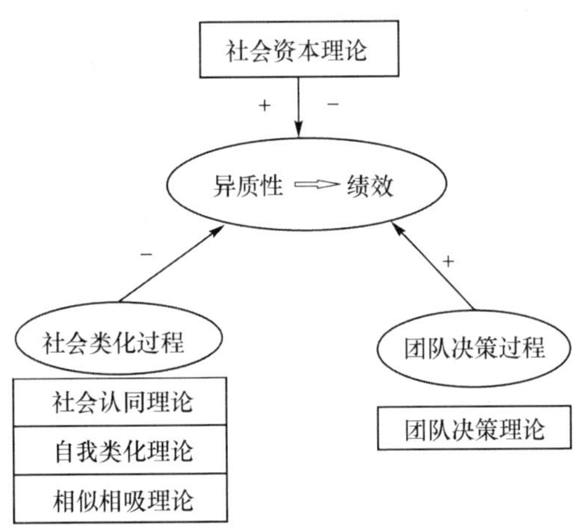

图4—2　理论基础与研究主题的关系

第三节　研究假设

一　高校科研团队异质性与团队绩效的关系

团队异质性作为团队中的一把“双刃剑”，既能够借助异质性团队成员的知识、观点、资源、资本的多元化来优化与提高团队决策能力与绩效，也能够因为异质性的团队属性导致成员割裂、沟通不畅、团队整合程度低等负面影响。

姚冰湜以企业高端团队为研究对象，通过收集 2004—2013 年上市公司的数据，研究得出结论：高管团队职能异质性对企业绩效产生显著的负向影响。

有研究文献利用新技术企业调查数据进行实证研究发现，不同维度的团队异质性对企业绩效的影响不同：创业团队社会性异质性与企业绩效呈倒 U 形关系；功能性异质性中的产业经验异质性、职能经验异质性分别与企业绩效呈正向和倒 U 形关系。

吕洁在其博士学位论文中研究知识团队中知识异质性与团队创造力的关系，综合利用实验研究、案例研究与基于大样本调查的实证分析，验证了知识团队中知识异质性对团队、个体两个水平的创造力产生显著的积极影响，发现认知冲突在其中起着显著的中介作用。

陈睿的博士学位论文以科研团队作为研究对象，研究结果显示受教育程度差异、性别异质性对创新的显著影响未获证实，但研究证实了科研团队专业异质性和从事科研时间异质性与科研绩效呈正向相关关系。

刘惠琴和张德同样选择高校科研团队为研究对象，研究团队异质性与团队绩效的关系。通过研究 86 个高校科研团队的调查数据，证实了具备异质性的知识背景、工作经验的成员，能够为团队带来多样化的知识、信息、研究方法与解决问题的资源，进而有利于提升创新绩效。

科研团队承担的科研任务具有多学科性和复杂性，需要不同领域的技术方法、研究特长和专业知识作为研究基础。任务相关异质性越高，能提供的信息和资源就越丰富，对社会现象也会有更深层次的理解，从而有助于促进高质量的信息交流，激发新思想、新观点。

梅强等人的研究表明：新创企业 TMT 异质性对创业绩效具有促进作用；任务冲突与关系冲突在两者之间都起到部分中介作用；在中介过程中，合作式与竞争式冲突管理在任务冲突与创业绩效间起到显著的调节作用，回避式冲突管理在关系冲突与创业绩效间起到显著的调节作用。

1. 信息异质性

科研团队信息异质性主要反映团队成员在专业背景、学缘结构、研究方向与特长等方面的差异化程度。关于信息异质性与团队绩效等结果变量的关系，学者取得了相对一致的结论：表现在团队成员教育、职能、经验等方面的团队信息异质性能够提升团队绩效与团队满意度。

Williams 和 O' Reilly 通过总结其以前 40 年关于团队异质性与团队绩效关系的研究认为，具备教育背景和职能异质性的团队，可以提高多元化的处理复杂问题的能力，带给团队更多的想法与观点，有利于促进团队的创新发展。团队异质性虽然也容易致使团队内部矛盾的增加，但是更有助于提高团队分析与处理问题的能力，促进决策质量的优化与团队绩效的提升。Jehn 在其 D－C－P 模型中构建并验证了信息多样性与团队绩效呈正相关关系。

McDonough 的研究发现由各种专业知识、教育和培训背景的个人组成的异质性团队，更容易取得优异的团队绩效。宋东风利用 47 个创意管理团队的 220 份问卷调查，研究结果显示：团队成员之间的高等教育的多样性和任务冲突使团队表现更好。然而，较高的价值观多样性和关系冲突带来较低的团队绩效。

刘咏梅建立基于 IPO 模型的团队多样性—团队冲突—团队绩效的权变模型，收集国内外 112 篇实证文章（N＝9263）进行元分析，结果显示：深层次多样性是引发团队冲突的重要因素。袁安府等人的研究发现教育背景、任期多元化与实质性冲突与团队绩效显著正相关；年龄多元性与情感冲突呈正相关关系，与团队绩效呈负相关关系；性别多元化与情感性冲突相关性不显著，但与团队绩效呈显著正相关；实质性冲突在教育背景、团队任期多元化与团队绩效间的中介效应显著；情感冲突在年龄多元化与团队绩效间的中介效应显著，而性别多元化与团队绩效不显著。学者石磊通过研究指出，尤其在复杂多变的环境中，创新团队信息和专业背景异质性可以有效地促进团队成员间优势互补，提高团队创新绩效。

本书参照以上学者的研究结果与前文案例研究，基于团队决策理论，结合科研团队的团队属性与工作性质，提出如下假设：

H1a　科研团队信息异质性与感知绩效显著正相关；

H1b　科研团队信息异质性与满意度显著正相关。

2. 价值观异质性

价值观异质性是标识团队成员对团队目标、任务、职责等内容的不同看法。在科研团队中，具体表现在工作责任划分、科研资源分配与对科研贡献认同等方面存在的差异。与信息异质性与社会类别属性异质性对团队作用结果相对一致的研究结论不同，导致价值观异质性与团队结果变量关系的研究结论并不一致，但以负向影响关系为主。

Jehn 首先将价值观引入团队异质性研究中，将团队价值观异质性界定为团队成员在责任分工、资源分配等方面认识的差异，通过实证研究发现，团队价值观异质性对团队士气有负向影响。

Smith 将团队异质性定位在人格特质异质性上，通过研究证实，认知风格中的价值观异质性与决策机制、团队决策一致性和决策承诺度等结果变量上均呈现负相关关系。

Vodosek 通过实验研究论证了团队异质性、团队冲突与团队绩效的关系，指出团队文化异质性与团队满意度显著负相关。

Hobman、Bordia、Gallois 等人将价值观异质性定义为团队个体在完成任务过程中使用工作标准方面的差异，通过研究发现，价值观异质性与团队成员的团队参与呈负相关关系。

郑国强等人的研究文献是为数不多的将价值观差异作为团队异质性概念维度的文章之一，他们通过 108 个企业研发团队的实证研究发现，团队价值观异质性直接对团队绩效产生负面影响。

刘海山等人通过质性访谈界定了六种经营价值观，并通过实证验证不同价值观类别对团队结果的影响并不一致。

基于相似相吸理论基础，参照上述研究结论与案例研究，本书认为：

H2a 科研团队价值观异质性与感知绩效显著负相关；

H2b 科研团队价值观异质性与满意度显著负相关。

3. 社会类别属性异质性

与团队信息异质性不同，成员间性别、年龄、种族等社会类别属性差异作为团队社会类化过程的依据，因此，团队社会类别属性异质性往往对团队过程与结果产生消极影响。

Williams 和 O’Reilly 在其研究中指出，团队成员在人口统计特征属性的多样性，能够导致团队成员的认知差异，使得团队内部细分为内、外团体，且性别、年龄、种族等显性变量比隐性变量更常被团队成员作为自我分类的标准。

张平在其研究中也提出，高层管理团队内，年龄异质性越大，越可能造成团队内部产生内外群体现象，增加团队成员冲突，造成团队成员交流与合作减少，成员对团队的满意度降低，团队凝聚力下降。

Hobman、Bordia、Gallois 等人将团队成员在性别、年龄、种族方面的差异定义为可观测变量异质性，通过研究发现，团队异质性与团队绩效显著负相关。

刘嘉在其文献中提到 Clement 和 Schiereck 通过实验设计证实了团队性别异质性与团队绩效的关系，在实验室环境中，以视觉信息探测任务中的成绩作为团队绩效，具有性别异质性的团队绩效明显低于同质化的团队。

Zenger 和 Lawrence 通过案例研究发现，年龄异质性低的团队绩效更高。因为在年龄同质性团队中，团队成员的沟通频率与沟通质量都比较高；相反，年龄异质性团队中则表现为沟通不畅、沟通效率低下等团队现象，影响团队的良好运作与团队绩效的提高。

Horwitz 通过研究发现，在年龄上与团队其他成员存在较大差异的个体，其绩效评估水平更低。

基于社会类化过程相关理论及上述研究结果，本书认为：

H3a　科研团队社会类别属性异质性与感知绩效显著负相关；

H3b　科研团队社会类别属性异质性与满意度显著负相关。

二　高校科研团队冲突的中介作用

首先，对高校科研团队异质性与团队冲突的关系进行理论假设。

团队成员在信息、社会类别属性及价值观等方面的异质性，常引发团队冲突。不同维度的团队异质性对团队冲突的影响及作用机制并不相同。信息异质性因团队成员在知识、观点等方面的差异，易造成团队成员间的任务冲突，而社会类别属性异质性则更容易引发团队成员间的关系冲突，而团队成员在价值观方面的异质性则可能导致所有类别的冲突现象。

科研团队信息异质性，表现在团队成员在专业背景、学缘结构、研究方向与特长等方面的差异性，就同一学术问题或科研任务进行讨论时，不同成员基于各自的知识储备与研究视角，必然产生不同的意见，形成科研团队内部的任务冲突。刘咏梅等国内学者对团队异质性、团队冲突与团队绩效关系的元分析研究中，虽然未验证团队任务冲突对团队绩效的正向影响，却验证了团队深层次多样性是引发团队冲突的重要因素；Walker 以董事会成员为研究对象，研究得出董事会人格差异与认知冲突相关，且这种相关受性别、任期异质性的调节，同时人格差异与情感冲突不相关；Olson 以来自美国 85 家医院的高层管理团队为研究对象，研究证实团队认知多样性与团队任务冲突呈正相关关系；DE-Wit 等人以 178 个关于团队异质性与团队冲突、团队绩效研究的 20000 个样本进行元分析，结果同样验证了信息异质性与团队任务冲突正相关。

而表现在性别、年龄、职称与学历层次等维度上的科研团队成员的差异性，往往是造成团队次团队现象的诱发因素。一旦在成员中产生割裂带，团队成员间的知识交流、任务合作就会受到影响，造成团队成员间关系紧张、情绪对立等关系冲突。Lee C. 以高雄市房地产经理团队为研究对象，通过 362 份有效调查问卷，得出团队异质性对关系冲突正向影响显著的结论。Sobral F. 研究发现，异质性与关系冲突关系显著，且关系冲突对结果变量产生负向影响。Pelled 的研究作为早期关于团队异质性、团队冲突与团队绩效研究成果，研究结果表明团队在性别、种族方面的异质性，是导致团队情感冲突的主要原因，而团队情感冲突会降低团队绩效。Reilly 等人在研究中提出假设：团队在年龄、性别、任期、种族等方面的异质性与团队冲突正向相关，既包括任务冲突，也包括情感冲突。

科研团队成员基于不同的成长经历与工作经验，在对生活、工作、责任等认知方面难免产生差异，即团队成员价值观差异，可能对团队过程中科研任务职责、学术资源分配、科研贡献程度等方面的认知造成影响，对团队过程冲突产生影响，也可能引发团队成员关系冲突与任务冲突。Mcgurk 在一项关于部队研究项目中验证了团队价值观异质性对团队冲突产生正向显著影响。Rau 所构建的模型中，团队专业异质性对团队任务冲突与关系冲突都具有显著的正向影响。

根据以往团队异质性与团队冲突关系研究的结论，结合科研团队的团队属性与工作性质，本书就团队异质性与团队冲突的关系做如下假设：

H4 科研团队信息异质性与团队任务冲突显著正相关；

H5a－c 科研团队价值观异质性与团队冲突（任务冲突、关系冲突、过程冲突）显著正相关；

H6 科研团队社会类别属性异质性与团队关系冲突显著正相关。

对高校科研团队冲突与团队绩效的关系进行理论假设。

团队冲突对团队绩效的影响是一个复杂的团队过程，既与团队冲突类别、水平、强度、可解决程度及重要性等冲突因素有关，作用过程也受到任务复杂程度、团队结构、环境因素、管理方法与策略等外在因素的影响。本书着重考察科研团队异质性对团队冲突与团队绩效的作用过程，将团队冲突分为任务冲突、过程冲突与关系冲突三种类型加以考察，探索其对团队绩效的影响及作用过程。

1. 任务冲突与团队绩效

自任务冲突作为一种团队冲突形式被提出后，关于任务冲突对团队绩效的正向影响逐渐得到认可。任务冲突可以有效促进不同观点融合，避免团队盲从。Jehn 和 Chatman 等人研究指出，如果团队任务冲突程度过低，表现为团队内部缺乏交流，就会造成团队群体思维增加，出现盲目顺从现象，致使团队因缺乏工作创新而降低团队绩效。相反，团队成员在任务讨论过程中，通过任务冲突公开观点，大胆评价其他成员的意见与建议，对决策问题进行辩证思考与讨论，可全面且深入理解团队任务，增加对面临问题的认知深度，促进问题解决。

Amason 认为，团队任务冲突引发的成员间关于多元化观点的持续争论与广泛交流，可以深化对团队决策任务的理解，分析各种可能的条件与潜在问题，获得更多的问题解决方案。同时，团队成员通过广泛讨论充分了解团队决策过程的各种信息，也有利于团队执行能力的提升。Janssen 等人在研究中也指出，团队任务冲突能够有效促进成员间对潜在问题的沟通，澄清彼此间的误解和相互交换工作信息，增加对工作任务和彼此的认同与了解，提高团队绩效与满意度。

同时，团队成员间的充分讨论能够弱化关系冲突的负面作用。在团队成员对不同意见与建议进行讨论的过程中，不仅有利于团队决策质量的提高，且能够强化团队成员参与团队过程的主人翁意识，明确自己在团队建设中的价值所在，提高团队成员对于团队决策的承诺程度。团队成员对团队决策的承诺程度是团队合作与协调的前提，能够对团队绩效产生积极影响。

由此，结合上述研究结论与案例研究，本书提出科研团队任务冲突与团队绩效的关系假设：

H7a 科研团队任务冲突与感知绩效显著正相关；

H7b 科研团队任务冲突与满意度显著正相关。

2. 过程冲突与绩效

科研团队过程冲突经常表现在团队成员对科研任务与学术资源分配的不同认知。Jehn 指出团队任务分配以对团队个体成员能力、技术、价值的认知与评价为基础，团队以经济理性为出发点，受限于工作目标、时间压力与团队成员能力结构的要求，在成员评价与安排任务时忽略团队成员心理与社会需求、团队行为与成员个体行为、团队结果与个体收获、组织理性与个体心理等方面的实际差异，容易在团队成员间造成不公平感、情绪对立，影响团队满意度和团队绩效。

由于工作职责划分与团队资源分配引发的过程冲突，还会造成团队成员间的角色模糊与角色冲突现象。团队存在工作责任模糊现象，就会引发团队成员对于自身与其他成员的角色定位与团队贡献产生认知偏差，产生一定程度的团队紧张对立情绪，造成团队成员间的满意度降低并出现离职倾向。

由此，对科研团队过程冲突与团队绩效的关系做如下假设：

H8a 科研团队过程冲突与感知绩效显著负相关；

H8b 科研团队过程冲突与满意度显著负相关。

3. 关系冲突与绩效

至于关系冲突与团队绩效的关系，以往研究中，虽有个别实证研究结果显示两者关系未达到显著水平，但大量实证研究证实团队关系冲突对于团队绩效具有显著的负向影响。

Jehn 在研究中论证了团队关系冲突与团队成员满意度的关系。她指出，当团队内部出现关系冲突时，团队成员的焦虑、恐惧、挫折与压力会有不同程度的增加，会引发团队成员间不愉快或沮丧的感觉，从结果上降低团队成员的满意度与留任意愿。Jehn 和 Mannix 在研究中验证了团队关系冲突对团队成员与整体绩效的负向影响关系，指出团队关系冲突对团队绩效的影响过程，当团队成员处于由团队冲突引发的负面情绪状态下时，就会妨碍团队成员接受彼此提供的信息与观点，不但影响对于工作的认知过程，使得信息异质性对团队的正向影响难以发挥，在团队成员之间产生敌对情绪，在考虑问题时做出错误归因，导致关系冲突进一步扩大。团队关系冲突的存在及成员间的对立情绪，在团队过程中造成团队内耗，浪费大量的时间与精力，降低团队绩效。

有心理学学者关注并解释了团队关系冲突对个人行为影响的过程与机理。李卫红认为团队成员基于社会类别属性特征建立心理归属，当团队冲突发生时，团队成员不仅原有的归属感消失，且会增加团队关系冲突带来的压力。邱益中在其著作中认为，处于关系冲突对立的双方或各方之间，由于承受对方所给予的压力，团队成员的相互信任与支持很难建立与维持，甚至出现彼此设置障碍、封锁消息、阻挠对方等行为，在这种恶性循环中，团队成员找不到群体归属感和团队温暖，便引发更多的对立关系，对立关系引发更严重的对立情绪与行为。

团队关系冲突的存在有可能造成团队信息异质性对团队绩效的正向影响得不到发挥。当团队发生关系冲突并引发情绪对立时，不但造成关系冲突双方信息沟通不畅、难以形成整合优势，且容易对对方提出的观点难以进行客观、准确的评价，造成异质性观点、知识的作用难以发挥，阻碍团队创新。

根据上述讨论，本书提出科研团队关系冲突与绩效的关系假设：

H9a　科研团队关系冲突与感知绩效显著负相关；

H9b　科研团队关系冲突与满意度显著负相关。

基于上述科研团队异质性与团队冲突、团队冲突与团队绩效关系假设，以及前文关于团队异质性、冲突与绩效关系研究文献的回顾，本书对科研团队冲突在团队异质性与团队绩效间的中介作用做如下假设：

H10　科研团队任务冲突在团队信息异质性与团队绩效间起到中介作用，即科研团队信息异质性对团队绩效的正向影响通过团队任务冲突起作用；

H11　科研团队关系冲突、过程冲突在团队价值观异质性与团队绩效之间起中介作用，即科研团队价值观异质性对团队绩效的负向影响通过团队关系冲突、过程冲突起作用；

H12　科研团队关系冲突、过程冲突在团队社会类别属性异质性与团队绩效之间起中介作用，即科研团队社会类别属性异质性对团队绩效的负向影响通过团队关系冲突、过程冲突起作用。

三　对待异质性态度与团队冲突规范的调节作用

1. 对待异质性态度的调节作用

对待异质性态度作为团队成员对异质性主观认知诸多变量的一种，反映团队成员对异质性所持有的评价，对团队异质性作用的发挥具有重要影响。

在成员异质性团队背景下，对团队异质性持积极态度的团队成员普遍对团队异质性持肯定态度，更能理解与期盼团队异质性带给团队的功能性影响，将焦点聚焦于团队成员间的差异带给团队的正向影响，会主动增加团队的信息交流与共享行为，在团队决策过程中，正是团队信息交流与共享过程才能更好地发挥团队信息异质性的作用。相反，如果团队成员对异质性普遍持消极、怀疑甚至否定态度，就会更加关注团队成员间外在属性上的差异性，以及由此产生的关系冲突，增加彼此对立情绪，导致团队冲突的负向影响扩大而正向影响相应减弱。

Van Oudenhoven 首次验证了对待异质性态度的调节作用，结果表明异质性团队的结果不仅与团队组成特征属性与结果变量选择有关，而且与团队成员对团队异质性功能期望是否积极有关，团队成员对于团队异质性持积极态度会对团队绩效产生积极的影响。

国内学者邓渝与其合作者通过构建具有中介的调节作用模型，提出团队成员对待异质性态度在异质性程度与团队任务绩效的关系中起调节作用，团队成员对待异质性态度越积极，则异质性程度与团队任务绩效的正向关系越密切。

基于上述讨论，本书提出对待异质性态度对科研团队异质性对团队绩效关系的调节作用：

H13a 对待异质性态度对科研团队信息异质性与团队绩效的关系具有强化调节作用，即对待异质性态度越积极的团队，信息异质性对团队绩效的正向影响越明显；

H13b 对待异质性态度对科研团队价值观异质性与团队绩效的关系具有减弱调节作用，即对待异质性态度越积极的团队，团队价值观异质性对团队绩效的负向影响越不明显。

H13c 对待异质性态度对科研团队社会类别属性异质性与团队绩效的关系具有减弱调节作用，即对待异质性态度越积极的团队，团队社会类别属性异质性对团队绩效的负向影响越不明显。

2. 冲突规范的调节作用

冲突管理在个人层面表现在冲突发生时团队个体可能产生的行为反应。在团队层面，冲突管理是指在面对团队冲突时，团队成员整体的行为倾向。学者提出冲突管理策略、冲突管理方法、建设性冲突等相关概念表述团队冲突管理过程，本书拟将冲突规范作为冲突管理的抓手，研究冲突规范在团队冲突与团队绩效之间的调节作用。

根据前人对冲突规范的研究结果，本书将冲突规范定义为团队及其成员认识、处理团队冲突过程中所遵循的规则、准则的总称，是团队及其成员普遍认可、接受的具有一般约束力的行为准则，包括团队开放、团队合作与抑制冲突转化三个维度。

冲突规范鼓励开放与接受不同意见及争论，从而增强团队冲突带来的积极影响且能够有效冲抵团队冲突的消极影响。Jehn 等学者在研究中提到，对团队冲突接受程度高的团队，其成员能够自由地讨论问题，表达对冲突的感受与看法，为团队创造良好、建设性的环境，容许团队成员积极探索更多元化的解决方案以完成复杂任务。

强化团队合作也是一个同时可增强冲突积极影响、限制冲突消极影响的重要过程因素，团队合作强调团队成员之间目标的一致性，冲突各方都愿意通过合作去争取团队利益最大化。Tjosvold 在其研究中通过实证研究也发现，相对于竞争型冲突管理，合作型冲突管理更能够激发团队的任务反省，进而提升团队绩效，是发挥团队建设性作用的重要基础。其另一项研究显示，在中国文化环境中，相对于竞争型团队冲突管理策略，合作型冲突管理策略能产生建设性的结果，有助于所有成员取得成功，对冲突各方都有利。

团队任务冲突与关系冲突之间可能存在相互影响的关系，Amason 就指出，团队成员如果把认知上的分歧看成针对个人的人身攻击，团队任务冲突就会转化成关系冲突。此时任务冲突的积极影响，就可能转化为关系冲突对团队的消极影响。因此，包含抑制任务冲突向关系冲突转化的冲突规范能够对团队冲突与团队绩效的关系起到调节作用，国内学者赵可在其博士学位论文中也验证了冲突规范的调节作用。Rispens 利用 81 名在校大学生，在任务依赖性与冲突规范程度两个维度上构建了 2×2 实验组，通过实验研究证实了冲突规范在团队过程中的调节作用。

基于此，本书提出冲突规范对团队冲突与团队绩效关系的调节作用：

H14a　冲突规范对科研团队任务冲突与团队绩效的关系具有强化调节作用，即冲突规范程度越高的团队，团队任务冲突对团队绩效的正向影响越明显；

H14b　冲突规范对科研团队过程冲突与团队绩效的关系具有减弱调节作用，即冲突规范程度越高的团队，团队过程冲突对团队绩效的负向影响越不明显；

H14c　冲突规范对科研团队关系冲突与团队绩效的关系具有减弱调节作用，即冲突规范程度越高的团队，团队关系冲突对团队绩效的负向影响越不明显。

第四节　理论模型

本书通过对核心概念及其逻辑关系的构建，在理论基础的指导下，就研究变量间的关系提出一系列基本假设，构建本书的理论模型，如图4—3 所示。

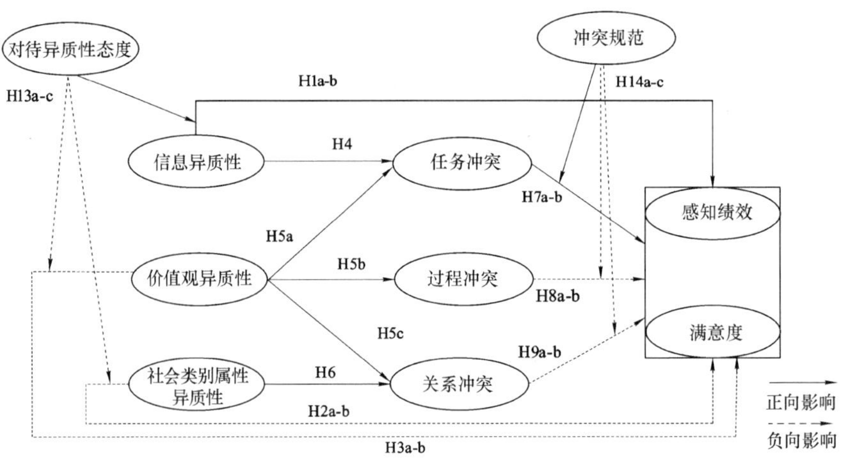

图 4—3　高校科研团队异质性对团队绩效影响机理理论模型

第五章

实证研究设计

研究设计是研究得以开展的指南针与路线图，本章拟在问卷设计、变量测量、数据收集、统计方法等方面对实证研究进行规划，为下一步调查研究奠定基础。

第一节　问卷设计

科学、规范的调查问卷是获取优质研究数据的关键所在，而收集优质数据是实证研究结论可靠、有效的前提。本书旨在探索科研团队异质性对科研团队绩效的影响机理，验证对待异质性态度与冲突规范等变量的影响。参照前人研究惯例，选择采用问卷调查的方式收集研究数据。

本书基于如图 5—1 所示的整体思路进行问卷设计，其具体过程是在文献回顾、质性访谈的基础上形成各研究变量的初始测量题项，制作问卷初稿；采用焦点小组讨论形式对问卷初稿进行讨论，修订后形成问卷预测稿；通过小样本调查预测，在数据分析的基础上对变量测量题项进行纯化与修改，形成最终的调查问卷。

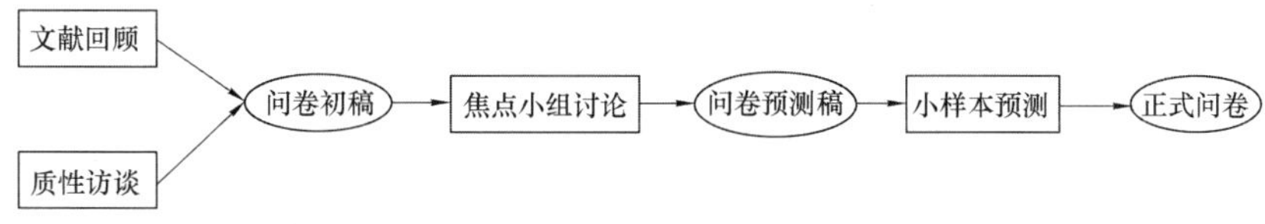

图 5—1　调查问卷设计思路

文献回顾。在对团队异质性、团队冲突、团队绩效、对待异质性态度和冲突规范等方面理论文献进行回顾的基础上，参照国内外权威理论与经典量表，对本书中的各变量的测量题项进行设计。为保证测量量表的内容效度，在借鉴国外成熟、经典量表时，采用英汉互译的方法确定中文版。对于已经汉化的国外经典量表，要结合本书的研究对象进行细化、具体化，确保测量量表的适切性。

本书的研究对象是高校科研团队，在团队异质性、团队冲突、团队绩效等变量上与其他工作团队相比呈现很强的团队属性与工作特征差异，需要在以往研究量表的基础上，在对科研团队负责人、成员质性访谈的基础上，依据科研团队的属性进行细化、具体化，具体表现在科研团队异质性、团队冲突、团队绩效等变量的维度构建、语言表述等。尤其是冲突规范、对待异质性态度等变量，以往研究并无成熟、广泛适用的测量量表，结合本书中案例研究，进行构建与验证。

焦点小组讨论。在初步形成调查问卷后，邀请本书领域内多名教授、副教授、博士研究生组成焦点讨论小组，对本书涉及的调查问卷初稿进行讨论，主要内容是：所列测量题项是否能够恰当反映所测变量内容；题项之间有无交叉重叠现象；研究变量还有哪些内容尚未体现；对案例研究中归纳的测量题项是否具有逻辑问题等，在此基础上形成调查问卷预测稿。

小样本预测。在进行大样本正式调查前，需要借助小样本预测对问卷的信度、效度进行分析验证，进一步对调查问卷进行优化。在验证问卷的信度与效度，删除不符合要求的测量题项后，形成调查问卷的最终稿。

整体上，本书的调查问卷由三部分构成：第一部分是对研究基本情况与调查目的说明，强调调查的匿名性与学术性，减少被访者心理负担，使其更加真实地完成问卷调查。第二部分是被访者的基本信息，包括年龄、性别、职称、学历等个人基本信息，以及受访者所在团队学科领域、团队规模等团队基本信息，体现调查问卷由浅入深、由易到难的过程。第三部分是关于本书中研究变量的五点式李克特量表，每个研究变量彼此分开，测量题项前均有填写说明，更方便被访者填写。

为消除自我报告类调查问卷可能出现的社会称许性偏差，还在以下几个方面优化问卷设计：问卷设计过程中除具有坚实的理论基础与严谨的设计流程外，在研究变量测量题项选择上尽量参照成熟、经典的测量量表；问卷的语言表述反映科学研究的中立性、客观性；问卷结构设计遵循由浅入深、由易到难的原则，将事实陈述性题目安排在前，将反映团队冲突、满意度较为敏感或难以回应的题项安排在后；在问卷第一部分设置调查目的说明内容，强调本次调查的学术性质及问卷填写的匿名安排，告知被访者如实反映团队情况对于学术研究的重要意义。由此，最大限度地降低被访者的戒备心理，消除由此引发的社会称许性偏差。

第二节　变量测量

一　变量测量题项的选择

根据前文构建的概念模型与研究假设，本书涉及的研究变量包括自变量、因变量、中介变量、调节变量与控制变量五种，其中自变量主要是指科研团队的异质性，包括信息异质性、社会类别属性异质性、价值观异质性三个维度；因变量是高校科研团队绩效，包括感知绩效与满意度两个维度；中介变量是团队冲突，有任务冲突、过程冲突、关系冲突三个维度；调节变量是指团队成员对待异质性态度与团队冲突规范；控制变量主要涵盖团队规模与团队所属学科领域。

1. 自变量：科研团队异质性

关于团队异质性的测量，学术界有两种倾向。一是利用异质性系数计算团队的异质性程度，二是用自陈式量表反映团队异质性水平。采用公式计算的方式标识团队异质性按照异质性特征值性质分为数值型与类别型两类，对于年龄、任职时间、受教育年限等数值型变量特征，可以采用 Allison 系数标识，即标准差与平均数的比值衡量团队异质性；对于性别、教育层次、职业经历等类别型变量，可以用 Blau 系数确定。用公式计算测定团队异质性程度，能够比较精确地核算出团队在特定异质性特征上的差异程度，但需要获取团队所有成员的属性信息；否则难以准确反映团队异质性实际水平，在实际研究操作中有一定难度。

借助自陈式量表可以对主观的、抽象的概念进行量化测量，也被用于测量团队异质性。Jehn、Northcraft 和 Neale 开量表测定团队异质性之先河，他们在对团队异质性、团队冲突与团队绩效关系研究的过程中，制定了团队异质性的测量量表，采用李克特五点刻度进行变量的测量，以数字 1—5 分别依次表示非常赞同、比较赞同、中立、不太赞同以及非常不赞同，受访者根据自己的主观感受进行各项问题的回答，经检验该量表的 a 系数为 0.85，具有较好的信度。

还有学者开发了知识异质性测量量表，用于测量团队成员所拥有的专长的差异性程度。该量表采用 5 点量表测试知识异质性，在国内也被学者广泛使用。此后，团队价值观异质性、信息异质性、社会类别属性异质性测量量表先后被开发并广泛使用。

本书借鉴 Jehn 的 D－C－P 研究模型，选择社会类别属性异质性、信息异质性和价值观异质性作为团队异质性的概念维度，参照 Jehn、王冰、孙凯、胡桂兰等人的研究确定各维度的原始测量题项（如表 5—1 所示）。

表 5—1　　科研团队异质性初始测量题项

变量维度	测量条款
社会类别属性异质性	团队成员在年龄上分布很广[bd]
	团队中男性成员所占比例偏大[d]
	团队成员的学历层次差异很大[bd]
	团队成员的职称层次差异很大[e]
信息异质性	团队成员具有多样化的专业背景[bcd]
	团队成员在学缘结构上分布很广[e]
	团队成员具有多样化的研究方向[e]
	团队成员具有多样化的研究特长与技能[e]
	团队成员拥有的专业知识涉及多个领域[bcd]
	团队成员根据自己擅长的知识领域承担着不同的科研任务[bcd]
	团队成员都具有某一方面的与任务相关的知识[bcd]
	团队成员之间从事科研工作年限有显著差异[c]
	团队成员的工作经历有显著差异[c]
价值观异质性	团队成员的工作责任感差异很大[d]
	团队成员的工作价值观差异很大[abd]
	团队成员的生活价值观差异很大[abd]
	团队成员所具有的集体观念差异性很大[d]

注：a. Jehn；b. 王冰；c. 孙凯；d. 胡桂兰；e. 根据访谈资料添加。

本书中，利用表中各题项表述，采用肯定性语句进行陈述，并使用李克特五点刻度进行变量测量，用数字 1—5 分别依次表示完全不符合、比较不符合、一般、比较符合、完全符合，受访者依据所在科研团队实际情况与感知进行回答。

2. 中介变量：科研团队冲突

科研团队冲突是指科研团队成员间因感知到认知差异、目标不兼容与愿望不调和而产生的情绪及行为反应的动态的互动交互过程，有任务冲突、过程冲突与关系冲突三个维度。其中任务冲突表示科研团队成员对于工作的观点、想法、判断意见不一，且彼此能够感知所造成的冲突；过程冲突反映团队成员间有关任务执行、责任分工、资源分配的冲突行为；关系冲突由团队成员感知到人际关系上的不和谐或不一致所引发，冲突伴随着情感的紧张、敌意、愤怒等情绪特征。

学界关于团队冲突的测量比较成熟，Jehn 在 1995 年开发的 ICS 量表被国内外学者广泛使用，该量表涵盖关系冲突与任务冲突两个维度。关于团队过程冲突量表的开发稍晚，Neale 等人在原有 ICS 量表中加入过程冲突这一个维度，形成了包含任务冲突、过程冲突与关系冲突的三个维度团队冲突量表。量表共使用 12 个题项测量团队冲突，其中任务冲突包括五个题项，关系冲突包括四个题项，过程冲突则有三个题项测定，三个维度的 a 系数分别达到 0. 88、0. 90、0. 78，量表信度表现良好，同时区分效度检验与因子旋转结果都显示该量表具有较好的区分效度。同时，该量表在国内被大量使用，表现出良好的文化适应性，形成了相对固定的 ICS 量表中文版。

科研团队作为一种具有特殊整体特征与工作属性的组织，在团队冲突的表现与语言描述上具有很大差异。国内学者在探索关于科研团队冲突测量量表方面做了有益尝试。依据 Jehn 的团队冲突三维度结构，依据科研团队特征与属性，形成了科研团队冲突量表（如表 5—2 所示）。本书综合借鉴 Jehn、罗胜强、马志强、蔡翔等人的研究成果，结合质性访谈，确定科研团队冲突的初始测量量表，量表仍采用肯定式陈述句，用李克特五点刻度计量，反映科研团队内部冲突的水平。

表5—2　　科研团队冲突初始测量题项

变量维度	测量条款
任务冲突	团队成员常围绕科研任务从不同视角进行讨论[c]
	团队成员会针对科研任务讨论不同的方案[c]
	团队成员会因观点不一致而提出不同意见[abc]
	团队成员会广泛地讨论所提出的不同想法[c]
	团队成员在科研问题上经常出现想法、意见的不一致[c]
关系冲突	在讨论科研问题时，团队中会有很多争吵而影响和谐的情形[cd]
	团队成员间会因为情绪原因而导致关系紧张[cde]
	在讨论科研问题时，团队成员会因意见不合而产生不愉快的感觉[cde]
	团队成员间会因为个性的差异而引起矛盾[cde]
	在讨论科研问题时，团队成员会出现情绪上的愤怒[cde]
过程冲突	团队成员常对“谁应该做什么”存在不同意见[d]
	团队成员常对科研任务的分配存在异议[c]
	团队成员常对科研资源的分配存在分歧[ce]
	团队内部有关任务职责方面的认知很不一致[c]
	团队成员常对各个成员的科研贡献存在不一致看法[ce]

注：a. Jehn；b. 罗胜强；c. 马志强；d. 蔡翔；e. 作者根据访谈资料调整。

3. 因变量：科研团队绩效

科研团队绩效作为本书研究的因变量，考虑到研究中科研团队样本数量较多，且从属于不同高校、学科，处于不同发展阶段，难以客观衡量各科研团队的实际绩效，借鉴Jehn、Sobral、马志强等学者的研究思路，采用团队感知绩效与满意度作为团队绩效的评价维度，其中团队感知绩效表示团队领导及成员对团队取得的成绩与发展水平的主观评价，满意度指团队成员在团队发展过程中对个人价值与个人成长的自我评价。

团队感知绩效与满意度的测量一般借助自陈式测量量表对团队负责人与团队成员进行调查实现。Jehn在其研究中使用感知绩效量表，采用五点式李克特刻度量表测量团队成员在“你认为团队工作表现如何”“你的团队工作效率如何”两题项上的反应，内部异质性系数达到0.93。国内学者孟太生在其关于科研团队领导行为与团队效能的研究中，用团队感知绩效作为测量团队效能变量的一个维度，包含“我们的课题组非常有效”等8个题项。马志强在研究高校科研团队冲突与团队效能关系时，所构建的科研团队效能三个维度中，团队感知绩效作为其中一个维度，利用“我们的科研团队取得了很有价值的科研成果”等5个题项，内部异质性系数达到0.865，显示出很好的信度。

Tjosvold开发使用的团队成员满意度测量在国内外被广泛使用，用以评价团队成员对于团队工作情况的主观感觉。国内学者刘牧用“我很愿意在我所处的团队中工作”等题项评价团队成员对目前状态的感觉。俞明理则使用“对自己在团队中发挥的作用感到满意”等题项测量团队成员满意度，内部一致性系数达到0.93。马志强将团队满意度量表引入科研团队研究中，使用“团队成员对自己在科研团队中发挥的作用感到满意”等题项测量科研团队成员态度，内部异质性系数也达到0.914。

本书综合借鉴上述学者关于科研团队感知绩效与满意度的测量量表，结合质性访谈对个别题项进行语言表述调整，确定本书团队绩效的初始测量题项，如表5—3所示。

表5—3　　科研团队绩效初始测量题项

	测量条款
感知绩效	我们的科研团队工作非常有效[a]
	我们的科研团队取得了很有价值的科研成果[b]
	我们的科研团队，成员能够如期保质保量地完成科研任务[b]
	我们的科研团队的整体科研计划进度运行良好[b]
	我们的科研团队总能完成整体的科研目标[d]
满意度	对自己在团队中发挥的作用感到满意[bc]
	对自己在团队工作中的收获感到满意[c]
	对团队的任务完成情况感到满意[c]
	对团队的管理方式感到满意[c]

注：a. 孟太生；b. 马志强；c. 俞明理；d. 根据质性访谈调整。

4. 调节变量：对待异质性态度

对待异质性态度作为衡量团队成员对异质性所持有的持久评价的变量，对团队异质性作用的发挥具有重要影响。本书中拟选择对待异质性态度作为团队异质性对绩效影响关系的调节变量，表明团队成员对团队中的信息、社会类别属性及价值观等维度异质性的评价，有积极与消极两个维度，积极的对待异质性态度表示科研团队成员普遍认为成员间在各方面的多元化能够带给组织功能性影响，至少不会破坏团队绩效；而消极的对待异质性态度则相反，表示团队成员的多元化对于团队的作用得不到广泛认可。

ATDS 量表作为早期关于对待异质性态度的测量量表，用于测定对待异质性态度，共三个维度 30 条题项组成。每个维度由 10 个题项，分别测定对同事、主管及招聘与晋升中的少数人群的评价。利用包括警察、一线主管、技术人员、工人和管理人员在内 349 名被试，通过验证性因子分析验证了该量表的三维结构，该量表具有较高的内部一致性（a = 0. 90）。主要集中在评估组织中的员工在组织中的人际关系方面对少数同事和主管的感受。该量表并未涉及在异质性团队环境中，团队成员如何应对团队层面的异质性以及对团队异质性预期的工作成果。

针对 ATDS 的缺点与不足，Nakui 等人在其基础上开发了 ADWS 量表。ADWS 量表由 17 条题项组成，测量团队成员对团队异质性的态度，有生产与情感两个维度。该量表内部异质性系数是 0. 80，情感维度由“I don't enjoy working with people who come from different countries”等 11 条题项组成，生产维度由“Working in diverse groups can increase one's understanding of those who are different from me”等 6 条题项组成，两个维度上的内部一致性系数分别是 0. 78 和 0. 69。

第一篇关于对待异质性态度的实证研究是在 ADWS 量表尚未发表的情况下进行的。该研究利用 ADWS 测量团队成员对待团队异质性的态度，并通过实证研究验证了对待异质性态度在团队异质性与团队产出关系的调节作用。

国内学者邓渝在其研究中使用 ADWS 量表中生产维度 .“具有多样性特征的团队解决复杂问题的能力更强”等 11 个题项，用于测量团队成员的对待一致性态度，采用李克特七点刻度自我报告评分方式，其中 1 表示完全不同意，7 表示完全同意。通过 CITC 分析与信度分析，全部题项的 CITC 值都在 0.60 以上，测量量表的内部一致性系数为 0.903，表明该量表在中文环境下信度良好。

本书根据 ADWS 量表的测量题项，借鉴国内学者的研究结论，依据科研团队特征与工作属性（除掉不同国家文化认同等无关题项），拟选取其中 9 条测量题项，改变部分语言表述，作为本书科研团队对待异质性态度初始测量题项，如表 5—4 所示。

表 5—4　　　科研团队对待异质性态度初始测量题项

	测量条款
对待异质性态度	异质性团队有助于提高团队成员对不同意见的理解水平
	异质性团队有助于提高团队领导的领导能力
	异质性团队解决复杂问题的能力更强
	异质性团队创新能力更强
	团队内部的认知差异有助于激发团队成员的思考
	团队异质性成员之间互动有助于激发新的想法
	异质性团队中的工作经验有助于提高成员在团队中的绩效水平
	异质性团队能够对成员的想法提供更有帮助的反馈
	复杂问题的解决要求团队成员具有多样性的背景和经验

5. 调节变量：冲突规范

依据前文根据团队冲突规范的界定与维度分析，本书认为团队冲突规范是团队及其成员认识、处理团队冲突过程中所遵循的规则、准则的总称，是团队及其成员普遍认可、接受的具有一般约束力的行为准则。对团队冲突与团队绩效的关系具有重要的调节作用，由团队开放、团队合作和抑制冲突转化三个维度构成。因团队冲突规范尚没有成熟、广泛适用的测量量表，本部分依据其维度分类，吸取相应的量表测量题项，结合案例研究确定该测量量表的初始题项，在此基础上进行信效度的验证，形成用于实证研究的问卷。

综合众多学者关于团队冲突规范的定义可知，团队冲突规范的基本含义与目的是营造适合团队成员自由表达看法、允许不同意见存在的团队氛围，进而发挥团队冲突的积极作用。因此，团队开放成为团队冲突规范的核心维度。

团队开放维度原始测量题项，借鉴团队氛围中开放性量表题项。Amazon 和 Sapienza 设计的测量量表，被国内外学者使用，具有很好的信效度。借鉴孙海法、张可军等学者的研究，形成开放维度的原始测量题项。开放维度共 8 个题项，其中 4 个题项参考自孙海法的团队开放氛围测量量表，2 个题项在此基础上选自张可军的团队氛围测量量表，另外 2 项由质性访谈资料总结而成，如表 5—5 所示。

表 5—5 科研团队冲突规范团队开放维度初始测量题项

	测量条款
团队开放	团队内部鼓励大家提出不同意见[a]
	团队成员的不同意见都能够得到认真对待[a]
	团队成员提出不同意见，能够得到客观的评价[b]
	团队成员一致认为，团队讨论会提高决策质量[a]
	团队成员有不同意见时，可以（公开）争论[a]
	团队成员提出不同意见后，不会遭到大家的轻视或嘲弄[b]
	团队成员能够认识到在团队中存在不同意见是必要的[c]
	团队成员能够认识到在团队中存在不同意见是必然的[c]

注：a. 孙海法；b. 张可军；c. 根据访谈资料提出。

根据 Tjosvold 等人的观点，在其关于建设性冲突管理的研究中，认为除开放讨论外，团队合作也是发挥冲突建设性作用的重要变量。团队合作作为团队冲突规范的重要维度，是指团队成员能够认识到彼此目标一致，在冲突互动过程中希望满足各方利益，采取相互合作以追求共赢的做法。

团队合作维度原始测量题项，参照团队冲突管理策略中合作维度的测量题项，该量表由 Tjosvold 设计开发，在国内学者梅强的实证研究中具有较好的效果。Tjosvold、梅强等人设计的冲突合作管理测量量表都包含

5个题项，只是在表述上稍有不同而已。因此，本书合作维度含5个原始测量题项，如表5—6所示。

表5—6　　科研团队冲突规范团队合作维度初始测量题项

	测量条款
团队合作	面对冲突问题，团队成员能以大局为重，维护团队利益
	面对利益冲突，团队成员寻求对各方都有利的解决方案
	面对冲突问题，各方相互协作，共同推动冲突的解决
	团队成员综合各种意见的优点来做出有效的决策
	团队成员在实现自己的目标时，不以损害他人利益作为代价

避免团队冲突转化维度尚无学者构建测量量表，仅有国内学者赵可通过案例进行过相关研究。本书要通过质性访谈从团队成员中获得相关资料，从访谈资料中发掘抑制冲突转化维度的原始测量题项。

将访谈资料转化为文字资料，并运用内容分析方法，对访谈资料进行初始编码。然后对编码资料进行整理，删除与抑制团队冲突转化内容不符的内容，对相近资料进行合并，初步形成关于抑制团队冲突转化的表述，作为转化维度的原始测量题项。共形成"团队成员把冲突视为工作上意见不合的理性讨论，而不是针对个人"等8个题项，如表5—7所示。

表5—7　　科研团队冲突规范抑制冲突转化维度初始测量题项

	测量条款
抑制转化	团队成员把冲突视为工作上意见不合的理性讨论，而不是针对个人
	团队内公开讨论都是在知识的范畴内探讨，不涉及个人层面
	团队成员间不因工作（业务）观点的一致与否影响到对别人个人层面的判断
	团队成员能够做到就事论事，客观反映问题，目的放在促进事情的解决
	团队成员会理性地指出对方的错误，而非针对个人来指责（没意义）
	团队强调就事论事，减少冲突导致的负面情绪，不把冲突针对个人

6. 控制变量

本书拟将团队规模与团队所属的学科背景作为研究的控制变量。科研团队规模、团队所属学科背景虽不是本书关注的重点，但对团队异质性、冲突与绩效的关系可能产生影响，因此要在研究中予以控制。

团队规模与团队所属学科安排在调查问卷第一部分，借鉴以往类似研究思路与惯用做法，其中团队规模有 10 人以下、11—20 人、21—30 人和 30 人以上四个选项；团队所属学科分为理工、经管、文史哲法、农医及其他五个类别选项。

二　焦点小组讨论

本书邀请9 位专业人员（教授1 人，副教授3 人，管理学博士研究生5 人）围绕初始问卷中各研究变量的初始测量题项，尤其是团队冲突规范各维度原始题项的测量可行性、表述可读性、测量准确性等内容进行讨论与确定。在讨论过程中，请与会专家就“表中所列题项是否能够准确测量主题内容”“表中所列题项表述是否有歧义”等问题，对测量量表原始题项进行判断。

经过焦点小组讨论，信息异质性测量题项中，“团队成员根据自己擅长的知识领域承担不同的科研任务”题项侧重表达团队任务分工，用以测量团队异质性并不合适；团队关系冲突中，“在讨论科研问题时，团队成员会因意见不合而产生不愉快的感觉”与“在讨论科研问题时，团队中会有很多争吵而影响和谐的情景”重复，应删除；团队过程冲突中，“团队成员对谁应该做什么存在不同意见”与“团队内部有关任务职责方面的认知很不一致”在内容上有重复，应删除其中一项；在保持开放维度中“团队成员提出不同意见时，不会遭到大家的轻视或嘲笑”题项与其他题项存在重复之嫌，予以删除。

在此基础上形成调查问卷预测问卷，预测问卷包括被试基本信息与变量测量两部分，其中变量测量部分包括 5 个研究变量，共 65 条题项，团队异质性 3 个维度共 16 个题项，团队冲突 3 个维度 13 条题项，团队绩效两个维度共9 条题项，对待异质性态度9 条题项，团队冲突规范3 个维度共 18 条题项。

第三节　小样本预测

尽管本书大部分变量测量题项引自成熟量表，冲突规范部分题项来自质性访谈，但为提高调查问卷的信度与效度，检验问卷在实际环境中的适用性，确保正式调研的顺利进行。在正式调查之前，必须通过小样本的预测对变量测量的有效性进行初步验证，并以此作为净化问卷测量条款的依据，确保研究过程更加科学。

一　预测样本

小样本预测利用调查问卷预测稿历时 1 个月时间，在河南新乡主要高校（河南师范大学、新乡医学院、河南科技学院、河南工学院）中发放问卷 120 份，回收 114 份，剔除质量较低的问卷，有效问卷 103 份，有效样本统计描述如表 5—8、表 5—9 所示。

表 5—8　　小样本预测有效样本统计特征描述（个体）

类别	统计特征	频数（人）	百分比（%）
性别	男	64	62.1
	女	39	37.9
年龄	30 岁及以下	19	18.4
	31—40 岁	70	68.0
	41—50 岁	13	12.6
	51—60 岁	1	1.0
	60 岁及以上	0	0
教育程度	专科及其他	0	0
	学士	8	7.8
	硕士	33	32.0
	博士	62	60.2
团队角色	团队领导人	6	5.8
	科研骨干	43	41.7
	一般研究人员	49	47.6
	一般管理人员	5	4.9

续表

类别	统计特征	频数（人）	百分比（%）
职称	初级及其他	14	13.6
	讲师及相应职称	37	35.9
	副教授及相应职称	45	43.7
	教授及相应职称	7	6.8

表5—9　　小样本预测有效样本统计特征描述（团队）

类别	统计特征	频数（人）	百分比（%）
团队规模	10人及以下	81	78.6
	11—20人	19	18.4
	21—30人	2	2.0
	30人以上	1	1.0
学科属性	理工	49	47.6
	经管	11	10.7
	文史哲法	8	7.8
	农医	31	30.1
	其他类	4	3.9

在对预测问卷删除过程中遵循以下原则：填写问卷时间过少，平均用时740秒，用时低于平均用时20%的问卷，视为低质量问卷；问卷答案出现规律性，答案呈“Z”字形排列，或出现所有（绝大部分）题项均选择同一选项等；通过设置测谎题（“同质性团队创新能力更强”与“异质性团队创新能力更强”相对；“团队成员拥有的专业知识严重趋同”与“团队成员拥有的专业知识涉及多个领域”相对）检验问卷数据质量，删除测谎题项与相对题项矛盾的样本数据。

二　分析方法

1. 量表信度检验

量表信度也称可靠性，反映采用同一方法对同一变量进行多次重复测量，测量结果一致性的程度。信度分析主要有重测信度、复本信度、折半信度和 Alpha 信度等指标。本书预测中选取克朗巴赫阿尔法系数作为衡量量表内部一致性的指标，该值一般介于 0 和 1 之间，越接近 1，说明量表信度越高。

克朗巴赫阿尔法系数值最好在 0.80 以上，0.90 以上则量表信度更佳。大于等于 0.70 是一个比较合适的标准阈值，本书拟选择 0.70 作为评价标准。

同时，为净化测量题项，本书通过校正的题项总计相关性（CITC）作为筛选条款的依据。一般情况下，CITC 小于 0.50 的测量条款应予以删除，以便减少测量题项多因子载荷现象，得到更简明、清晰的因子结构。

2. 量表效度检验

量表效度也称有效性，反映测量工具能够准确测出所测概念的程度，测量结果与所测概念内容越吻合，说明测量工具效度越高；反之，则效度越低。效度分为内容效度、准则效度和结构效度等类型，其中内容效度指的是测验题目对有关内容或行为取样的适用性，从而确定测验是否是所欲测量的行为领域的代表性取样；准则效度也称为效标效度，表示制定量表所得到的数据与其他被选择的变量测量的值相比是否有意义；结构效度是指一个测验实际测到所要测量的理论结构和特质的程度，或者说它是指测验分数能够说明理论的某种结构或特质的程度，包含收敛效度与区分效度两种。收敛效度表示不同的测量题项是否可以用来测定同一概念，即测量同一概念的测量题项之间具有高度相关性；区别效度则表示测量不同概念之间的测量题项相关度要低。本书的测量题项选自成熟、典型的测量量表，且经过小规模质性访谈与焦点小组讨论，主要通过小样本预测数据对问卷的结构效度进行检验。

学界多采用探索性因子分析作为验证测量量表结构效度的手段。在进行探索性因子分析之前，需要判断样本数据是否适合做因子分析，通常用 KMO 检验与 Bartlett 球形检验做判断，一般情况下，KMO 值在 0.70 以上且 Bartlett 球形检验统计值的显著性概率小于显著性水平，样本数据适合做因子分析。

本书通过因子分析筛选量表测量题项标准：测量题项的因子载荷小于 0.50 时，予以删除；当测量题项在所有因子上的载荷都小于 0.50，或在多个因子上的载荷都大于 0.50 时，予以删除。筛选后，剩余测量题项的因子载荷都在0.50以上，且累计解释方差超过50%，说明测量量表通过效度检验。

三 分析结果

1. 信度分析结果

由表5—10团队异质性信度分析结果可知，社会类别属性异质性测量题项SD2（团队中男性成员所占比例偏大）、信息异质性测量题项ID7（团队成员之间从事科研工作年限有显著差异）、ID8（团队成员的工作经历有显著差异）CITC未达到0.5的标准值，删除该题项后，各题项CITC均大于标准值，且Cronbach's α均大于0.7的标准值，表明团队异质性测量量表具有良好信度。

表5—10 团队异质性信度分析结果

<table>
<tr><th>变量</th><th>维度</th><th>题项代码</th><th>初始 CITC</th><th>最后 CITC</th><th>删除后的 α</th><th>Cronbach's α</th></tr>
<tr><td rowspan="4">团队异质性</td><td rowspan="4">社会类别属性异质性</td><td>SD1</td><td>—</td><td>0.614</td><td>0.702</td><td rowspan="4">初始：0.672
最终：0.778</td></tr>
<tr><td>SD2</td><td>0.123</td><td>删除</td><td>—</td></tr>
<tr><td>SD3</td><td>—</td><td>0.593</td><td>0.731</td></tr>
<tr><td>SD4</td><td>—</td><td>0.644</td><td>0.672</td></tr>
<tr><td rowspan="12">团队异质性</td><td rowspan="8">信息异质性</td><td>ID1</td><td>—</td><td>0.617</td><td>0.787</td><td rowspan="8">初始：0.719
最终：0.821</td></tr>
<tr><td>ID2</td><td>—</td><td>0.555</td><td>0.799</td></tr>
<tr><td>ID3</td><td>—</td><td>0.594</td><td>0.792</td></tr>
<tr><td>ID4</td><td>—</td><td>0.568</td><td>0.795</td></tr>
<tr><td>ID5</td><td>—</td><td>0.642</td><td>0.780</td></tr>
<tr><td>ID6</td><td>—</td><td>0.553</td><td>0.797</td></tr>
<tr><td>ID7</td><td>0.410</td><td>删除</td><td>—</td></tr>
<tr><td>ID8</td><td>0.481</td><td>删除</td><td>—</td></tr>
<tr><td rowspan="4">价值观异质性</td><td>VD1</td><td>0.738</td><td>—</td><td>0.836</td><td rowspan="4">0.874</td></tr>
<tr><td>VD2</td><td>0.705</td><td>—</td><td>0.849</td></tr>
<tr><td>VD3</td><td>0.724</td><td>—</td><td>0.842</td></tr>
<tr><td>VD4</td><td>0.760</td><td>—</td><td>0.827</td></tr>
</table>

团队冲突信度分析结果如表5—11所示。

表 5—11　　团队冲突信度分析结果

变量	维度	题项代码	初始 CITC	最后 CITC	删除后的 α	Cronbach's α
团队冲突	任务冲突	TC1	—	0. 739	0. 885	初始：0. 856 最终：0. 897
		TC2	—	0. 816	0. 849	
		TC3	—	0. 795	0. 860	
		TC4	—	0. 759	0. 873	
		TC5	0. 401	删除	—	
	过程冲突	PC1	0. 830	—	0. 946	0. 952
		PC2	0. 910	—	0. 932	
		PC3	0. 874	—	0. 939	
		PC4	0. 848	—	0. 943	
	关系冲突	RC1	0. 673	—	0. 928	0. 912
		RC2	0. 873	—	0. 859	
		RC3	0. 819	—	0. 879	
		RC4	0. 841	—	0. 872	

由表 5—11 可知，团队冲突信度分析结果中，任务冲突题项 TC5（团队成员在科研问题上经常出现想法、意见的不一致）CITC 未达到标准值，删除后量表 CITC、Cronbach's α 都满足信度分析结果要求。

团队冲突规范信度分析结果如表 5—12 所示。

表 5—12　　团队冲突规范信度分析结果

变量	维度	题项代码	初始 CITC	最后 CITC	删除后的 α	Cronbach's α
团队规范	团队开放	ON1	—	0. 799	0. 893	初始：0. 682 最终：0. 915
		ON2	—	0. 808	0. 891	
		ON3	—	0. 771	0. 898	
		ON4	—	0. 759	0. 901	
		ON5	—	0. 785	0. 896	
		ON6	0. 402	删除	—	
		ON7	0. 446	删除	—	
	团队合作	CN1	0. 627	—	0. 869	0. 877
		CN2	0. 713	—	0. 849	
		CN3	0. 845	—	0. 817	
		CN4	0. 667	—	0. 862	
		CN5	0. 698	—	0. 853	

续表

变量	维度	题项代码	初始 CITC	最后 CITC	删除后的 α	Cronbach's α
团队规范	抑制冲突转化	TN1	0.763	—	0.902	0.917
		TN2	0.760	—	0.904	
		TN3	0.664	—	0.915	
		TN4	0.850	—	0.890	
		TN5	0.814	—	0.895	
		TN6	0.748	—	0.905	

由团队冲突规范信度分析结果（见表 5—12）可知，开放维度题项 ON6（团队成员能够认识到在团队中存在不同意见是必要的）、ON7（团队成员能够认识到在团队中存在不同意见是必然的）CITC 值未达标，删除后各题项 CITC 值均大于标准值，各维度的 Cronbach's α 满足信度分析结果要求，量表信度良好。

团队绩效信度分析结果如表 5—13 所示，对待异质性态度信度分析结果如表 5—14 所示。

表 5—13　　团队绩效信度分析结果

变量	维度	题项代码	初始 CITC	最后 CITC	删除后的 α	Cronbach's α
团队绩效	感知绩效	P1	0.792	—	0.913	0.925
		P2	0.713	—	0.926	
		P3	0.852	—	0.899	
		P4	0.871	—	0.896	
		P5	0.809	—	0.908	
	满意度	S1	0.771	—	0.874	0.899
		S2	0.707	—	0.894	
		S3	0.851	—	0.844	
		S4	0.785	—	0.867	

表 5—14　　对待异质性态度信度分析结果

变量	维度	题项代码	初始 CITC	最后 CITC	删除后的 α	Cronbach's α
对待异质性态度	—	AT1	0.603	—	0.896	0.901
		AT2	0.586	—	0.898	
		AT3	0.693	—	0.889	
		AT4	0.738	—	0.885	
		AT5	0.580	—	0.897	
		AT6	0.744	—	0.885	
		AT7	0.681	—	0.889	
		AT8	0.742	—	0.885	
		AT9	0.697	—	0.888	

由表 5—13、表 5—14 可知，团队绩效与对待异质性态度测量量表所有测量题项 CITC 均大于 0.5 的标准值，Cronbach's α 大于 0.7 的标准值，表明团队绩效与对待异质性态度量表信度良好。

2. 效度分析结果

对预测样本数据做探索性因子分析以检验变量测量量表的结构效度，在进行探索性因子分析之前，需要判断样本数据是否适合做因子分析。按照主成分分析方法、特征值大于 1 方法提取公因子，标准化的正交旋转法旋转，得到各题项因子载荷，各变量探索性因子分析结果如表 5—15 所示。

表 5—15　　科研团队异质性测量量表探索性因子分析结果

潜变量	题项代码	因子		
		1	2	3
社会类别属性异质性	SD2	0.267	0.151	0.609
	SD2	0.164	0.154	0.782
	SD2	-0.031	0.020	0.763
信息异质性	ID1	0.074	0.829	-0.063
	ID2	0.087	0.747	0.019
	ID3	-0.033	0.799	0.028
	ID4	-0.270	0.622	0.336
	ID5	-0.133	0.637	0.258
	ID6	-0.300	0.554	0.401

续表

潜变量	题项代码	因子		
		1	2	3
价值观异质性	VD1	0.803	-0.120	0.286
	VD2	0.771	-0.099	0.272
	VD3	0.863	-0.009	-0.079
	VD4	0.887	-0.001	-0.039
K. M. O. 值：0.754				
Bartlett 的球形度检验卡方值：555.073				
显著值：0.000				
累计解释方差（%）：63.010				

由表5—15不难看出，采用团队异质性量表获得的预测数据的K. M. O. 值为0.754，Bartlett的球形度检验的显著性接近于0，说明该样本可以做因子分析。旋转结果显示，提取3个公共因子，所有题项因子载荷均标准值以上，累计解释方差达到63.010%，满足科学研究要求，说明团队异质性可以通过信息异质性、社会类别属性异质性和价值观异质性三个维度来评价。

科研团队冲突测量量表探索性因子分析结果如表5—16所示。

表5—16　　科研团队冲突测量量表探索性因子分析结果

潜变量	题项代码	因子		
		1	2	3
任务冲突	TC1	-0.167	0.835	0.192
	TC2	-0.090	0.874	-0.052
	TC3	0.118	0.897	-0.093
	TC4	-0.034	0.859	-0.224
过程冲突	PC1	0.824	0.139	0.342
	PC2	0.860	-0.031	0.387
	PC3	0.914	-0.028	0.185
	PC4	0.868	-0.105	0.224

续表

潜变量	题项代码	因子		
		1	2	3
关系冲突	RC1	0.386	0.129	0.721
	RC2	0.424	-0.067	0.845
	RC3	0.477	-0.103	0.681
	RC4	0.330	-0.335	0.635

K. M. O. 值：0.882

Bartlett 的球形度检验卡方值：1281.921

显著值：0.000

累计解释方差（%）：77.978

按照同样的分析方法，可得到团队冲突测量量表探索性因子分析结果，由表 5—16 可知，由科研团队冲突量表获得的预测数据，K. M. O. 值为 0.882，Bartlett 的球形度检验显著值接近于0，说明该样本适合做因子分析。运用主成分分析法提取因子，得到 3 个特征值大于 1 的公共因子，累计解释方差达 77.978%，各题项在公共因子上的载荷均大于标准值，表明该量表任务冲突、过程冲突与关系冲突维度模型得到验证，具有较好的效度。

科研团队冲突规范测量量表探索性因子分析结果如表 5—17 所示。

表 5—17　　科研团队冲突规范测量量表探索性因子分析结果

潜变量	题项代码	因子		
		1	2	3
团队开放	ON1	0.472	0.647	0.221
	ON2	0.258	0.765	0.206
	ON3	0.299	0.766	0.350
	ON4	0.087	0.771	0.198
	ON5	0.239	0.769	0.149
团队合作	CN1	0.273	0.476	0.699
	CN2	0.126	0.492	0.738
	CN3	0.497	0.407	0.527
	CN5	-0.010	0.399	0.867

续表

潜变量	题项代码	因子		
		1	2	3
抑制冲突转化	TN1	0.664	0.345	0.415
	TN2	0.650	0.397	0.366
	TN3	0.805	0.298	-0.183
	TN4	0.857	0.247	0.179
	TN5	0.775	0.105	0.455
	TN6	0.757	0.118	0.343
K. M. O. 值：0.919 Bartlett 的球形度检验卡方值：1385.066 显著值：0.000 累计解释方差（%）：74.423				

由表5—17可知，K. M. O. 值为0.919，Bartlett 的球形度检验显著值接近于0，说明该样本数据适合做因子分析。运用主成分分析法提取因子，得到3个特征值大于1的公共因子，团队合作维度中题项CN4（“团队成员综合各种意见的优点来做出有效的决策”）在两个公共因子上的载荷均大于0.5，予以删除。其余题项累计解释方差达74.423%，各题项在公共因子上的载荷均大于标准值，表明团队冲突规范量表删除个别题项后，团队开放、团队合作与抑制冲突转化三个维度构建效度良好。

科研团队对待异质性态度测量量表探索性因子分析结果如表5—18所示。

表5—18　科研团队对待异质性态度测量量表探索性因子分析结果

题项代码	因子载荷
AT1	0.676
AT2	0.662
AT3	0.757
AT4	0.798
AT5	0.674

续表

题项代码	因子载荷
AT6	0. 820
AT7	0. 770
AT8	0. 815
AT9	0. 779
K. M. O. 值：0. 854	
Bartlett 的球形度检验卡方值：516. 015	
显著值：0. 000	
累计解释方差（%）：56. 659	

由表 5—18 可知，对待异质性态度量表获取的预测数据 K. M. O. 值为 0. 854，Bartlett 的球形度检验显著值接近于 0，说明该样本数据适合做因子分析。通过主成分分析法提取公因子，得出 1 个特征值大于 1 的公共因子，各题项的因子载荷均大于标准，累计解释方差达 56. 659%，说明对待异质性态度可以通过该量表测定。

科研团队绩效测量量表探索性因子分析结果如表 5—19 所示。

表 5—19　　科研团队绩效测量量表探索性因子分析结果

潜变量	题项代码	因子	
		1	2
感知绩效	P1	0. 868	0. 178
	P2	0. 807	0. 144
	P3	0. 911	0. 034
	P4	0. 924	0. 034
	P5	0. 884	0. 223
满意度	S1	0. 073	0. 930
	S2	0. 108	0. 914
	S3	0. 077	0. 955
	S4	0. 122	0. 898

续表

潜变量	题项代码	因子	
		1	2
K. M. O. 值：0.858			
Bartlett 的球形度检验卡方值：384.997			
显著值：0.000			
累计解释方差（%）：85.455			

由表5—19可知，由科研团队绩效量表获得的预测数据，K. M. O. 值为0.858，Bartlett 的球形度检验显著值接近于0，说明该样本适合做因子分析。运用主成分分析法提取因子，得到2个特征值大于1的公共因子，累计解释方差达85.455%，各题项在公共因子上的载荷均在0.8以上，远大于标准值，表明该量表感知绩效与满意度维度模型得到验证，具有较好的效度。

四　调查问卷的形成

根据焦点小组讨论和小样本预测分析结果，对高校科研团队异质性对团队绩效影响机理调查问卷进行了修改与完善，作为最终问卷用于实证研究，具体内容如附录所示。

正式调查问卷在开始部分介绍本调查问卷的目的、学术性与对被调查者的承诺，主体部分由两部分组成，第一部分主要要求被调查者填写个人性别、年龄、学历、职称、团队角色等个人信息，所在团队规模与学科属性等团队信息。第二部分主要是各研究变量的测量题项，采用通用的李克特五点量表形式，数字1、2、3、4、5分别代表“非常不符合”“不符合”“一般”“符合”“非常符合”五个选项（部分题项是由“非常不同意”到“非常同意”五个题项），请受访者根据所属团队实际情况与题项表述的符合程度做出唯一性选择。科研团队异质性量表含13个题项，其中信息异质性6个题项、社会类别属性异质性3个题项，价值观异质性4个题项；团队冲突量表含12个题项，其中任务冲突4个题项、过程冲突4个题项、关系冲突4个题项；团队冲突规范量表含15个题项，其中开放维度5个题项、合作维度4个题项、抑制冲突转化维度6个题项；对待异质性态度含 9 个题项；团队绩效含 9 个题项，其中感知绩效 5 个题项、满意度 4 个题项。

第四节　调查数据收集与样本描述

一　样本选择

根据本书的研究对象与内容，选择高校科研团队成员作为问卷调查对象。为保证数据质量与代表性，在选择高校科研团队时注意以下几个问题：团队所在高校层次既包括“985”“211”等重点大学，也包括一般性省属普通本科院校；科研团队学科属性尽可能覆盖高校现有学科领域；科研团队成员在 3 人及其以上，具有良好的发展性。

二　问卷发放与回收

以高校科研团队成员为调查对象，利用研究者自身关系网络，采用方便抽样的方式获得样本数据。综合考虑研究数据质量、抽样限制及实际操作困难等因素，本书主要采用以下两种方式收集数据。

第一，联系高校科研管理部门对所属科研团队成员进行问卷调查。联系河南、江苏两省部分高校的科研管理部门，获取符合研究需要的学校科研团队名单及组成人员，征得同意后并经由他们介绍，向科研团队成员发放问卷。

第二，为弥补第一条途径中样本选择地域性限制，由高校人事部门委托刚参加工作的新教师联系攻读研究生期间的科研团队成员进行问卷调查。研究者通过工作关系联系高校人事部门，委托新参加工作的教师了解其攻读研究生期间所属团队基本情况，对符合研究需要的团队，委托他们向所属的科研团队成员发放问卷。

问卷发放采取网上填写与线下联系相结合的方式进行，通过问卷星制作电子调查问卷，复制调查问卷电子版的网址与微信地址。在与问卷调查人员联系后告知调查问卷的网址或微信链接，被调查人员填写完毕后直接提交。通过问卷星调查问卷管理平台收集数据。

本书的数据收集时间在 2016 年 6 月到 9 月。共收到调查问卷 253 份，团队所属学科、所在高校、团队规模具有广泛代表性。按照以下原则进行质量检验与问卷剔除：（1）问卷完成时间过少，问卷完成时间低于平均时间20%的问卷予以剔除；（2）依据测谎题剔除问卷，设置与测量题项意义相反的题项作为测谎题，测谎题与原始题项选择答案相矛盾的问卷予以删除；（3）选择答案连续出现一致性或规律性答案的问卷予以剔除。剔除无效问卷及质量较低问卷，本书调查共得到有效问卷207份，问卷有效率为81.9%。

三　样本特征描述

1. 调查样本个体特征描述

调查样本个体特征如表5—20所示，在207份有效样本中，男性124份，占59.9%，基本可以反映高校科研团队的性别比例结构；年龄结构中，占比最大的是31—40岁的样本，样本数量达140人，占比67.6%；教育层次上调查样本主要以研究生为主，其中博士研究生155人，占比74.9%，也能反映我国高校科研团队的教育背景总体情况；在团队角色分布中，团队一般研究人员有109人，占比52.7%；样本职称结构以中级职称为主，占比51.7%。

表5—20　　调查样本个体特征描述

类别	统计特征	频数（人）	百分比（%）
性别	男	124	59.9
	女	83	40.1
年龄	30岁及以下	41	19.8
	31—40岁	140	67.6
	41—50岁	24	11.6
	51—60岁	2	1.0
	60岁及以上	0	0
教育程度	专科及其他	0	0
	本科	9	4.3
	硕士	43	20.8
	博士	155	74.9

续表

类别	统计特征	频数（人）	百分比（%）
团队角色	团队领导人	16	7.7
	科研骨干	76	36.7
	一般研究人员	109	52.7
	一般管理人员	6	2.9
职称	初级及其他	15	7.2
	讲师及相应职称	107	51.7
	副教授及相应职称	73	35.3
	教授及相应职称	12	5.8

2. 调查样本团队特征描述

表 5—21　　样本所在科研团队的规模分布

		频率	百分比	有效百分比	累计百分比
有效	10 人及以下	159	76.8	76.8	76.8
	11—20 人	43	20.8	20.8	97.6
	21—30 人	3	1.4	1.4	99.0
	30 人以上	2	1.0	1.0	100.0
	合计	207	100.0	100.0	

表 5—22　　样本所在科研团队的学科属性分布

		频率	百分比	有效百分比	累计百分比
有效	理工	111	53.6	53.6	53.6
	经管	19	9.2	9.2	62.8
	文史哲法	23	11.1	11.1	73.9
	农医	44	21.3	21.3	95.2
	其他类	10	4.8	4.8	100.0
	合计	207	100.0	100.0	

表 5—21、表 5—22 分别反映样本所在科研团队的规模、学科属性的分布情况，10 人及以下规模的团队占 76.8%，理工类团队占 53.6%，样

本数据基本符合我国高校科研团队的实际情况。

第五节　数据分析方法

一　描述性统计分析

样本统计特征描述，本书的样本统计特征描述主要在样本个体属性与团队属性两个维度。前者主要针对本书所涉及样本的性别、年龄、教育程度、职称以及在团队中的角色等基本信息进行描述，团队统计特征描述主要是所涉样本所在团队的规模、团队学科属性等基本信息的描述。

样本数据描述，主要是针对各变量测量题项的数值分布情况进行初步统计描述。主要涉及各变量测量题项的最大值、最小值、均值、偏度、峰度等统计量上的分布情况，作为数值质量评价的重要内容。

二　信度分析

信度也称可靠性，反映采用同一方法对同一变量进行多次重复测量，测量结果一致性的程度。对测量量表的信度分析是进行其他数据分析的前提。信度分析一般包括内在信度分析与外在信度分析两个方面，内在信度分析主要是检验测量量表变量题项的内在一致性，外在信度评价的内容是同一测试对象不同时间测得的结果。信度分析主要有重测信度、复本信度、折半信度和 Alpha 信度等指标。与小样本预测分析一样，本书仍选取克朗巴赫阿尔法作为衡量量表内部一致性的指标，该值一般介于 0 和 1 之间，越接近 1，说明量表信度越高。通常认为克朗巴赫阿尔法系数大于 0.9，量表可信度非常好；克朗巴赫阿尔法系数在 0.8 与 0.9 之间，量表可信度相当好，克朗巴赫阿尔法系数在 0.7 与 0.8 之间，量表信度可以接受；如果克朗巴赫阿尔法系数小于 0.65，量表可信度低，建议重新设计量表。

三　因子分析

因子分析有探索性因子分析与验证性因子分析之别。探索性因子分析在小样本预测分析中使用。预测数据分析过程中，本书使用探索性因子分析对测量量表的效度进行检验，目的在于探索测量量表的因子数量。在通过进行 KMO 检验与 Bartlett 球形检验判断数据是否进行探索性因子分析后，对预测数据进行验证性因子分析，删除不符合要求的测量题项，即测量题项的因子载荷小于 0.50 时，予以删除；当测量题项在所有因子上的载荷都小于 0.50，或在多个因子上的载荷都大于 0.50 时，也予以删除。当所有测量题项的因子载荷都在 0.50 以上，且累计解释方差超过 50% 时，表明测量量表通过检验。

验证性因子分析检验变量测量量表的效度。与在预测数据分析过程中使用探索性因子分析不同，在正式调查数据分析中，使用验证性因子分析对潜在变量与观察变量间的关系进行检验。验证性因子分析具有逻辑性与操作性的双重优势，是研究者基于理论开发量表，检验量表结构与预期是否一致的分析统计方法。参照国内学者的普遍做法，本书使用 AMOS 17.0 软件对科研团队异质性、团队冲突、团队绩效、对待异质性态度以及冲突规范等概念模型涉及的关键变量做验证性因子分析，通过观察数据与测量模型的拟合指标，及各观测变量在所属潜变量上的因子载荷，判断研究量表的因子结构是否与之前的预想一致，进而判断研究量表的效度是否符合进一步分析研究的要求。

四　相关分析

相关分析的目的在于研究变量之间统计关系的强弱程度，本书以 Pearson 相关分析研究科研团队异质性、团队冲突、团队绩效各维度的相关系数矩阵，考察各研究变量间是否显著相关，作为回归分析的基础。Pearson 相关系数 r 的取值范围在正负 1 之间，r 的绝对值等于 1，表示两变量之间完全线性相关；r 等于 0 表示两者完全不相关。r 大于 0 表示两者呈正相关关系，小于 0 表示两者呈负相关关系。

相关分析的结果作为反映变量间相关性的指标，仅仅表示变量间的统计相关程度，无法区分自变量与因变量。但通过相关分析，检验变量间的关系，为下一步的回归分析奠定基础。

五　回归分析

回归分析是在相关分析的基础上，进一步明确变量间相互影响的具体数量关系的分析方法。回归分析与相关分析的不同，在于给定自变量 x 的前提下，建立自变量 x 与因变量 y 之间的回归方程，预测因变量 y 的值。按照自变量与因变量的关系划分，回归分析可分为线性与非线性回归分析；按照自变量的数量，回归分析有一元与多元回归分析之别。

回归方程检验主要有拟合优度检验、回归方程的显著性检验、回归系数的显著性检验。R^2 又称为方程的确定性系数，表示方程中自变量对因变量的解释程度，R^2取值在 0 到 1 之间，越接近 1，表示方程中自变量对因变量的解释能力越强。F 值是衡量回归方式显著性的指标，F 检验是通过方差分析表输出的，通过显著性水平（一般应在 0.05 以上）检验表示回归方程的线性关系显著。

本书在对对待异质性态度与团队冲突规范两调节变量的调节效应进行验证时，使用层次回归分析方法。层次回归分析法采用逐步放入解释变量的方法，不仅可以清楚地观察到模型的解释力变化的情况，同时可为分析变量间的复杂关系提供线索，有助于了解不同解释变量对被解释变量的贡献程度。层次回归分析结果中除要报告 R^2 外，还要报告不同回归模型间的 R^2 变化量（ΔR^2），以确定不同解释变量对被解释变量贡献程度的比较。

第六章

假设检验与结果分析

本章对前文所构建的高校科研团队异质性对团队绩效影响机理理论模型与诸多研究假设进行实证分析验证。按照第五章所阐述的分析方法，对正式调查获取的研究数据先后进行数据质量评估、相关分析、回归分析等，对研究假设逐一进行验证，并就检验结果进行总结与讨论。

第一节　数据质量评估

一　样本数据的偏度和峰度

偏度与峰度都是描述数据分布形态的统计量，其中偏度描述的是变量数据取值分布的对称性，而峰度则是描述取值分布形态陡缓程度的变量，都需要与正态分布相比较。

对于偏度来说，偏度为0则表示数据分布形态与正态分布偏度一致，数据众数、中位数、平均数相等，数据具备完全对称性的特征；偏度大于0，表示分布具有正偏离，也称右偏态，此时数据位于均值右边的比位于左边的少，直观表现为右边的尾部相对于左边的尾部要长，因为有少数变量值很大，使曲线右侧尾部拖得很长；偏度小于0表示分布具有负偏离，也称左偏态，此时数据位于均值左边的比位于右边的少，直观表现为左边的尾部相对于右边的尾部要长，因为有少数变量值很小，使曲线左侧尾部拖得很长。

峰度为0表示数据分布与正态分布的陡缓程度相同；峰度大于0表示该总体数据分布与正态分布相比较为陡峭，为尖顶峰；峰度小于0表示该总体数据分布与正态分布相比较为平坦，为平顶峰。峰度的绝对值数值越大，表示其分布形态的陡缓程度与正态分布的差异程度越大。样本数据的偏度值与峰度值如表6—1所示。

表6—1　　样本数据偏度与峰度

题号	均值	标准差	偏度		峰度	
	统计量	统计量	统计量	标准误	统计量	标准误
SD1	3.28	0.767	−0.255	0.169	−0.817	0.337
SD2	2.82	1.167	−0.109	0.169	−0.898	0.337
SD3	3.03	0.838	−0.114	0.169	0.011	0.337
ID1	3.31	0.888	−0.451	0.169	−0.076	0.337
ID2	3.32	0.834	−0.213	0.169	−0.099	0.337
ID3	3.35	0.792	−0.245	0.169	−0.069	0.337
ID4	3.65	0.833	−0.595	0.169	0.315	0.337
ID5	3.43	0.784	−0.192	0.169	0.150	0.337
ID6	3.64	0.709	−0.433	0.169	0.560	0.337
VD1	2.86	0.833	−0.037	0.169	−0.473	0.337
VD2	2.96	0.835	−0.179	0.169	−0.256	0.337
VD3	2.56	0.958	0.292	0.169	−0.442	0.337
VD4	2.57	0.921	0.055	0.169	−0.520	0.337
AT1	3.74	0.730	−0.306	0.169	−0.011	0.337
AT2	3.77	0.679	−0.618	0.169	1.250	0.337
AT3	3.81	0.674	−0.810	0.169	2.339	0.337
AT4	3.83	0.630	−0.790	0.169	1.431	0.337
AT5	3.94	0.628	−0.431	0.169	0.912	0.337
AT6	3.86	0.667	−0.620	0.169	1.566	0.337
AT7	3.60	0.762	−0.837	0.169	1.141	0.337
AT8	3.85	0.632	−0.219	0.169	0.240	0.337
AT9	3.93	0.682	−0.834	0.169	2.081	0.337
TC1	3.57	0.832	−0.649	0.169	0.179	0.337
TC2	3.68	0.742	−0.624	0.169	1.023	0.337
TC3	3.72	0.703	−0.564	0.169	0.890	0.337
TC4	3.64	0.730	−0.526	0.169	0.514	0.337

续表

题号	均值	标准差	偏度		峰度	
	统计量	统计量	统计量	标准误	统计量	标准误
RC1	2.48	0.980	0.453	0.169	-0.173	0.337
RC2	2.45	0.978	0.410	0.169	-0.259	0.337
RC3	2.45	0.969	0.373	0.169	-0.353	0.337
RC4	2.32	0.884	0.435	0.169	0.128	0.337
PC1	2.58	0.914	0.151	0.169	-0.367	0.337
PC2	2.59	0.956	0.298	0.169	-0.203	0.337
PC3	2.70	0.994	0.152	0.169	-0.568	0.337
PC4	2.70	0.970	0.128	0.169	-0.399	0.337
ON1	3.78	0.818	-0.644	0.169	0.920	0.337
ON2	3.70	0.829	-0.632	0.169	0.967	0.337
ON3	3.83	0.822	-0.737	0.169	0.821	0.337
ON4	3.71	0.784	-0.721	0.169	1.197	0.337
CN1	3.67	0.823	-0.483	0.169	0.314	0.337
CN2	3.65	0.785	-0.697	0.169	1.339	0.337
CN3	3.63	0.831	-0.507	0.169	0.488	0.337
CN4	3.66	0.758	-0.562	0.169	0.811	0.337
TN1	3.81	0.718	-0.806	0.169	1.817	0.337
TN2	3.76	0.805	-0.729	0.169	1.128	0.337
TN3	3.75	0.707	-0.432	0.169	1.217	0.337
TN4	3.81	0.756	-0.762	0.169	1.753	0.337
TN5	3.80	0.747	-0.437	0.169	0.527	0.337
TN6	3.88	0.690	-0.376	0.169	0.849	0.337
P1	3.53	0.835	-0.454	0.169	0.505	0.337
P2	3.50	0.794	-0.316	0.169	0.176	0.337
P3	3.65	0.760	-0.326	0.169	0.224	0.337
P4	3.70	0.769	-0.452	0.169	0.335	0.337
P5	3.66	0.795	-0.426	0.169	0.136	0.337
S1	3.64	0.782	-0.312	0.169	0.416	0.337
S2	3.65	0.734	-0.465	0.169	0.474	0.337
S3	3.63	0.757	-0.358	0.169	0.609	0.337
S4	3.58	0.751	-0.326	0.169	0.572	0.337

在通常学术研究中，偏度绝对值小于3、峰度绝对值小于10作为样本数据符合正态分布要求的判定标准，满足条件即可进行相应的数据分析。如表6—1所示，调查样本各测量题项得分数据偏度、峰度均在标准范围之内，基本上能够服从正态分布的数据要求，适合进行下一步数据分析。

二 样本数据的信度和效度

在预测数据分析过程中，除对数据的信度进行分析外，还利用探索性因子分析方法进行了效度检验。为进一步确保变量测量量表的内部结构，验证变量测量量表的聚合效度与区别效度，针对正式调查数据，本书在信度分析的基础上，将采用验证性因子分析方法，验证样本数据的效度，确保数据质量。

1. 科研团队异质性测量量表的信度与验证性因子分析

表6—2 科研团队异质性量表的信度检验结果

变量	维度	题号	题项与总体相关系数	删除题项的α	Cronbach's Alpha	
					维度	变量
异质性	社会类别属性异质性	SD1	0.682	0.694	0.802	0.829
		SD2	0.652	0.728		
		SD3	0.614	0.767		
	信息异质性	ID1	0.598	0.779	0.814	
		ID2	0.596	0.780		
		ID3	0.627	0.773		
		ID4	0.526	0.795		
		ID5	0.558	0.788		
		ID6	0.552	0.789		
	价值观异质性	VD1	0.716	0.835	0.869	
		VD2	0.706	0.838		
		VD3	0.728	0.830		
		VD4	0.739	0.825		

自变量团队异质性的信度分析结果如表6—2所示，所有题项与总体相关系数均大于0.5的标准值，科研团队异质性量表的Cronbach's Alpha系数为0.829，其中社会类别属性异质性维度的Cronbach's Alpha系数为0.802，信息异质性维度Cronbach's Alpha系数为0.814，价值观异质性Cronbach's Alpha系数为0.869，说明问卷可靠性良好。

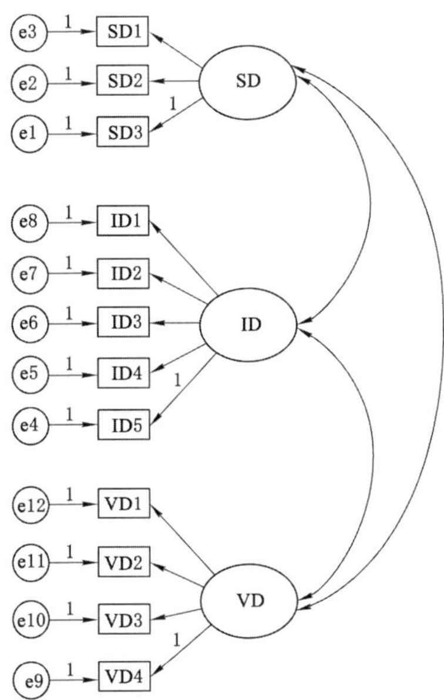

图6—1 科研团队异质性测量模型

运用AMOS软件对科研团队异质性测量量表进行验证性因子分析，以检验量表测量效度。通过构建包含社会类别属性异质性、信息异质性、价值观异质性的科研团队异质性测量模型（如图6—1所示），然后在A-MOS中导入调查数据，观察数据运行结果，以检验科研团队异质性测量结构模型的效度，检验结果如表6—3所示。

表 6—3　　团队异质性测量模型拟合结果

	标准化路径系数	Estimate	S. E.	C. R.	P
SD3 ←—SD	0. 768	1. 000			
SD2 ←—SD	0. 782	1. 022	0. 201	5. 073	* * *
SD1 ←—SD	0. 644	0. 489	0. 113	4. 314	* * *
ID6 ←—ID	0. 756	1. 000			
ID5 ←—ID	0. 744	1. 323	0. 257	5. 156	* * *
ID4 ←—ID	0. 705	1. 306	0. 198	6. 584	* * *
ID3 ←—ID	0. 758	1. 862	0. 314	5. 936	* * *
ID2 ←—ID	0. 732	1. 892	0. 322	5. 870	* * *
ID1 ←—ID	0. 764	2. 104	0. 354	5. 949	* * *
VD4 ←—VD	0. 813	1. 000			
VD3 ←—VD	0. 803	1. 025	0. 082	12. 496	* * *
VD2 ←—VD	0. 913	1. 351	0. 318	4. 256	* * *
VD1 ←—VD	0. 934	1. 378	0. 322	4. 277	* * *
模型拟合指标： 卡方自由度之比：2. 119；　GFI：0. 916；　CFI：0. 933；　RMSEA：0. 074					

注：* * * 表示在 0. 001 水平上显著。

由表 6—3 可以看出，验证性因子分析的模型拟合指标均达到可接受的标准，卡方自由度之比为 2. 119，GFI = 0. 916，CFI = 0. 933，RMSEA = 0. 074，各测量题项的标准因子载荷达到要求标准，说明科研团队异质性社会类别属性、信息、价值观三因子模型是有效的。

2. 科研团队冲突测量量表的信度与验证性因子分析

科研团队冲突信度分析结果如表 6—4 所示，所有题项的 CITC 均大于 0. 5，变量的 Cronbach's Alpha 系数为 0. 836，大于 0. 7 的标准值，任务冲突、过程冲突和关系冲突三个维度的 Cronbach's Alpha 系数分别是 0. 876、0. 918、0. 908，说明量表具有较好的内部一致性。

构建科研团队任务冲突、过程冲突与关系冲突三个维度结构模型，利用调查数据通过验证性因子分析验证科研团队冲突量表的测量结构模型的拟合性，从而确定量表的效度。测量模型与验证结果如图 6—2、表 6—5 所示。

表 6—4　科研团队冲突量表的信度检验结果

变量	维度	题号	题项与总体相关系数	删除题项的 α	Cronbach's Alpha	
					维度	变量
团队冲突	任务冲突	TC1	0.690	0.863	0.876	0.836
		TC2	0.810	0.811		
		TC3	0.750	0.836		
		TC4	0.698	0.855		
	过程冲突	PC1	0.789	0.902	0.918	
		PC2	0.851	0.881		
		PC3	0.824	0.890		
		PC4	0.789	0.902		
	关系冲突	RC1	0.652	0.930	0.908	
		RC2	0.859	0.856		
		RC3	0.828	0.868		
		RC4	0.844	0.865		

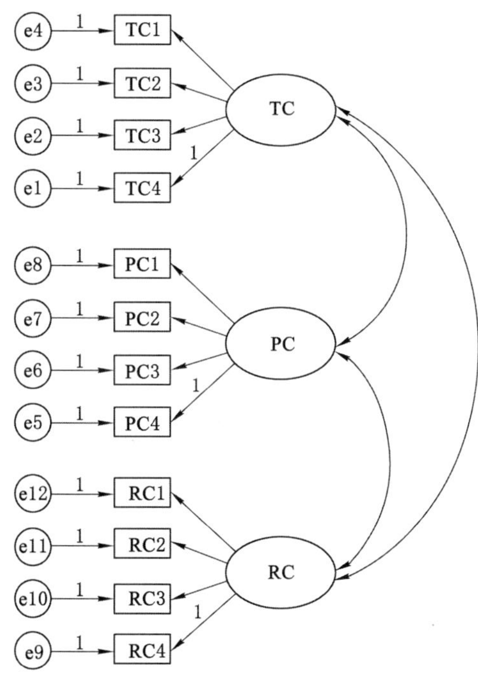

图 6—2　科研团队冲突测量模型

表 6—5　　科研团队冲突测量模型拟合结果

	标准化路径系数	Estimate	S. E.	C. R.	P
TC4 ←—TC	0. 667	1. 000			
TC3 ←—TC	0. 753	1. 086	0. 089	12. 231	***
TC2 ←—TC	0. 951	1. 447	0. 140	10. 365	***
TC1 ←—TC	0. 764	1. 305	0. 133	9. 778	***
PC4 ←—PC	0. 918	1. 300	0. 122	10. 689	***
PC3 ←—PC	0. 916	1. 422	0. 133	10. 677	***
PC2 ←—PC	0. 876	1. 373	0. 119	11. 547	***
PC1 ←—PC	0. 638	1. 000			
RC4 ←—RC	0. 872	1. 000			
RC3 ←—RC	0. 912	1. 093	0. 060	18. 256	***
RC2 ←—RC	0. 827	1. 031	0. 067	15. 289	***
RC1 ←—RC	0. 789	0. 960	0. 068	14. 075	***
模型拟合指标：					
卡方自由度之比：1. 920；	GFI：0. 932；	CFI：0. 977；	RMSEA：0. 067		

注：*** 表示在 0. 001 水平上显著。

由表 6—5 可以看出，科研团队冲突测量模型的拟合指标基本符合要求，卡方自由度之比为 1. 920，低于 3 的标准值，GFI = 0. 932，CFI = 0. 977，均大于 0. 9 的标准值，RMSEA = 0. 067，低于标准阈值 0. 08 的要求，表明变量测量模型拟合程度良好。各测量题项标准化载荷系数均大于 0. 5，且 t 值达到显著水平，表明量表效度良好。

3. 科研团队绩效测量量表的信度与验证性因子分析

科研团队绩效量表信度分析结果如表 6—6 所示，所有题项的 CITC 均大于 0. 5，变量的 Cronbach's Alpha 系数为 0. 829，大于 0. 7 的标准值，感知绩效、满意度两个维度的 Cronbach's Alpha 系数分别是 0. 939、0. 947，说明量表具有较好的内部一致性。

表6—6　　科研团队绩效量表的信度检验结果

变量	维度	题号	题项与总体相关系数	删除题项的α	Cronbach's Alpha	
					维度	变量
团队绩效	感知绩效	P1	0.836	0.925	0.939	0.829
		P2	0.763	0.938		
		P3	0.853	0.922		
		P4	0.881	0.917		
		P5	0.850	0.922		
	满意度	S1	0.835	0.942	0.947	
		S2	0.905	0.921		
		S3	0.882	0.929		
		S4	0.872	0.932		

构建科研团队感知绩效、满意度两个维度绩效结构模型，利用调查数据通过验证性因子分析验证科研团队绩效量表的测量结构模型的拟合性，从而确定量表的效度。测量模型与验证结果如图6—3、表6—7所示。

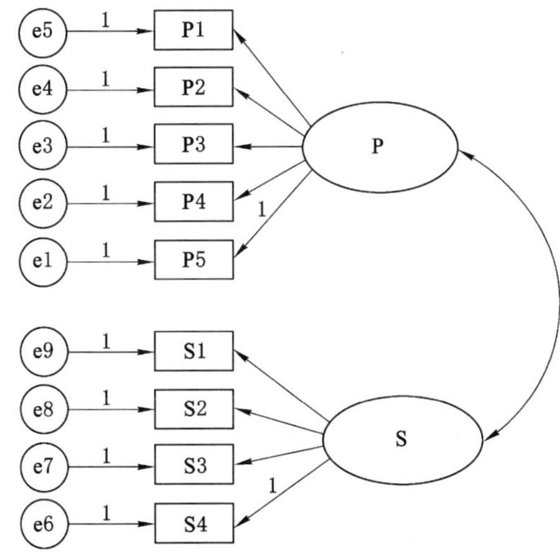

图6—3　科研团队绩效测量模型

表6—7　　科研团队绩效测量模型拟合结果

	标准化路径系数	Estimate	S. E.	C. R.	P
P5 ←—P	0. 862	1. 000			
P4 ←—P	0. 782	0. 862	0. 061	14. 102	* * *
P3 ←—P	0. 892	0. 941	0. 053	17. 925	* * *
P2 ←—P	0. 924	0. 987	0. 051	19. 316	* * *
P1 ←—P	0. 888	0. 981	0. 055	17. 775	* * *
S4 ←—S	0. 856	1. 000			
S3 ←—S	0. 947	1. 115	0. 056	20. 037	* * *
S2 ←—S	0. 908	1. 036	0. 056	18. 342	* * *
S1 ←—S	0. 906	1. 101	0. 060	18. 277	* * *
模型拟合指标： 卡方自由度之比：1. 506；　GFI：0. 962；　CFI：0. 994；　RMSEA：0. 050					

注：* * * 表示在0. 001水平上显著。

由表6—7可以看出，科研团队绩效测量模型的拟合指标基本符合要求，卡方自由度之比为1. 506，低于3的标准值，GFI = 0. 962，CFI = 0. 994，均大于0. 9的标准值，RMSEA = 0. 050，低于标准阈值0. 08的要求，表明变量测量模型拟合程度良好。各测量题项标准化载荷系数均大于0. 5，且t值达到显著水平，表明量表效度良好。

4. 对待异质性态度量表的信度与验证性因子分析

表6—8　　对待异质性态度量表的信度检验结果

变量	题号	题项与总体相关系数	删除题项的α	Cronbach's Alpha
对待异质性态度	AT1	0. 621	0. 895	0. 901
	AT2	0. 569	0. 899	
	AT3	0. 677	0. 890	
	AT4	0. 704	0. 888	
	AT5	0. 582	0. 897	
	AT6	0. 724	0. 887	
	AT7	0. 731	0. 886	
	AT8	0. 746	0. 885	
	AT9	0. 711	0. 887	

对待异质性态度量表信度分析结果如表 6—8 所示，对待异质性态度是单维度的变量，共包含 9 个题项，所有题项的 CITC 均大于 0.5，变量的 Cronbach's Alpha 系数为 0.901，大于 0.7 的标准值，表明测量量表信度良好。

利用正式调查数据对对待异质性态度量表进行验证性因子分析，测量模型与验证性因子分析结果分别如图 6—4 和表 6—9 所示。

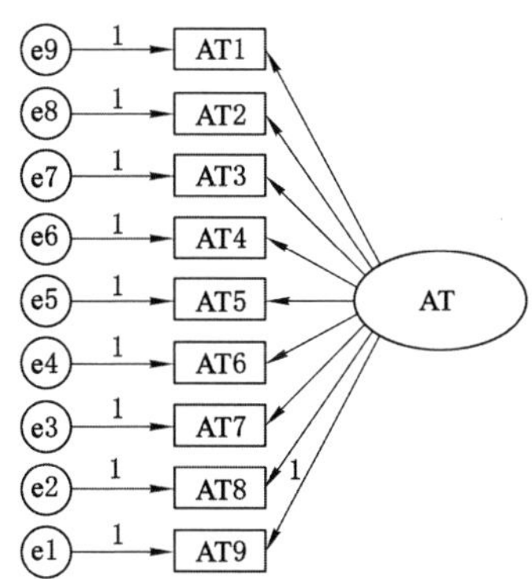

图 6—4 对待异质性态度测量模型

表 6—9 对待异质性态度测量模型拟合结果

	标准化路径系数	Estimate	S. E.	C. R.	P
AT9 ←—AT	0.795	1.000			
AT8 ←—AT	0.808	0.942	0.079	11.907	***
AT7 ←—AT	0.765	0.940	0.085	11.081	***
AT6 ←—AT	0.755	0.870	0.079	11.082	***
AT5 ←—AT	0.637	0.739	0.081	9.094	***
AT4 ←—AT	0.670	0.832	0.086	9.648	***
AT3 ←—AT	0.633	0.782	0.087	9.007	***
AT2 ←—AT	0.668	0.798	0.099	8.041	***
AT1 ←—AT	0.604	0.813	0.095	8.556	***
模型拟合指标：					
卡方自由度之比：1.590；		GFI：0.967；	CFI：0.988；	RMSEA：0.054	

注：*** 表示在 0.001 水平上显著。

由表6—9可以看出，验证性因子分析得出的拟合指标值均达到可接受的标准，卡方自由度之比为1.590，GFI = 0.967，CFI = 0.988，RMSEA = 0.054，说明对待异质性态度变量的测量模型是有效的。各题项在公因子上的标准载荷均大于标准值，体现测量量表具有较好的效度。

5. 科研团队冲突规范量表的信度与验证性因子分析

科研团队冲突规范量表信度分析结果如表6—10所示，所有题项的CITC均大于0.5，变量的Cronbach's Alpha系数为0.952，大于0.7的标准值，团队开放、团队合作和抑制冲突转化三维度的Cronbach's Alpha系数分别是0.899、0.867、0.929，说明量表具有较好的内部一致性。

表6—10　　团队冲突规范量表的信度检验结果

变量	维度	题号	题项与总体相关系数	删除题项的α	Cronbach's Alpha	
					维度	变量
冲突规范	团队开放	ON1	0.785	0.866	0.899	0.952
		ON2	0.738	0.884		
		ON3	0.790	0.865		
		ON4	0.789	0.865		
	团队合作	CN1	0.669	0.850	0.867	
		CN2	0.785	0.803		
		CN3	0.691	0.842		
		CN4	0.732	0.825		
	抑制冲突转化	TN1	0.793	0.916	0.929	
		TN2	0.762	0.921		
		TN3	0.718	0.925		
		TN4	0.839	0.909		
		TN5	0.815	0.913		
		TN6	0.835	0.911		

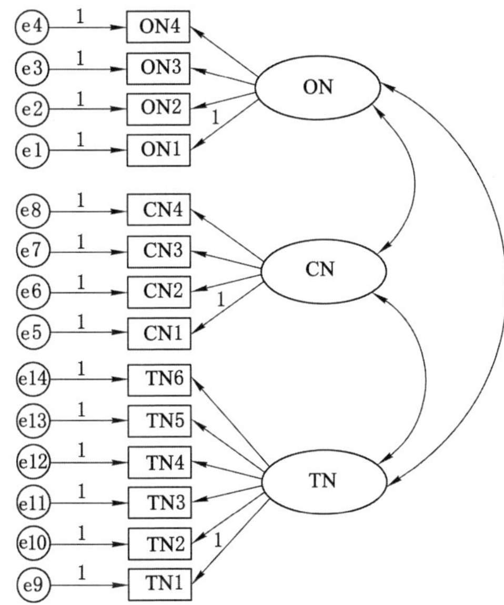

图 6—5　团队冲突规范测量模型

表 6—11　　　　　　　　团队冲突规范测量模型拟合结果

	标准化路径系数	Estimate	S. E.	C. R.	P
ON4 ←—ON	0. 867	1. 000			
ON3 ←—ON	0. 808	0. 882	0. 062	14. 306	***
ON2 ←—ON	0. 757	0. 866	0. 067	12. 862	***
ON1 ←—ON	0. 862	0. 981	0. 061	15. 987	***
CN4 ←—CN	0. 757	1. 000			
CN3 ←—CN	0. 834	1. 050	0. 086	12. 156	***
CN2 ←—CN	0. 754	1. 005	0. 092	10. 896	***
CN1 ←—CN	0. 819	0. 996	0. 084	11. 926	***
TN6 ←—TN	0. 859	1. 000			
TN5 ←—TN	0. 802	1. 047	0. 072	14. 460	***
TN4 ←—TN	0. 736	0. 844	0. 067	12. 639	***
TN3 ←—TN	0. 865	1. 059	0. 064	16. 442	***
TN2 ←—TN	0. 874	1. 058	0. 075	14. 098	***
TN1 ←—TN	0. 869	0. 971	0. 059	16. 590	***
模型拟合指标：					
卡方自由度之比：2. 280；GFI：0. 903；CFI：0. 960；RMSEA：0. 079					

注：*** 表示在 0. 001 水平上显著。

构建科研团队冲突规范团队开放、团队合作、抑制冲突转化三个维度结构模型，利用调查数据通过验证性因子分析验证科研团队冲突规范量表的测量结构模型的拟合性，从而确定量表的效度。测量模型与验证结果如图6—5、表6—11所示。

由表6—11可以看出，验证性因子分析得出的拟合指标值均达到可接受的标准，卡方自由度之比为2.280，GFI = 0.903，CFI = 0.960，RMSEA = 0.079。

第二节　相关关系分析

在回归分析前，本书先对研究中的自变量、因变量、中介变量进行相关分析。对样本数据进行相关分析时，利用SPSS 20.0软件，采用双尾检验，将Pearson相关系数作为衡量标准。变量间相关系数大于0，表示变量之间存在正相关关系；相关系数小于0，表示变量之间存在负相关关系。各变量间相关关系不同，表明变量间相关程度不同。

分析结果如表6—12所示，高校科研团队信息异质性与团队感知绩效（相关系数为0.402，p小于0.001的显著性水平）、满意度（相关系数为0.351，p小于0.001的显著性水平）具有正向且显著的相关关系；高校科研团队价值观异质性与团队绩效（相关系数为-0.240，p小于0.001的显著性水平）、满意度（相关系数为-0.239，p小于0.01的显著性水平）具有负向且显著的相关关系；科研团队社会类别属性异质性与团队感知绩效、满意度正向相关关系未达到显著水平。

表6—12　　研究变量相关系数矩阵

	社会类别属性异质性	信息异质性	价值观异质性	任务冲突	关系冲突	过程冲突	感知绩效	满意度
社会类别属性异质性	1							

续表

	社会类别属性异质性	信息异质性	价值观异质性	任务冲突	关系冲突	过程冲突	感知绩效	满意度
信息异质性	0.217 **	1						
价值观异质性	0.295 ***	-0.087	1					
任务冲突	0.167	0.442 ***	-0.242 ***	1				
关系冲突	0.163	-0.062	0.545 ***	-0.177	1			
过程冲突	0.150	-0.088	0.554 ***	-0.208 **	0.748 ***	1		
感知绩效	0.175	0.402 ***	-0.240 ***	0.591 ***	-0.187 **	-0.342 ***	1	
满意度	0.150	0.351 ***	-0.239 **	0.536 ***	-0.194 **	-0.390 ***	0.865 ***	1

注：＊＊表示在0.01水平（双侧）显著相关；＊＊＊表示在0.001水平（双侧）显著相关。

高校科研团队任务冲突与团队感知绩效（相关系数为0.591，p小于0.001的显著性水平）、满意度（相关系数为0.536，p小于0.001的显著性水平）具有正向且显著的相关关系；高校科研团队关系冲突与团队感知绩效（相关系数为-0.187，p小于0.01的显著性水平）、满意度（相关系数为-0.194，p小于0.01的显著性水平）具有负向且显著的相关关系；高校科研团队过程冲突与团队感知绩效（相关系数为-0.342，p小于0.001的显著性水平）、满意度（相关系数为-0.390，p小于0.001的显著性水平）具有负向且显著的相关关系。

另外，高校科研团队异质性各维度与团队冲突各维度具有一定的相关关系。相关分析结果为研究假设的验证提供了初步的证据，但相关关系只能说明研究变量之间是否存在相关关系，无法解释变量之间因果关系与影响机制，研究假设的验证需要进一步统计分析。

第三节　假设检验

相关性检验结果已初步表明，在科研团队异质性、团队冲突与团队绩效之间存在显著的相关性，为本书提出的研究假设提供了初步的验证证据，为后续实证分析提供了基础。相关分析虽能够揭示变量之间的两两关系的紧密程度，但不能反映两变量之间的因果关系，而通过回归分析则可以反映自变量与因变量之间的因果关系与数量变化规律。

一　主效应假设检验

1. 科研团队异质性与团队绩效

分别以团队感知绩效与满意度为因变量，以科研团队信息异质性、价值观异质性与社会类别属性异质性为自变量，运用 SPSS 20.0 数据分析软件，进行回归分析，结果如表 6—13、表 6—14、表 6—15 所示。

表 6—13　　科研团队信息异质性与团队绩效的回归分析

自变量	因变量	
	感知绩效	满意度
信息异质性	0.402***	0.351***
R^2	0.161	0.123
调整 R^2	0.157	0.119
F	39.453***	28.845***

注：*** 表示在 0.001 水平上显著。

从表 6—13 中数据可以看出，科研团队信息异质性与团队绩效（感知绩效与满意度）标准化回归系数分别是 0.402、0.351，且回归系数显著性的概率 p 小于 0.001 的水平，F 值、R^2 及调整 R^2 显示回归模型显著，回归方程的拟合度较高，表明科研团队信息异质性对团队感知绩效、满意度存在显著的正向影响。

表 6—14　　科研团队价值观异质性与团队绩效的回归分析

自变量	因变量	
	感知绩效	满意度
价值观异质性	-0.240***	-0.239**
R^2	0.058	0.057
调整 R^2	0.053	0.052
F	12.526***	12.409**

注：*** 表示在 0.001 水平上显著，** 表示在 0.01 水平上显著。

由表6—14中数据可知，科研团队价值观异质性与团队绩效（感知绩效与满意度）标准化回归系数分别是－0.240、－0.239，且回归系数显著性的概率p小于0.001的水平，F值、R^2及调整R^2显示回归模型显著，回归方程的拟合度较高，表明科研团队价值观异质性对团队感知绩效、满意度存在显著的负向影响。

表6—15　科研团队社会类别属性异质性与团队绩效的回归分析

自变量	因变量	
	感知绩效	满意度
社会类别异质性	0.175	0.150
R^2	0.031	0.023
调整 R^2	0.026	0.018
F	6.515	4.741

表6—15中关于科研团队社会类别属性异质性与团队绩效的回归结果表明，科研团队社会类别属性异质性与团队绩效（感知绩效与满意度）的回归系数未达到显著水平，表明科研团队社会类别属性异质性对团队感知绩效、满意度的影响未达到显著水平，研究假设未能得到支持。

2. 科研团队异质性与团队冲突

分别以团队任务冲突、过程冲突与关系冲突为因变量，以科研团队信息异质性、价值观异质性与社会类别属性异质性为自变量，运用SPSS 20.0数据分析软件，进行回归分析，结果如表6—16、表6—17、表6—18所示。

表6—16　科研团队信息异质性与团队任务冲突的回归分析

自变量	任务冲突（因变量）
信息异质性	0.442***
R^2	0.195
调整 R^2	0.192
F	49.812***

注：***表示在0.001水平上显著。

表6—16 反映出，科研团队信息异质性与任务冲突标准化回归系数为0.442，且回归系数显著性的概率p小于0.001的水平，F值、R^2及调整R^2显示回归模型显著，回归方程的拟合度较高，表明科研团队信息异质性对团队任务冲突存在显著的正向影响。

表6—17　科研团队价值观异质性与团队冲突的回归分析

自变量	因变量		
	任务冲突	过程冲突	关系冲突
价值观异质性	-0.242***	0.554***	0.545***
R^2	0.059	0.307	0.297
调整 R^2	0.054	0.304	0.294
F	12.772***	90.846***	86.604***

注：***表示在0.001水平上显著。

从表6—17 可以看出，科研团队价值观异质性与团队任务冲突、过程冲突、关系冲突标准化回归系数分别是-0.242、0.554、0.545，且回归系数显著性的概率p小于0.001的水平，F值、R^2及调整R^2显示回归模型显著，回归方程的拟合度较高，表明科研团队价值观异质性对团队任务冲突存在显著的负向影响，对团队过程冲突与关系冲突存在显著的正向影响。

表6—18　科研团队社会类别属性异质性与团队关系冲突的回归分析

自变量	关系冲突（因变量）
社会类别属性异质性	0.163
R^2	0.027
调整 R^2	0.022
F	5.597

表6—18 表明，科研团队社会类别属性异质性与团队关系冲突回归模型拟合度不高，且科研团队社会类别属性异质性对团队关系冲突的影响

未达到显著水平，研究假设未能得到支持。

3. 科研团队冲突与团队绩效

验证科研团队任务冲突、过程冲突、关系冲突与团队感知绩效、满意度的关系，分别以任务冲突、过程冲突和关系冲突作为自变量，团队感知绩效与满意度作为因变量，进行回归分析，结果如表6—19、表6—20、表6—21所示。

表6—19　　　科研团队任务冲突与团队绩效的回归分析

自变量	因变量	
	感知绩效	满意度
任务冲突	0.591***	0.536***
R^2	0.349	0.287
调整 R^2	0.346	0.284
F	109.932***	82.528***

注：***表示在0.001水平上显著。

从表6—19中数据可以看出，科研团队任务冲突与团队绩效（感知绩效与满意度）标准化回归系数分别是0.591、0.536，且回归系数显著性的概率p小于0.001的水平，F值、R^2及调整R^2显示回归模型显著，回归方程的拟合度较高，表明科研团队过程冲突对团队感知绩效、满意度存在显著的正向影响。

表6—20　　　科研团队过程冲突与团队绩效的回归分析

自变量	因变量	
	感知绩效	满意度
过程冲突	-0.342***	-0.390***
R^2	0.117	0.152
调整 R^2	0.112	0.148
F	27.067***	36.713***

注：***表示在0.001水平上显著。

从表 6—20 可以看出，科研团队过程冲突与团队绩效（感知绩效与满意度）标准化回归系数分别是 -0.342、-0.390，且回归系数显著性的概率 p 小于 0.001 的水平，F 值、R^2 及调整 R^2 显示回归模型显著，回归方程的拟合度较高，表明科研团队过程冲突对感知绩效、满意度存在显著的负向影响。

表 6—21 科研团队关系冲突与团队绩效的回归分析

自变量	因变量	
	感知绩效	满意度
关系冲突	-0.187**	-0.194**
R^2	0.035	0.038
调整 R^2	0.030	0.033
F	7.413**	7.988**

注：** 表示在 0.01 水平上显著。

从表 6—21 可以看出，科研团队关系冲突与团队绩效（感知绩效与满意度）标准化回归系数分别是 -0.187、-0.194，且回归系数显著性的概率 p 小于 0.01 的水平，F 值、R^2 及调整 R^2 显示回归模型显著，回归方程的拟合度较高，表明科研团队关系冲突对感知绩效、满意度存在显著的负向影响。

二 中介效应假设检验

研究假设中提出任务冲突在科研团队信息异质性与团队绩效之间起到中介作用，过程冲突、关系冲突在科研团队价值观异质性、社会类别属性异质性与团队绩效之间起中介作用，需要按照中介效应检验的步骤对上述假设进行检验。

1. 中介变量与中介效应

所谓中介变量，简单地讲就是自变量（X）对因变量（Y）的影响，如果是通过中间变量（M）起作用的，则称中间变量（M）为中介变量。

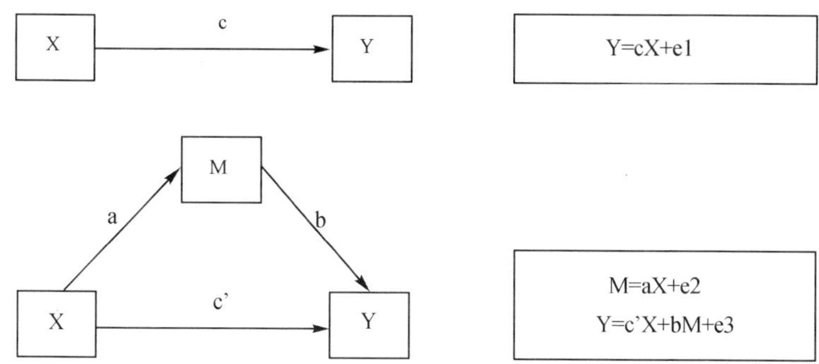

图6—6　中介效应路径图和方程

注：资料来源于温忠麟（2004年）。

理论上，中介效应指自变量X引起中介变量M的变化，中介变量M引起因变量Y的变化，在数据中心化或标准化的前提下，可用图6—6表示中介效应的路径图及方程式。由图6—6可知，原始模型中，c是自变量X对因变量Y的总效应，中介模型中，ab则表示经过中介变量M的中介效应。如果只存在一个中介变量，则等式 $c = c' + ab$ 成立。

根据Barron和Kenny提出的逐步检验法，检验中介效应的步骤分四步。

第一步，检验自变量X到因变量Y是否存在显著性影响，即c是否显著；

第二步，检验自变量X到中介变量M是否存在显著影响，即a是否显著；

第三步，检验中介变量M对因变量Y是否存在显著性影响，即b是否显著；

第四步，检验自变量X和中介变量M对因变量Y是否同时存在显著性影响，即观察c’，在前三步验证中全部存在显著性影响后，进行第四步检验。如果当加入中介变量M后，自变量X对因变量Y的影响作用不再显著，表示中介变量起到完全中介作用；如果自变量X对因变量Y仍显著但影响作用明显减小，说明中介变量起到部分中介作用。

2. 任务冲突中介信息异质性与团队绩效关系效应检验

针对任务冲突在信息异质性与团队绩效关系中的中介效应，按照中介效应的检验步骤，需要逐一检验信息异质性与团队绩效、任务冲突之间以及任务冲突与团队绩效之间的相关关系是否显著，以及加入任务冲突后信息异质性与团队绩效之间的直接效用是否显著。

第一步，构建模型1，检验信息异质性与团队绩效之间的关系是否显著。由上文可知，科研团队信息异质性与团队感知绩效与满意度标准化回归系数分别是0.402、0.351，且回归系数显著性的概率p小于0.001的水平，表明科研团队信息异质性对团队感知绩效、满意度存在显著的正向影响，满足中介效用检验的第一步。

第二步，构建模型2，检验科研团队信息异质性与任务冲突之间的关系是否显著。由上文科研团队信息异质性与任务冲突回归分析结果可知，科研团队信息异质性与任务冲突标准化回归系数为0.442，且回归系数显著性的概率p小于0.001的水平，表明科研团队信息异质性对团队任务冲突存在显著的正向影响，满足中介效用检验的第二步。

第三步，构建模型3，检验团队任务冲突与团队绩效之间的关系是否显著。根据上文科研团队任务冲突与团队绩效的回归结果，科研团队任务冲突与团队感知绩效与满意度标准化回归系数分别是0.591、0.536，且回归系数显著性的概率p小于0.001的水平，表明科研团队任务冲突对团队感知绩效、满意度存在显著的正向影响，满足中介效用检验的第三步。

要检验科研团队任务冲突在信息异质性与绩效之间的中介效用，在满足前三步的基础上，关键是将信息异质性与任务冲突作为自变量构建模型4，看此时信息异质性与团队绩效之间的关系变化情况。如果信息异质性与团队绩效关系不再显著，则说明团队任务冲突起到完全中介作用，如果信息异质性与团队绩效关系仍显著，且有明显减弱，则团队任务冲突起到部分中介作用。

如表6—22所示，在信息异质性、团队任务冲突作为自变量解释感知绩效模型4中，F值、R^2及调整R^2显示回归模型显著，回归方程的拟合度较高，信息异质性对于感知绩效的关系仍在0.01水平上显著，但标准化系数已从0.402减少到0.175，可见科研团队任务冲突在信息异质性与团队感知绩效之间起到部分中介作用。

表6—22　　任务冲突中介信息异质性与感知绩效关系效用检验结果

	任务冲突	感知绩效		
	模型2	模型1	模型3	模型4
自变量 信息异质性	0.442***	0.402***		0.175**
中介变量 任务冲突			0.591***	0.514***
R^2	0.195	0.161	0.349	0.374
调整R^2	0.192	0.157	0.346	0.367
F值	49.812***	39.453***	109.932***	60.837***

注：***表示在0.001水平上显著，**表示在0.01水平上显著。

表6—23　　任务冲突中介信息异质性与满意度关系效用检验结果

	任务冲突	满意度		
	模型2	模型1	模型3	模型4
自变量 信息异质性	0.442***	0.351***		0.142
中介变量 任务冲突			0.536***	0.473***
R^2	0.195	0.123	0.287	0.303
调整R^2	0.192	0.119	0.284	0.296
F值	49.812***	28.845***	82.528***	44.400***

注：***表示在0.001水平上显著。

同样步骤，检验信息异质性与满意度的关系是否通过团队任务冲突中介。检验结果如表6—23 所示。

由表6—23 可知，在信息异质性、团队任务冲突作为自变量解释团队满意度模型中，信息异质性对于满意度的关系不再显著，可见科研团队任务冲突在信息异质性与满意度之间起到完全中介作用。

由此可见，团队任务冲突在科研团队信息异质性与团队绩效关系中的中介效应得到验证，其中团队任务冲突部分中介科研团队信息异质性与感知绩效的关系，完全中介科研团队信息异质性与满意度的关系。

3. 科研团队关系冲突、过程冲突在价值观异质性与绩效中介效应检验

首先验证过程冲突在价值观异质性与绩效（感知绩效与满意度）中介效应。针对过程冲突在价值观异质性与团队绩效关系中的中介效应，按照中介效应的检验步骤，需要逐一检验价值观异质性与团队绩效、过程冲突之间以及过程冲突与团队绩效之间的相关关系是否显著，以及加入过程冲突后价值观异质性与团队绩效之间的直接效用是否显著。

第一步，检验价值观异质性与团队绩效之间的关系是否显著。由价值观异质性与团队绩效回归结果可知，科研团队价值观异质性与团队绩效（感知绩效与满意度）标准化回归系数分别是 -0.240 和 -0.239，且回归系数显著性的概率 p 小于 0.01 的水平，表明科研团队价值观异质性对团队绩效、满意度存在显著的负向影响，满足中介效用检验的第一步。

第二步，检验科研团队价值观异质性与过程冲突之间的关系是否显著。从上文可知，科研团队价值观异质性与过程冲突标准化回归系数为 0.554，且回归系数显著性的概率 p 小于 0.001 的水平，表明科研团队价值观异质性对团队过程冲突存在显著的正向影响，效用检验第二步要求得以满足。

第三步，检验团队过程冲突与团队绩效之间的关系是否显著。由上文可知，科研团队过程冲突与团队绩效（感知绩效与满意度）标准化回

归系数分别是 -0. 342 和 -0. 390，且回归系数显著性的概率 p 小于 0. 001 的水平，表明科研团队过程冲突对团队绩效、满意度存在显著的负向影响，满足中介效用检验的第三步。

检验科研团队过程冲突在价值观异质性与绩效之间的中介效用，在满足前三步的基础上，关键是在将价值观异质性与过程冲突作为自变量，看此时价值观异质性与团队绩效之间的关系变化情况。如果价值观异质性与团队绩效关系不再显著，则说明团队过程冲突起到完全中介作用，如果价值观异质性与团队绩效关系仍显著，且有明显减弱，则团队过程任务冲突起到部分中介作用。将上述四步的检验结果集中在表6—24 和表6—25 中，可观察科研团队过程冲突在价值观异质性与团队绩效关系的中介效用。

表 6—24　　过程冲突中介价值观异质性与感知绩效关系效用检验结果

	过程冲突	感知绩效		
	模型 2	模型 1	模型 3	模型 4
自变量 价值观异质性	0. 554 ***	-0. 240 ***		-0. 073
中介变量 过程冲突			-0. 342 ***	-0. 301 ***
R^2	0. 307	0. 058	0. 117	0. 120
调整 R^2	0. 304	0. 053	0. 112	0. 112
F 值	90. 846 ***	12. 526 ***	27. 067 ***	13. 955 ***

注：＊＊＊表示在 0. 001 水平上显著。

表 6—25　　过程冲突中介价值观异质性与满意度关系效用检验结果

	过程冲突	满意度		
	模型 2	模型 1	模型 3	模型 4
自变量 价值观异质性	0. 554 ***	-0. 239 **		-0. 033

续表

	过程冲突	满意度		
	模型2	模型1	模型3	模型4
中介变量 过程冲突			-0.390***	-0.371***
R^2	0.307	0.057	0.152	0.153
调整 R^2	0.304	0.052	0.148	0.144
F值	90.846***	12.409**	36.713***	18.375***

注：***表示在0.001水平上显著，**表示在0.01水平上显著。

由表6—24、表6—25可知，在价值观异质性、团队过程冲突作为自变量共同解释团队绩效（感知绩效与满意度）模型与单独作为自变量解释团队绩效（感知绩效与满意度）模型比较，价值观异质性对于团队绩效（感知绩效与满意度）的关系由显著（$p<0.001$）减弱为不再显著（$p=0.355$、0.669），可见科研团队过程冲突在价值观异质性与团队绩效（感知绩效与满意度）之间起到完全中介作用。团队过程冲突在科研团队价值观异质性与团队绩效关系中的中介效应得到验证，即科研团队价值观异质性对团队绩效（感知绩效与满意度）的负向影响是通过团队过程冲突起作用的。

按照同样的步骤验证关系冲突在高校科研团队价值观异质性与团队绩效关系的中介效应。在感知绩效、满意度两个维度上检验结果分别如表6—27、表6—27所示。

表6—26　　关系冲突中介价值观异质性与感知绩效关系效用检验结果

	关系冲突	感知绩效		
	模型2	模型1	模型3	模型4
自变量 价值观异质性	0.545***	-0.240***		-0.197
中介作用 关系冲突			-0.187**	-0.080

续表

	关系冲突	感知绩效		
	模型 2	模型 1	模型 3	模型 4
R^2	0.297	0.058	0.035	0.062
调整 R^2	0.294	0.053	0.030	0.053
F 值	86.604***	12.526***	7.413**	6.748**

注：***表示在0.001水平上显著，**表示在0.01水平上显著。

表 6—27　　关系冲突中介价值观异质性与满意度关系效用检验结果

	关系冲突	满意度		
	模型 2	模型 1	模型 3	模型 4
自变量 价值观异质性	0.545***	-0.239**		-0.190
中介作用 关系冲突			-0.194**	-0.090
R^2	0.297	0.057	0.038	0.063
调整 R^2	0.294	0.052	0.033	0.054
F 值	86.604***	12.409**	7.988**	6.836**

注：***表示在0.001水平上显著，**表示在0.01水平上显著。

由表6—26、表6—27可知，在价值观异质性、团队关系冲突作为自变量共同解释团队绩效（感知绩效与满意度）模型与单独作为自变量解释团队绩效（感知绩效与满意度）模型比较，价值观异质性对于团队绩效（感知绩效与满意度）的关系由显著（$p<0.001$）减弱为不再显著（$p=0.16$、0.20），可见科研团队关系冲突在价值观异质性与团队绩效（感知绩效与满意度）之间起到完全中介作用。团队关系冲突在科研团队价值观异质性与团队绩效关系中的中介效应得到验证，即科研团队价值观异质性通过团队关系冲突对团队绩效（感知绩效与满意度）产生负向影响。

4. 科研团队关系冲突、过程冲突在团队社会类别属性异质性与团队绩效中介效应检验

过程冲突、关系冲突在社会类别属性异质性与团队绩效之间的潜在中介效应，按照上文中介绍的中介效应的检验程序，首先应检验自变量社会类别属性异质性与团队绩效之间是否存在显著关系，然后再检验中介变量过程冲突、关系冲突与团队绩效之间的关系，在满足前三步的前提下，再验证过程冲突、关系冲突在社会类别属性异质性与团队绩效之间的中介效应。

根据上文中主效应检验结果，科研团队社会类别属性异质性与团队绩效的回归结果表明，科研团队社会类别属性异质性与团队绩效（感知绩效与满意度）的回归系数均未达到显著水平，表明科研团队社会类别属性异质性对团队感知绩效、满意度的影响不显著，研究假设未能得到支持，即验证过程冲突、关系冲突在科研团队社会类别属性与团队绩效之间中介效用的第一步未能得到满足。即使中介变量过程冲突、关系冲突与团队绩效的关系达到了显著水平，其中介作用仍难以得到验证。有鉴于此，过程冲突、关系冲突在社会类别属性异质性与团队绩效间的中介效用未得到支持。

三　调节效应假设检验

研究假设中调节效应主要涉及对待异质性态度与冲突规范两个研究变量，其中涉及对待异质性态度调节科研团队异质性与团队绩效的关系，冲突规范调节团队冲突与团队绩效的关系，需要依据调节效应的检验方法对对待异质性态度与冲突规范的调节作用进行验证。

1. 调节变量与调节效应

与中介变量作为内部机制不同，调节变量所解释的是一种关系在不同条件下的变化情况，是一种外部机制。调节效应反映的是自变量 X 与因变量 Y 的关系在方向及强度上受到调节变量 M 的影响，简单地讲就是自变量 X 与因变量 Y 的关系是调节变量 M 的函数，调节变量模型如图 6—7 所示。

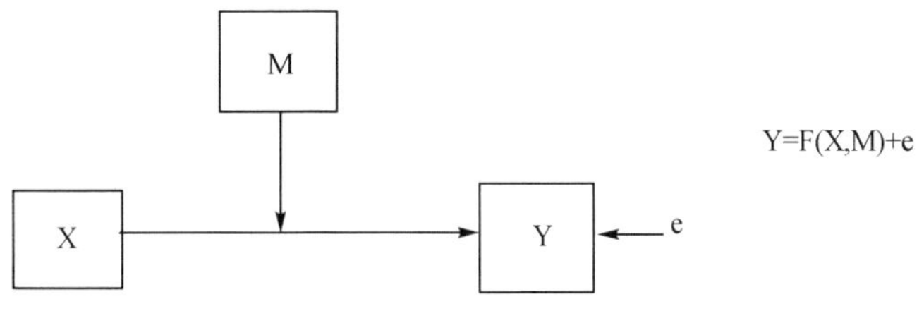

注：资料来源于温忠麟（2005 年）。

图 6—7　调节效应路径图和方程

在图 6—7 中，自变量 X 对因变量 Y 的影响受到调节变量 M 的影响，自变量、因变量与调节变量的关系也可用以下方程描述：

$$Y = aX + bM + cXM + e$$

公式中 c 作为衡量调节效用大小的参数。此模型中调节效应的检验就是要估计和检验 c。如果 c 显著，则说明调节变量 M 的调节效应显著。

根据温忠麟等人关于调节效用检验的方法，对于自变量与因变量都是连续变量的情况，可使用层次回归分析检验调节效用。

运用层次回归分析方法验证调节效用分以下几个步骤：

首先，将自变量与调节变量做中心化处理，并构建自变量与调节变量乘积项；

其次，针对 $Y = aX + bM + cXM + e$，做因变量 Y 对自变量 X 与调节变量 M 的回归，得测定系数 R_1^2；

最后，做因变量 Y 对自变量 X、调节变量 M 和自变量与调节变量乘积项 XM 的回归，得测定系数 R_2^2；

判断调节效用是否显著既可以比较 R_1^2 与 R_2^2，也可以做乘积项 XM 的回归系数检验。若 R_2^2 显著高于 R_1^2，则调节效用显著。或者乘积项 XM 回归系数检验显著，则调节效应显著。

依据上述调节效应检验步骤，本书针对对待异质性态度在科研团队异质性（信息异质性、价值观异质性）与团队绩效（感知绩效、满意度）关系的调节效用、冲突规范对团队冲突（任务冲突、过程冲突、关系冲突）与团队绩效（感知绩效、满意度）关系的调节效应进行验证。

2. 对待异质性态度的调节效应分析

对待异质性态度调节科研团队信息异质性与团队绩效关系研究假设的验证。根据上述调节效应的检验方法与步骤，本书采用层次回归模型检验对待异质性态度对科研团队信息异质性与团队绩效关系的调节作用。在对数据进行中心化的基础上，构建信息异质性与对待异质性态度乘积项，并以团队绩效（感知绩效、满意度）为因变量，在回归模型中依次加入控制变量（团队规模、团队学科属性）、自变量（信息异质性）、调节变量（对待异质性态度）、自变量与调节变量交互项，进行层次回归分析。回归结果如表6—28所示。

表6—28　　对待异质性态度调节信息异质性与感知绩效分析结果

	模型1	模型2	模型3	模型4
团队规模	0.177 *	0.172 **	0.189 **	0.187 **
团队学科属性	-0.031	-0.066	-0.075	-0.075
信息异质性（C）		0.406 ***	0.357 ***	0.302 ***
对待异质性态度（C）			0.167 *	0.159 **
信息异质性×对待异质性态度				0.260 **
R^2	0.033	0.197	0.222	0.362
调整 R^2	0.024	0.185	0.207	0.358
ΔR^2		0.164 ***	0.025 *	0.140 **

注：*** 表示在0.001水平上显著；** 表示在0.01水平上显著；* 表示在0.05水平上显著。

由表6—28可知，模型1中是所属科研团队规模与团队学科属性两个控制变量对团队感知绩效的回归模型；模型2是控制变量与自变量信息异质性对团队感知绩效的回归模型，加入自变量后，模型解释力显著增加，且信息异质性与感知绩效显著正相关，与前文研究结论一致；模型3是控制变量、自变量与调节变量对待异质性态度对团队感知绩效的回归模型，加入调节变量后，模型解释力再次增加，且对待异质性态度与团队感知绩效显著正相关（p 小于 0.05）；模型 4 是加入自变量与调节变量乘积项的回归模型。模型 4 加入交互项后模型的解释力显著提高（ΔR^2 为 0.140，在 0.01 水平上显著），且信息异质性与对待异质性态度的交互项对团队感知绩效具有显著的正向作用（标准化系数为 0.260，p 小于 0.01），可见对待异质性态度在信息异质性与感知绩效关系中具有调节作用。

表 6—29　　对待异质性态度调节信息异质性与满意度分析结果

	模型 1	模型 2	模型 3	模型 4
团队规模	0.106	0.101	0.114	0.113
团队学科属性	-0.069	-0.100	-0.107	-0.107
信息异质性（C）		0.359***	0.321***	0.289***
对待异质性态度（C）			0.132*	0.107*
信息异质性×对待异质性态度				0.270**
R^2	0.017	0.145	0.161	0.311
调整 R^2	0.007	0.132	0.144	0.313
ΔR^2		0.128***	0.016*	0.150**

注：*** 表示在 0.001 水平上显著；** 表示在 0.01 水平上显著；* 表示在 0.05 水平上显著。

对待异质性态度调节信息异质性与满意度分析结果如表 6—29 所示，模型 1 中是所属科研团队规模与团队学科属性两个控制变量对满意度的回归模型；模型 2 是控制变量与自变量信息异质性对满意度的回归模型，加入自变量后，模型解释力显著增加，且信息异质性与满意度显著正相关，与前文研究结论一致；模型 3 是控制变量、自变量与调节变量对待异质性态度对满意度的回归模型，加入调节变量后，模型解释力再次增加，且对待异质性态度与感知绩效具有显著正相关（p 小于 0.05）；模型 4 是加入自变量与调节变量乘积项的回归模型。由表 6—29 中可看出，模型 4 加入交互项后模型的解释力显著提高（ΔR^2 为 0.150，在 0.01 水平上显著），且信息异质性与对待异质性态度的交互项对满意度具有显著的正向作用（标准化系数为0.270，p小于0.01），可见对待异质性态度在信息异质性与满意度关系中具有调节作用。

由此可以得出，对待异质性态度在科研团队信息异质性与团队绩效间起到调节作用，即对待异质性态度越积极的团队，信息异质性对团队绩效的正向作用越显著；在对待异质性态度消极的团队中，信息异质性对团队绩效的正向影响被削弱。

对待异质性态度调节价值观异质性与团队绩效关系的研究假设的验证。在对数据进行中心化的基础上，构建价值观异质性与对待异质性态度乘积项，并以团队绩效（感知绩效、满意度）为因变量，在回归模型中依次加入控制变量（团队规模、团队学科属性）、自变量（价值观异质性）、调节变量（对待异质性态度）、自变量与调节变量交互项，进行层次回归分析，回归结果如表6—30、表6—31所示。

表6—30　对待异质性态度调节价值观异质性与感知绩效分析结果

	模型1	模型2	模型3	模型4
团队规模	0.177 *	0.185 **	0.207 **	0.209 **
团队学科属性	-0.031	-0.024	-0.043	-0.043
价值观异质性（C）		-0.245 ***	-0.207 **	-0.185 *
对待异质性态度（C）			0.239 ***	0.243 ***
价值观异质性×对待异质性态度				-0.046
R^2	0.033	0.093	0.148	0.150
调整 R^2	0.024	0.080	0.131	0.128
ΔR^2		0.060 ***	0.055 ***	0.002

注：***表示在0.001水平上显著；**表示在0.01水平上显著；*表示在0.05水平上显著。

对待异质性态度调节价值观异质性与团队感知绩效分析结果如表6—30所示，模型1中是所属团队规模与团队学科属性两个控制变量对感知绩效的回归模型；模型2是控制变量与自变量价值观异质性对感知绩效的回归模型，加入自变量后，模型解释力显著增加，价值观异质性与感知绩效显著负相关（标准化系数为 -0.245，p 小于 0.001），与前文研究结论一致；模型 3 是控制变量、自变量与调节变量对待异质性态度对感知绩效的回归模型，加入调节变量后，模型解释力再次增加，且对待异质性态度与感知绩效具有显著正相关（标准化系数为 0.239，p 小于 0.001）；模型 4 是加入自变量与调节变量乘积项的回归模型。由表 6—30 可看出，模型 4 加入交互项后模型的解释力并未发现显著提高（ΔR^2 仅为 0.002，p 值未达到显著性水平），且价值观异质性与对待异质性态度的交互项对团队感知绩效的作用也未达到显著水平［标准化系数为 -0.046，p 值（0.537）未达到显著性水平］，可见对待异质性态度在价值观异质性与感知绩效关系中的调节作用不显著。

表 6—31　　对待异质性态度调节价值观异质性与满意度分析结果

	模型 1	模型 2	模型 3	模型 4
团队规模	0.106	0.113	0.131	0.134*
团队学科属性	-0.069	-0.062	-0.077	-0.077
价值观异质性（C）		-0.241***	-0.210**	-0.179*
对待异质性态度（C）			0.193**	0.199**
价值观异质性×对待异质性态度				-0.064
R^2	0.017	0.075	0.110	0.114
调整 R^2	0.007	0.061	0.093	0.092
ΔR^2		0.058***	0.036**	0.003

注：*** 表示在 0.001 水平上显著；** 表示在 0.01 水平上显著；* 表示在 0.05 水平上显著。

对待异质性态度调节价值观异质性与满意度分析结果如表 6—31 所示，模型 1 中是所属科研团队规模与团队学科属性两个控制变量对满意度的回归模型；模型 2 是控制变量与自变量价值观异质性对满意度的回归模型，加入自变量后，模型解释力显著增加，价值观异质性与满意度显著负相关（标准化系数为 -0.241，p 小于 0.001），与前文研究结论一致；模型 3 是控制变量、自变量与调节变量对待异质性态度对团队满意度的回归模型，加入调节变量后，模型解释力度再次增加，且对待异质性态度与满意度具有显著正相关（标准化系数为0.193，p小于0.01）；模型4是加入自变量与调节变量乘积项的回归模型。由表6—31看出，模型4加入交互项后模型的解释力并未发现显著提高［ΔR^2仅为0.003，p值（0.396）不显著］，且价值观异质性与对待异质性态度的交互项对满意度的作用也未达到显著水平，可见对待异质性态度在价值观异质性与满意度关系中的调节作用不显著。

由上述分析过程及结果可知，对待异质性态度在价值观异质性与团队绩效（感知绩效、满意度）关系中的调节作用在本书中未得到支持。

对待异质性态度调节科研团队社会类别属性异质性与团队绩效关系的研究假设，由于社会类别属性异质性与团队绩效间的关系未达到显著水平，调节效用不做分析。

3. 冲突规范的调节效应分析

冲突规范调节任务冲突与团队绩效关系研究假设的验证。针对冲突规范调节任务冲突与团队绩效的效应分析，需要在对数据进行中心化的基础上，构建团队任务冲突与冲突规范乘积项，并以团队绩效（感知绩效、满意度）为因变量，在回归模型中依次加入控制变量（团队规模、团队学科属性）、自变量（任务冲突）、调节变量（冲突规范）、自变量与调节变量交互项，进行层次回归分析。回归结果如表6—32、表6—33所示。

冲突规范调节任务冲突与感知绩效关系的分析结果如表6—32所示，模型1中是所属科研团队规模与团队学科属性两个控制变量对感知绩效的回归模型；模型2是控制变量与自变量团队任务冲突对感知绩效的回归模型，加入自变量后，模型解释力显著增加，任务冲突与感知绩效显著正相关（标准化系数为0.584，p小于0.001），与前文研究结论一致；模型3是控制变量、自变量与调节变量冲突规范对感知绩效的回归模型，加入调节变量后，模型解释力再次增加，且冲突规范与团队感知绩效显著正相关（标准化系数为0.487，p小于0.001）；模型4是加入自变量与调节变量乘积项的回归模型。由表6—32可看出，模型4加入交互项后模型的解释力并未发现显著提高（ΔR^2 仅为 0.004，p 值未达到显著性水平），且任务冲突与冲突规范的交互项对感知绩效的作用也未达到显著水平［标准化系数为 0.067，p 值（0.190）未达到显著性水平］，可见冲突规范在任务冲突与感知绩效关系中的调节作用不显著。

表 6—32　　冲突规范调节任务冲突与感知绩效分析结果

	模型 1	模型 2	模型 3	模型 4
团队规模	0.177 *	0.109	0.119 *	0.122 *
团队学科属性	-0.031	-0.079	-0.067	-0.066
任务冲突（C）		0.584 ***	0.244 **	0.245 **
冲突规范（C）			0.487 ***	0.497 ***
任务冲突 × 冲突规范				0.067
R^2	0.033	0.368	0.490	0.495
调整 R^2	0.024	0.359	0.480	0.482
ΔR^2		0.335 ***	0.122 ***	0.004

注：*** 表示在 0.001 水平上显著；** 表示在 0.01 水平上显著；* 表示在 0.05 水平上显著。

表 6—33　　冲突规范调节任务冲突与满意度分析结果

	模型 1	模型 2	模型 3	模型 4
团队规模	0.106	0.172 **	0.138 **	0.140 **
团队学科属性	-0.069	-0.066	-0.074	-0.072
任务冲突（C）		0.406 ***	0.268 ***	0.264 ***
冲突规范（C）			0.592 ***	0.591 ***
任务冲突 × 冲突规范				0.020
R^2	0.017	0.302	0.470	0.471
调整 R^2	0.007	0.292	0.460	0.458
ΔR^2		0.285 ***	0.168 ***	0.001

注：*** 表示在 0.001 水平上显著；** 表示在 0.01 水平上显著；* 表示在 0.05 水平上显著。

冲突规范调节任务冲突与满意度分析结果如表6—33所示，模型1中是所属科研团队规模与团队学科属性两个控制变量对满意度的回归模型；模型2是控制变量与自变量团队任务冲突对满意度的回归模型，加入自变量后，模型解释力显著增加，任务冲突与满意度显著正相关（标准化系数为0.406，p小于0.001），与前文研究结论一致；模型3是控制变量、自变量与调节变量团队冲突规范对满意度的回归模型，加入调节变量后，模型解释力再次增加，且冲突规范与团队满意度显著正相关（标准化系数为0.592，p小于0.001）；模型4是加入自变量与调节变量乘积项的回归模型。由表6—33可看出，模型4加入交互项后模型的解释力并未发现显著提高（ΔR^2仅为0.001，p值未达到显著性水平），且任务冲突与冲突规范的交互项对满意度的作用也未达到显著水平［标准化系数为0.020，p值（0.685）未达到显著性水平］，可见冲突规范在任务冲突与满意度关系中的调节作用不显著。

由上述分析过程及结果可知，冲突规范在任务冲突与团队绩效（感知绩效、满意度）关系中的调节作用在本书中未得到支持。

冲突规范调节过程冲突与团队绩效研究假设的验证。针对冲突规范调节过程冲突与团队绩效的效应分析，在对数据进行中心化的基础上，构建团队过程冲突与冲突规范乘积项，并以团队绩效（感知绩效、满意度）为因变量，在回归模型中依次加入控制变量（团队规模、团队学科属性）、自变量（过程冲突）、调节变量（冲突规范）、自变量与调节变量交互项，进行层次回归分析。回归结果如表6—34、表6—35所示。

冲突规范调节过程冲突与感知绩效关系的分析结果如表6—34所示，模型1中是所属科研团队规模与团队学科属性两个控制变量对感知绩效的回归模型；模型2是控制变量与自变量团队过程冲突对感知绩效的回归模型，加入自变量后，模型解释力显著增加，过程冲突与感知绩效负相关，与前文研究结论一致；模型3是控制变量、自变量与调节变量冲突规范对感知绩效的回归模型，加入调节变量后，模型解释力再次增加，且冲突规范与感知绩效显著正相关（p小于0.001）；模型4是加入自变量与调节变量乘积项的回归模型。由表6—34可看出，模型4加入交互项后模型的解释力显著提高（ΔR^2 为 0.013，在 0.05 水平上显著），且过程冲突与冲突规范的交互项对感知绩效具有显著的正向作用（标准化系数为 0.126，p 小于 0.05），可见冲突规范在过程冲突与感知绩效关系中具有调节作用。

冲突规范调节过程冲突与满意度分析结果如表 6—35 所示，模型 1 中是团队规模与团队学科属性两个控制变量对满意度的回归模型；模型 2 是控制变量与自变量团队过程冲突对满意度的回归模型，加入自变量后，模型解释力显著增加，过程冲突与满意度负相关，与前文研究结论一致；模型 3 是控制变量、自变量与调节变量冲突规范对满意度的回归模型，加入调节变量后，模型解释力再次增加，且冲突规范与满意度具有显著正相关（p 小于 0.001）；模型 4 是加入自变量与调节变量乘积项的回归模型。由表 6—35 可看出，模型 4 加入交互项后模型的解释力显著提高（ΔR^2 为 0.010，在 0.05 水平上显著），且过程冲突与冲突规范的交互项对满意度具有显著的正向作用（标准化系数为 0.111，p 小于 0.05），可见冲突规范在过程冲突与满意度关系中具有调节作用。

表 6—34　　冲突规范调节过程冲突与感知绩效分析结果

	模型 1	模型 2	模型 3	模型 4
团队规模	0.177 *	0.129	0.128 *	0.123 *
团队学科属性	-0.031	-0.031	-0.051	-0.045
过程冲突		-0.322 ***	-0.081	-0.156 *
冲突规范（C）			0.624 ***	0.608 ***
过程冲突 × 冲突规范				0.126 *
R^2	0.033	0.135	0.466	0.479
调整 R^2	0.024	0.122	0.455	0.467
ΔR^2		0.101 ***	0.331 ***	0.013 *

注：*** 表示在 0.001 水平上显著；** 表示在 0.01 水平上显著；* 表示在 0.05 水平上显著。

表 6—35　　冲突规范调节过程冲突与满意度分析结果

	模型 1	模型 2	模型 3	模型 4
团队规模	0.106	0.049	0.047	0.039
团队学科属性	-0.069	-0.069	-0.089	-0.078
过程冲突（C）		-0.382 ***	-0.146 **	-0.192 **
冲突规范（C）			0.612 ***	0.581 ***
过程冲突 × 冲突规范				0.111 *
R^2	0.017	0.159	0.478	0.488
调整 R^2	0.007	0.147	0.467	0.475
ΔR^2		0.142 ***	0.318 ***	0.010 *

注：*** 表示在 0.001 水平上显著；** 表示在 0.01 水平上显著；* 表示在 0.05 水平上显著。

通过表 6—34、表 6—35 可知，冲突规范在过程冲突与团队绩效（感知绩效、满意度）关系中具有减弱调节作用。在冲突规范程度越高的团队中，过程冲突对团队绩效的负向影响越不明显；在冲突规范程度越低的团队中，过程冲突对团队绩效的负向影响越明显。

冲突规范调节关系冲突与团队绩效研究假设的验证。采用层次回归模型检验冲突规范对关系冲突与团队绩效关系的调节作用，需要在对数据进行中心化的基础上，构建关系冲突与冲突规范乘积项，并以团队绩效（感知绩效、满意度）为因变量，在回归模型中依次加入控制变量（团队规模、团队学科属性）、自变量（团队关系冲突）、调节变量（冲突规范）、自变量与调节变量交互项，进行层次回归分析，回归结果如表 6—36、表 6—37 所示。

冲突规范调节关系冲突与感知绩效分析结果如表 6—36 所示，模型 1 中是团队规模与团队学科属性两个控制变量对感知绩效的回归模型；模型 2 是控制变量与自变量团队关系冲突对感知绩效的回归模型，加入自变量后，模型解释力显著增加，关系冲突与感知绩效显著负相关（标准化系数为 -0.169，p 小于 0.05）；模型 3 是控制变量、自变量与调节变量冲突规范对感知绩效的回归模型，加入调节变量后，模型解释力再次增加，且冲突规范与感知绩效具有显著正相关（标准化系数为 0.665，p 小于0.001)；模型4是加入自变量与调节变量乘积项的回归模型。由表6—36可看出，模型4加入交互项后模型的解释力并未发现显著提高（ΔR^2仅为0.001，p值未达到显著性水平），且关系冲突与冲突规范的交互项对感知绩效的作用也未达到显著水平［标准化系数为0.035，p值（0.536）未达到显著性水平］，可见冲突规范在关系冲突与感知绩效关系中的调节作用不显著。

表6—36　冲突规范调节关系冲突与感知绩效分析结果

	模型1	模型2	模型3	模型4
团队规模	0.177*	0.154*	0.142**	0.139**
团队学科属性	-0.031	-0.043	-0.050	-0.050
关系冲突（C）		-0.169*	0.033	0.019
冲突规范（C）			0.665***	0.658***
关系冲突×冲突规范				0.035
R^2	0.033	0.061	0.461	0.462
调整 R^2	0.024	0.047	0.450	0.449
ΔR^2		0.028*	0.400***	0.001

注：***表示在0.001水平上显著；**表示在0.01水平上显著；*表示在0.05水平上显著。

表6—37　冲突规范调节关系冲突与满意度分析结果

	模型1	模型2	模型3	模型4
团队规模	0.106	0.080	0.067	0.066
团队学科属性	-0.069	-0.082	-0.089	-0.089
关系冲突（C）		-0.188**	0.016	0.008
冲突规范（C）			0.672***	0.668***
关系冲突×冲突规范				0.019
R^2	0.017	0.051	0.460	0.461
调整 R^2	0.007	0.037	0.450	0.447
ΔR^2		0.035**	0.409***	0.001

注：***表示在0.001水平上显著；**表示在0.01水平上显著。

冲突规范调节关系冲突与满意度关系的分析结果如表6—37所示，模型1中是团队规模与团队学科属性两个控制变量对满意度的回归模型；模型2是控制变量与自变量团队关系冲突对满意度的回归模型，加入自变量后，模型解释力显著增加，关系冲突与满意度显著负相关（标准化系数为-0.188，p小于0.01）；模型3是控制变量、自变量与调节变量冲突规范对满意度的回归模型，加入调节变量后，模型解释力再次增加，且冲突规范与满意度具有显著正相关（标准化系数为0.672，p小于0.001）；模型4是加入自变量与调节变量乘积项的回归模型。由表6—37可看出，模型4加入交互项后模型的解释力并未发现显著提高（ΔR^2为0.001，p值未达到显著性水平），且关系冲突与冲突规范的交互项对满意度的作用也未达到显著水平［标准化系数为0.019，p值（0.733）未达到显著性水平］，可见冲突规范在关系冲突与满意度关系中的调节作用不显著。

由上述分析过程及结果可知，冲突规范在关系冲突与团队绩效（感知绩效、满意度）关系中的调节作用未得到支持。

第四节　研究结果汇总与讨论

一　假设检验总结

本书基于社会认同理论、自我类化理论、相似相吸等理论为基础的社会类化过程和以团队决策理论为基础的团队决策过程，以及社会资本理论相关内容，通过对科研团队异质性、团队冲突、团队绩效和对待异质性态度、冲突规范等变量间的关系进行综合分析，为揭示科研团队异质性对于团队绩效的影响机理，提出了一系列研究假设。以调查问卷的方式收集研究数据，在对所使用的量表进行信度、效度分析的基础上，利用综合分析方法对各研究假设进行了一一验证。研究假设验证的分析结果如表6—38示。

根据实证分析结果与研究假设的验证支持情况，绘制本书高校科研团队异质性对团队绩效影响机理验证结果模型（如图6—38所示）。

表 6—38　　研究假设检验结果汇总表

编号	假设描述	检验结果
H1a	科研团队信息异质性与感知绩效显著正相关	支持
H1b	科研团队信息异质性与满意度显著正相关	支持
H2a	科研团队价值观异质性与感知绩效显著负相关	支持
H2b	科研团队价值观异质性与满意度显著负相关	支持
H3a	科研团队社会类别属性异质性与感知绩效显著负相关	未支持
H3b	科研团队社会类别属性异质性与满意度显著负相关	未支持
H4	科研团队信息异质性与团队任务冲突显著正相关	支持
H5a	科研团队价值观异质性与任务冲突显著正相关	未支持
H5b	科研团队价值观异质性与过程冲突显著正相关	支持
H5c	科研团队价值观异质性与关系冲突显著正相关	支持
H6	科研团队社会类别异质性与团队关系冲突显著正相关	未支持
H7a	科研团队任务冲突与感知绩效显著正相关	支持
H7b	科研团队任务冲突与满意度显著正相关	支持
H8a	科研团队过程冲突与感知绩效显著负相关	支持
H8b	科研团队过程冲突与满意度显著负相关	支持
H9a	科研团队关系冲突与感知绩效显著负相关	支持
H9b	科研团队关系冲突与满意度显著负相关	支持
H10	任务冲突中介作用信息异质性与团队绩效	支持
H11	关系冲突、过程冲突中介价值观异质性与团队绩效	支持
H12	关系冲突、过程冲突中介社会类别属性异质性与团队绩效	未支持
H13a	对待异质性态度强化调节科研团队信息异质性与团队绩效的关系	支持
H13b	对待异质性态度弱化调节科研团队价值观异质性与团队绩效的关系	未支持
H13c	对待异质性态度弱化调节科研团队社会类别属性异质性与团队绩效的关系	未支持
H14a	冲突规范强化调节任务冲突与团队绩效的关系	未支持
H14b	冲突规范弱化调节过程冲突与团队绩效的关系	支持
H14c	冲突规范弱化调节关系冲突与团队绩效的关系	未支持

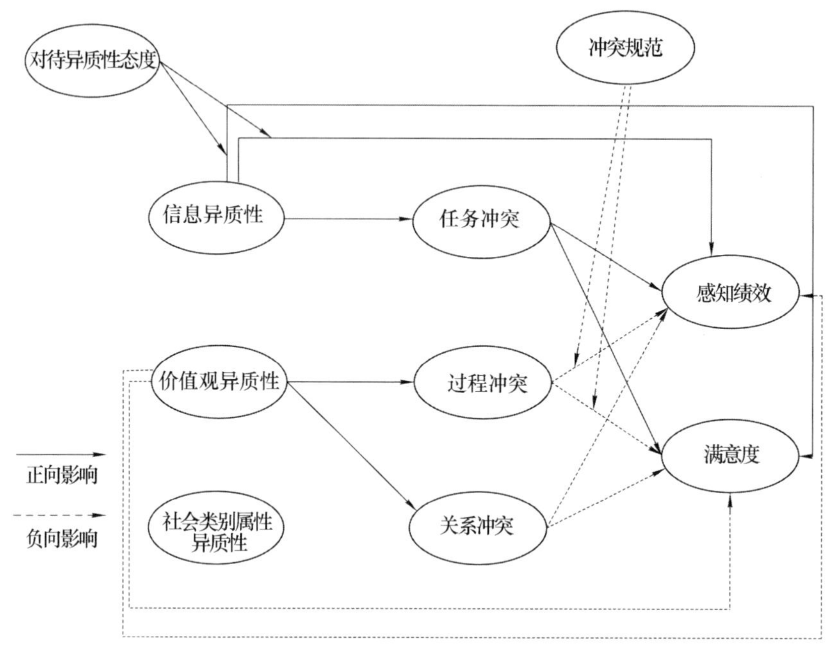

图6—8　研究假设验证结果模型

二　假设检验结果讨论

1. 团队异质性与团队绩效关系分析结果与讨论

本书针对科研团队团队属性与工作性质，按照Jehn的经典研究，将团队异质性定位在信息异质性、价值观异质性与社会类别属性异质性三个维度，参照成熟量表对科研团队异质性进行评价。通过回归分析发现，科研团队信息异质性与团队绩效（感知绩效与满意度）标准化回归系数分别是0.402和0.351，p小于0.001。科研团队信息异质性与团队绩效存在显著的正向影响关系，与Jehn、陈睿、刘惠琴等多数学者的研究结论一致。

在回归分析模型中，科研团队价值观异质性与团队绩效（感知绩效与满意度）标准化回归系数分别是-0.240、-0.239，p小于0.001，表明科研团队价值观异质性对团队绩效存在显著的负向影响，这一结论与Jehn、Hobman、Bordia和Gallois以及国内学者郑强国、丁文涵等人的研究结果一致。

与Jehn、张平等学者关于团队社会类别属性异质性对团队结果变量产生负向影响不同，本书中提出的关于科研团队社会类别属性异质性与团队绩效间的负向影响未得到验证。科研团队社会类别属性异质性与团队绩效的回归结果表明，科研团队社会类别属性异质性与团队绩效（感知绩效与满意度）的回归系数未达到显著水平。出现这一结果可能与团队所属的文化氛围有关，受特定文化影响，团队成员在年龄、性别、职称与学历层次等显性属性异质性引发团队关系冲突进而影响团队绩效的推论并不是一种必然，Joseph 等学者基于新加坡文化背景下研究团队性别、年龄、种族等属性上的团队异质性对团队绩效的影响，研究结果也显示两者并不存在显著相关关系。

由此可见，科研团队在成员所学专业、研究方向与特长等因素的差异和分布广泛的学缘结构能够对团队绩效产生积极影响；团队成员在工作价值观、生活价值观、集体观念与工作责任感等方面的差异则可能对团队绩效产生消极影响；而科研团队成员在年龄、职称与学历层次等方面的差异对团队绩效的影响不是特别明显。

2. 团队冲突与团队绩效关系分析结果与讨论

本书参照 Jehn 关于团队冲突的经典分类，将团队冲突分为任务冲突、过程冲突与关系冲突三种类型，结合科研团队的团队性质与工作属性，对团队冲突的测量量表进行了微调。实证分析中对团队冲突与团队绩效的关系进行了回归分析。

关于科研团队冲突与团队绩效的关系，回归分析结果显示，科研团队任务冲突与团队绩效（感知绩效与满意度）标准化回归系数分别是 0.591、0.536，且 p 小于 0.001，表明科研团队任务冲突有助于团队绩效的提升；而过程冲突与关系冲突则相反，科研团队过程冲突与团队绩效（感知绩效与满意度）标准化回归系数分别是 −0.342、−0.390，且 p 小于 0.001，科研团队关系冲突与团队绩效（感知绩效与满意度）标准化回归系数分别是 −0.187、−0.194，且 p 小于 0.01，充分表明科研团队过程冲突与关系冲突对团队绩效产生显著的负向影响。

关于科研团队冲突与团队绩效的统计分析结果与 Jehn 经典研究结论一致，团队冲突既通过任务冲突对团队绩效产生积极影响，同样也可以通过关系冲突、过程冲突对团队绩效产生消极影响，符合团队冲突研究中“混合”影响的性质，也符合关于团队冲突作用多元化的认知。

3. 团队冲突中介效用的分析结果与讨论

团队冲突在团队异质性与团队绩效关系中的中介效用，是传统D－C－P研究模型的关键所在，本书通过逐步回归方法对团队冲突的中介效用进行检验。检验结果显示任务冲突中介科研团队信息异质性与团队绩效的关系，科研团队价值观异质性对团队绩效的负向影响则是通过过程冲突与关系冲突传递的。

在验证科研团队任务冲突中介信息异质性与团队绩效效用时，在满足信息异质性与团队绩效相关关系达到显著水平后，团队信息异质性与任务冲突的相关关系（标准化回归系数为0.442，p小于0.001）、团队任务冲突与团队绩效相关关系（团队任务冲突与感知绩效与满意度标准化回归系数分别是0.591、0.536，p小于0.001）都达到显著水平，最后一步把自变量信息异质性与中介变量团队任务冲突同时纳入回归方程，信息异质性对感知绩效的标准化系数降低到0.175，显示团队任务冲突部分中介团队信息异质性与感知绩效的关系；信息异质性对满意度的影响则不再显著，可见科研团队任务冲突在信息异质性与满意度之间完全中介。总之，科研团队任务冲突在信息异质性与团队绩效间的中介作用得到验证。

同样，过程冲突与关系冲突中介团队价值观异质性与团队绩效的负向影响也得到了验证。在对团队价值观异质性与团队绩效、过程冲突与团队绩效、价值观异质性与过程冲突关系显著性检验后，价值观异质性、团队过程冲突作为自变量共同解释团队绩效（感知绩效与满意度）模型与单独作为自变量解释团队绩效（感知绩效与满意度）模型比较，价值观异质性对于团队绩效（感知绩效与满意度）的关系由显著（$p<0.001$）减弱为不再显著（$p=0.355$、0.669），可见科研团队过程冲突在价值观异质性与团队绩效（感知绩效与满意度）之间起到完全中介作用。在价值观异质性、关系冲突作为自变量共同影响团队绩效（感知绩效与满意度）时，价值观异质性对感知绩效与满意度的标准化系数降到－0.197和－0.190，p值小于0.05，可见关系冲突在团队价值观异质性与团队绩效之间部分中介。

针对团队冲突在科研团队异质性与团队绩效间的中介效用，本书通过分析验证了团队任务冲突中介团队信息异质性与团队绩效的正向影响，过程冲突、关系冲突中介价值观异质性与团队绩效的负向影响，与 Jehn 的经典研究结论一致。

关于科研团队关系冲突中介社会类别属性异质性与团队绩效的关系，因为社会类别属性异质性与团队绩效、社会类别属性异质性与关系冲突的影响均未达到显著水平，从而在本书中未得到验证。美国学者 Hewitt 在其博士学位论文中同样未能证实关系冲突对两者的中介效应。

4. 对待异质性态度调节效用的分析结果与讨论

对待异质性态度作为团队成员对异质性主观认知诸多变量中的一个重要变量，反映团队成员对异质性所持有的持久的评价，对团队异质性作用的发挥具有重要影响，本书借鉴 Van Oudenhoven、邓渝等学者对待异质性态度测量量表，针对科研团队的实际特征稍作调整，采用层次回归分析方法对其调节作用进行验证。在对样本数据进行中心化的基础上，通过逐步构建包含控制变量、团队异质性、对待异质性态度和团队异质性与对待异质性态度乘积项等解释变量的回归模型，结果发现：

加入信息异质性与对待异质性态度乘积项对感知绩效的回归模型中，加入交互项后模型的解释力显著提高（ΔR^2 为 0.140，在 0.01 水平下显著），且信息异质性与对待异质性态度的交互项对感知绩效具有显著的正向作用（标准化系数为 0.260，p 小于 0.01），可见对待异质性态度在信息异质性与感知绩效关系中具有调节效用；信息异质性与对待异质性态度乘积项对团队满意度的回归模型中，加入交互项后模型的解释力显著提高（ΔR^2 为 0.150，在 0.01 水平上显著），且信息异质性与对待异质性态度的交互项对满意度具有显著的正向作用（标准化系数为 0.260，p 小于 0.01），可见对待异质性态度在信息异质性与满意度关系中具有调节效用。可见，对待异质性态度在科研团队信息异质性与团队绩效关系中起到强化作用，即对待异质性态度越积极，由科研团队信息异质性对团队绩效引发的正向影响越显著。

但对待异质性态度对价值观异质性、社会类别属性异质性与团队绩效的调节作用未得到验证。对待异质性态度调节价值观异质性与团队绩效结果中，加入交互项后模型的解释能力并未发现显著提高，交互项对团队绩效（感知绩效与满意度）的作用也未达到显著水平，可见对待异质性态度在价值观异质性与团队绩效关系中的调节效用不显著。至于对待异质性态度对社会类别属性异质性与团队绩效的调节作用，因异质性与团队绩效之间关系未达到显著水平，同样不能得到支持。

关于对待异质性态度的调节作用，业内学者进行的实证研究并不多见，邓渝与其合作者验证过团队成员对待异质性态度在异质性程度与团队任务绩效关系中的调节作用，团队成员对待异质性态度越积极，则异质性程度与团队任务绩效的正向关系越密切，但也仅限于国籍与性别等显性特征异质性方面。由于团队成员价值观具有相对稳定性，成员价值观异质性在短期内不易受特定因素影响，因而对待异质性态度对科研团队价值观异质性与团队绩效的调节未获验证，属于正常的可解释范围之内。

5. 冲突规范的调节作用

本书将冲突规范定义为团队及其成员认识、处理团队冲突过程中所遵循的规则、准则的总称，是团队及其成员普遍认可、接受的具有一般约束力的行为准则，包括团队开放、团队合作与抑制冲突转化三个维度。借鉴团队氛围概念中团队开放量表、团队冲突管理策略中合作量表及在质性访谈基础上形成的抑制冲突转化相关题项，构建科研团队冲突规范量表。通过实证研究，对团队冲突规范在团队冲突与团队绩效间的调节作用按照层次回归分析方法进行了验证。

在任务冲突、过程冲突、关系冲突三种冲突类型与团队绩效三种关系中，团队冲突规范仅调节了团队过程冲突与团队绩效的关系。加入过程冲突与冲突规范乘积项的回归模型中，模型的解释力显著提高（ΔR^2为0.013，在0.05水平上显著），且过程冲突与冲突规范的交互项对感知绩效具有显著的正向作用（标准化系数为0.126，p小于0.05），可见冲突规范在过程冲突与感知绩效关系中具有调节效用；同样，过程冲突与冲突规范乘积项的回归模型中，模型的解释力显著提高（ΔR^2为0.010，在0.05水平上显著），且过程冲突与冲突规范的交互项对满意度具有显著的正向作用（标准化系数为0.111，p小于0.05），可见冲突规范在过程冲突与满意度关系中具有调节效用。

冲突规范调节团队任务冲突、关系冲突与团队绩效关系的假设未得到验证，在构建任务冲突、关系冲突与冲突规范乘积项加入回归模型后，回归模型的解释能力未能得到提升，且交互项对团队绩效（感知绩效、满意度）的回归达不到最低的显著水平。本书关于冲突规范的调节作用只得到部分验证。

冲突规范在过程冲突与团队绩效间的关系中调节效应显著，而在任务冲突与关系冲突与团队绩效间关系调节效用未达到显著水平。可能存在的原因主要来自两个方面：一是现有科研团队关于科研团队任务冲突功能的认知相对成熟，对任务冲突对团队绩效产生积极影响有充分的认识，对冲突与绩效之间的关系的调节作用不显著；二是科研团队中存在的关系冲突对团队绩效的负向影响虽在统计意义上达到显著水平，但作用力度并不强，也有可能造成冲突规范调节作用的不显著。

第七章

管理对策

根据前文的研究结论，高校科研团队异质性尤其是体现团队成员受专业背景、学缘结构、研究方向与特长等方面差异的信息异质性能够对团队绩效产生显著的促进作用；团队冲突在高校科研团队异质性与团队绩效之间起到中介作用，其中任务冲突中介信息异质性对团队绩效的正向影响，过程冲突、关系冲突中介价值观异质性对团队绩效的负向影响；作为团队成员对团队异质性主观认知的对待异质性态度能够正向调节团队信息异质性与团队绩效的关系；冲突规范则对团队过程冲突与团队绩效之间的负向影响起到消减作用。本书的主要研究内容虽是揭示团队异质性对团队绩效的影响机理，但最终目的是在验证对待异质性态度与冲突规范调节作用的基础上，对优化高校异质性科研团队管理，充分发挥团队异质性积极影响，抑制团队异质性破坏性影响，提升团队创新绩效提出管理启示，本部分内容分别针对高校科研管理部门、团队负责人、团队成员就组建、优化高校异质性科研团队管理提出建议。

第一节　对高校科研管理部门的管理建议

虽然关于团队异质性对团队绩效的影响关系在学界尚未取得一致结论，但反映团队成员在教育背景、职业经验、工作经历等方面差异的信息异质性对团队绩效能够产生显著的促进作用已逐渐成为共识。本书研究结论再次证实了这一点：反映高校科研团队成员间受专业背景、学缘结构、研究方向与特长等方面差异的信息异质性对团队绩效产生显著正向影响。

通过组建异质性科研团队，团队成员间多元的知识与技能储备，在团队活动过程中通过学术交流与知识融合，可以有效弥补单个成员的知识欠缺，综合提升科研团队解决复杂学术问题的能力，有利于团队实现综合性研究项目上的突破创新；科研团队成员间研究特长与学术方向上的差异，有利于成员间在学术合作中实现优势互补，强强联合，大大提升团队攻坚克难的科研能力；不同学科专业、教育背景、职业经验的团队成员在一起，通过学术碰撞与交流，激发团队创新思想，对于开拓研究思路，提升理论创新品质具有重要影响；不同毕业院校毕业的团队成员组成科研团队，也能够为团队带来更多外部社会资本。

普遍存在于团队成员间的社会类别属性异质性与价值观异质性虽难以避免，但可以通过管理手段弱化其负向影响。体现成员间工作价值观、责任感、集体荣誉感等差异的价值观异质性能够对团队绩效产生消极影响；团队成员在性别、年龄、职称与学历层次等社会类别属性异质性对团队绩效的影响虽未获验证，依据以往研究结论，仍存在潜在的负向影响。通过营造积极的团队氛围与建立完善沟通机制等管理措施，能够有效遏制其负向影响，最大限度地激发高校科研团队异质性的功能性影响。由此可见，组建异质性科研团队是适应现代科技发展与组织机构变革的必然要求，是提升高校科研团队绩效的基础与前置性步骤。

但当前高校现实环境中，在科研团队组建方面却存在学科近亲繁殖、成员功能同化、研究成果单一等现象，科研团队组建过程中异质性趋势不明显，团队异质性对团队绩效的积极影响更无从谈起。作为承担高校科研管理职能的高校科研管理部门，应明确在组建异质性科研团队过程中的功能定位与工作职责，强化角色认知，促进高校异质性科研团队组建，提升高校科研创新绩效与成果质量。

一　发挥桥梁纽带作用，加强协调，促进异质性团队组建

现代科学技术交叉、融合的发展趋势对高校科研团队的组建提出新的要求与挑战：科研团队科研手段与知识储备不仅要有深度，更要有宽度；研究目标不但要解决单一学术问题，更需要解决日益复杂、综合性

的社会问题；团队成员既要能够独立开展学术研究，更需具备合作攻关的素质；科研团队既要具备学科属性，又要突破学科属性限制。组建跨学科、跨单位的异质性科研团队，虽有学术研究的自然驱动，但高校科研管理部门应发挥更大的作用。针对跨学科、跨单位的异质性科研团队组建，科研人员之间彼此缺乏了解，需要科研管理部门为异质性团队组建筛选、推介相关教师与研究人员，使研究团队尽快成型。同时，协调团队组建过程中各方利益关系，为异质性科研团队组建扫除各种障碍，促使异质性科研团队顺利完成组建。

二　积极创造条件，强化正向引领，促进团队合作精神的培育

团队合作精神是团队的灵魂，是科研团队成功与否的关键所在，对高校异质性科研团队尤为重要。团队合作精神的培育与形成，不仅需要团队成员与管理者精心营造，更需要作为高校科研管理部门创造良好的外部环境，为异质性科研团队合作精神的形成与发扬创造条件、营造氛围。引导异质性团队成员认识到团队合作是现代科学技术发展趋势的必然要求，团队合作精神是团队得以发展的必备条件，单靠个人的知识储备、技能特长、时间精力难以满足重大科研项目研究的需求，必须依靠团队成员在共同团队目标和精神感召下，通过异质性团队成员间联合攻关、相互协作，才能攻克科研难题。通过奖惩等管理活动实现对异质性科研团队成员合作精神养成的引导，通过激励与约束政策的制定与实施，最大限度地调动异质性团队成员合作积极性，促使团队成员紧紧围绕团队中心工作与共同目标，在工作中相互协调、生活中相互关照、利益中相互礼让，共同推动团队绩效目标的实现。作为科研管理部门，创造条件支持科研团队工作，引领团队形成共同的团队目标与行为信念，促使团队中统一意志与个人兴趣爱好相衔接、维护团队奋斗目标与营造个人发展空间相结合，促使团队合作氛围逐渐浓郁，凝聚力不断提升。

三　优化管理政策设计，强化激励与评估，提升异质性团队绩效

管理政策是团队行为的标杆与导向，高校科研管理部门的政策导向对高校异质性团队建设具有重要影响，高校科研管理部门应对异质性科

研团队组建强化激励与评估，促进异质性团队组建。将组建异质性科研团队作为承担重大科研项目的必备条件，在遴选科研团队过程中明确对科研团队异质性的要求，对异质性科研团队在项目任务分配、项目资金等方面予以支持。加强对异质性科研团队管理过程政策指导，在团队组建、异质性功能发挥、团队合作机制等方面给予有效指导，促进异质性科研团队管理过程优化，充分发挥团队异质性积极影响，抑制团队异质性潜在负面影响。同时，在团队发展与绩效评估过程中，强调团队成长性评价和科研成果综合性、集成性评估，到逼异质性团队组建与管理优化。

第二节　对高校异质性科研团队负责人的管理建议

学界关于团队冲突作用的认识日渐成熟、全面，团队冲突对团队绩效的作用不仅与团队冲突水平有关，还与团队冲突类型具有直接关系。本书按照任务冲突、过程冲突与关系冲突的三维结构研究团队冲突与团队绩效的关系，无论是案例研究还是实证分析，都验证了团队任务冲突对团队绩效的正向影响，而过程冲突与关系冲突对团队绩效产生负向影响。同时，关于团队如何认识与应对团队冲突的冲突规范在团队冲突与团队绩效的调节作用也得到部分验证，可见，对高校科研团队运营与发展负有主要领导责任的团队负责人而言，加强对团队冲突的管理是优化异质性科研团队管理的重要内容，在科研团队冲突管理方面应注意以下几点。

一　正确认识科研团队冲突的作用

避免对团队冲突影响的单一认知。关于团队冲突的传统认知以负面为主，关于团队冲突的认识普遍是功能紊乱、非理性抵触等破坏性标签，对于可能出现的团队冲突，在团队过程中竭力阻止；对业已存在的团队冲突不能够正确面对，以寻找冲突因素与解决方法为主，企图降低团队冲突的影响。关于团队冲突的认识发展至20世纪70年代，开始认为团队冲突不仅是现代组织中不可避免的，且存在对团队绩效产生积极动力的潜在可能性，应当正确认识与积极接纳团队冲突。现代团队冲突理论认为，团队冲突对团队绩效的影响不能一概而论，团队冲突既存在破坏性作用的过程冲突与关系冲突因素，同时也存在能够对团队绩效产生积极作用的任务冲突因素，团队冲突对团队绩效的影响除受冲突类别影响之外，还受团队冲突水平、冲突管理等因素制约。

本书借鉴前人研究成果，将团队冲突分为任务冲突、过程冲突与关系冲突，在研究中证实团队成员因对工作的观点、想法、判断意见不一而引发的任务冲突能够对团队绩效产生积极影响。因为团队成员间存在关于任务内容、实现方法等方面的冲突认知，能够提升对团队任务的认识水平，丰富团队目标实现路径选择，对团队绩效产生积极影响。

反映团队成员间有关任务执行、责任分工、资源分配的冲突行为和团队成员感知到人际关系上的不和谐或不一致，冲突伴随着情感的紧张、敌意、愤怒等情绪特征的关系冲突对团队绩效产生消极影响。因为当团队成员感知责任划分与资源分配不公时，就会对其他成员产生敌意甚至愤怒等负面情绪，造成人际关系紧张，不仅会凸显过程冲突与关系冲突的负面影响，而且会减弱任务冲突的功能性影响。在团队管理过程中应通过冲突规范等管理措施让团队冲突保持在可以接受的范围内，弱化其对团队绩效的消极影响。在不否认团队冲突消极影响的前提下，保证一定水平的团队冲突能够激发团队生命力与创造力，尤其是对从事学术创新的科研团队而言。

由此可见，团队冲突对团队绩效的影响是复合的，既有正向影响的任务冲突，也存在关系冲突与过程冲突等对团队绩效产生负面影响的冲突类型；同时团队冲突对团队绩效的影响还受到冲突规范等管理方式的影响。正确认识科研团队冲突的作用，是强化团队冲突管理的前提。

二　营造开放安全的团队参与氛围

团队开放是冲突规范的重要组成内容，在以往关于冲突规范的研究中，团队开放都是核心因素，对发挥团队冲突的功能性影响具有显著的促进作用。如 Brett 认为最重要的冲突规范就是对冲突意见的接受与容忍，Jehn 也认为鼓励开放讨论的冲突规范对团队成员处理冲突具有显著影响。

Tjosvold 将团队规范的内容定位为团队发展而表达自己的想法、质疑和理解其他观点、整合和创造新的想法和同意并实施解决方案等。

本书中团队开放氛围作为冲突规范的重要内容，反映对团队成员参与团队讨论、交流，对提出质疑意见的容忍程度，具体体现在鼓励成员提出不同意见、所有成员的意见（建议）能够得到认真、客观对待而不会遭到嘲讽（打击）等，甚至鼓励团队成员就工作问题进行争论。实证分析中，冲突规范对于团队冲突与团队绩效的调节作用得到部分验证，说明科研团队开放氛围可以调节团队冲突与团队绩效的关系。从冲突管理的角度优化高校异质性科研团队管理首先表现在营造开放的团队沟通氛围，在此氛围中，团队成员关于团队任务、目标、实现途径与手段的不同理解与建议，都能够充分表达并得到理解、尊重，对于团队成员个人价值的实现、满意度的提升具有重要影响。同时，不同学术观点、研究意见的整合对于推进研究目标的实现与团队绩效的提升影响明显。

鼓励团队成员参与团队讨论，使得团队成员主观上愿意参与团队活动，且没有后顾之忧，在团队活动中能够主动表达自己的观点，坚持自己的意见，就会在团队中产生安全开放的团队参与氛围，更有利于发挥异质性团队中团队任务冲突对团队绩效的正向影响。

三 加强团队协作，提升团队凝聚力

团队合作反映团队成员在面对团队冲突时的行为选择，也常作为团队冲突管理策略被提及。具体体现在团队成员在面临冲突问题时，能够以团队整体利益为重，寻求对团队各方均有利的解决方案，相互协作以推动冲突问题的最终解决，且在实现自己的目标时，不以损害他人和整体利益为代价。

团队成员在面对冲突时，有合作、竞争、回避等行为选择模式，团队合作反映团队成员能够认识到彼此目标的一致性与兼容性，进而在冲突行为上采取互助行为。相对于竞争与回避等行为模式，采取合作的团队冲突行为模式对团队结果的正向影响，无论是在东方文化环境还是在西方文化环境，实验研究与实地研究都多次验证过。本书中，包含团队合作因子的冲突规范对过程冲突与团队绩效关系的调节作用也得以验证。

案例研究中科研团队优异绩效的取得，与团队成员共同维护团队利益、彼此团结协作不无关系。实证分析中，冲突规范在过程冲突与团队绩效关系中的调节效用得到有效验证，表明在冲突规范程度高的科研团队中，由团队过程冲突引发的对团队绩效的负向影响不如冲突规范程度低的显著。

冲突规范对团队过程冲突与绩效关系调节效应的验证，也能够反映出在团队冲突面前，团队成员的大局意识、合作意识对团队绩效的影响。优化高校异质性科研团队的管理，在冲突管理方面主要是构建团队利益共同体，在共同利益驱动下相互协调、密切配合，推动团队目标的实现，在实现团队目标的前提下实现团队成员自我价值与利益的满足。

四 强化沟通引导，有效抑制团队冲突的负面影响

基于团队冲突不同类型对团队绩效的混合影响效应，以及团队任务冲突与过程冲突、关系冲突之间的转化关系，在冲突管理过程中应防止对团队绩效具有正向影响的任务冲突转化为对团队绩效具有负向影响的过程冲突与关系冲突。浦佳在其研究中认为团队成员基于性格、职业经历与思想认知等多方面的因素，可能将任务冲突错误地归因为关系冲突，进而影响团队关系与互动过程，存在增加团队冲突破坏性作用的风险。

针对团队内任务冲突与关系冲突、过程冲突转化的可能，优化高校异质性科研团队管理的一个重要因素，即抑制由团队信息异质性引发的任务冲突转化为由团队价值观异质性与社会类别属性异质性引发的过程冲突与关系冲突。表现在团队活动中，开放讨论应限定在工作、知识范围内的学术交流；团队成员能够就事论事，彼此间不因意见不合或观点相左影响对其他成员个人层次的判断；理性指出团队成员存在的错误，避免一味针对个人进行指责；同时建立有效沟通机制，有效避免成员间因误会产生彼此情绪对立与关系僵化。

通过强化沟通引导，限制任务冲突转变为关系冲突、过程冲突，进而弱化团队冲突行为过程中的负面影响，减少团队冲突对团队绩效的破坏性影响，也是加强团队冲突管理的重要内容。

第三节　对高校异质性科研团队成员的建议

异质性信念、异质性氛围与对待异质性态度等概念都是反映团队成员对团队异质性价值主观认知的研究变量，用以判定团队成员对团队异质性价值的认可程度。本书在验证高校科研团队信息异质性对团队绩效显著影响的基础上，选择对待异质性态度作为影响团队异质性与团队绩效关系的调节变量，研究证实对待异质性态度在科研团队信息异质性与团队绩效间起到调节作用：对待异质性态度越积极的团队，信息异质性对团队绩效的正向作用越显著；在对待异质性态度消极的团队中，信息异质性对团队绩效的正向影响被削弱。由此可见，高校科研团队异质性的作用是多维的、复杂的，且易被团队成员的价值认知所影响；优化高校异质性科研团队管理，首先应对团队异质性的作用有正确认识，在此基础上加强异质性科研团队的管理。

与以往研究结论相似，本书表明科研团队成员在受专业背景、学缘结构、研究方向与特长等方面的差异性，对提高团队创新绩效具有积极的促进作用。高校科研团队广泛的学缘结构分布，不仅能够为团队带来外部社会资本，而且能够为团队引入不同的研究风格，有利于团队创新；团队成员具备多样性的学科背景，能够反映科研团队的多学科性和交叉性；团队成员在学术方向、研究特长的差异组合，能够丰富科研团队的知识经验，更重要的是实现研究过程中的优势互补，弥补单一成员知识结构的劣势。高校科研团队异质性对团队绩效的破坏性影响主要体现在团队成员因在工作价值观、生活价值观、集体观念和责任观念等方面的差异而引发的对团队绩效的负面影响，科研团队价值观异质性与团队绩效的负向关系显著。科研团队成员在工作、生活价值观，集体观念和责任观点等方面的差异，容易引发团队成员在科研任务与学术资源的分配、成员贡献等方面的认知争议，进而影响团队绩效。综合看，科研团队信息异质性对团队绩效的正向影响的观点应该在团队成员间得到广泛认可。

对待异质性态度积极的科研团队，首先体现在团队成员能够正确认识团队成员在教育背景、工作经历、学科专业等方面的多元化是团队创新与发展的必然要求，能够对团队绩效产生积极影响。同时能够对诸如价值观异质性、社会类别属性异质性可能引发的负面影响有一定的认知。

思想认识是行动的前导，对待异质性态度积极的团队成员更倾向于在工作环境中与来自不同背景的人共事或合作，从团队合作中汲取知识、学习经验，相处融洽，从而提升团队黏合度与向心力，共同营造良好的团队合作氛围，对个人成长与绩效产生良性影响。反之，对待异质性态度消极的团队，团队异质性的功能性影响得不到广泛认可，成员间关注于彼此在性别、年龄、来源等属性上的差异，引发社会类化过程，造成“小圈子”等团队割裂现象，阻碍团队知识共享与学术交流，使得团队信息异质性的功能性影响难以发挥。

因此，优化高校异质性科研团队管理，抑制团队异质性破坏性作用的影响，关键在于加强高校科研团队文化建设，增加高校科研团队的组织认同，提升团队凝聚力。要优化高校异质性科研团队管理，充分发挥团队异质性对团队绩效的功能性作用，培养与塑造团队成员积极的对待异质性态度是重要举措。所有团队成员应该明白，科研团队成员在受专业背景、学缘结构、研究方向与特长等方面的差异是团队取得重大科研业绩的重要保证，也是现代科学技术发展趋势对科研工作的必然要求，要对基于不同学科背景、研究方向提出的研究建议持开放、理解的态度，习惯从不同视角对学术问题进行思考与总结。

第八章

研究结论与展望

基于科学技术交叉融合的发展趋势与优化高校异质性科研团队管理的迫切要求，本书以高校异质性科研团队为研究对象，在文献综述与探索性案例研究的基础上，将对待异质性态度与冲突规范作为调节变量，植入传统 D－C－P 研究模型，构建高校科研团队异质性对团队绩效影响机理理论模型，围绕高校科研团队异质性、团队冲突与团队绩效的关系，提出一系列研究假设，通过调查问卷收集研究数据，对理论模型中涉及的研究假设进行实证检验。本章将依据前文理论分析与实证检验结果，对本书的研究结论进行总结，针对本书研究过程中存在的局限与不足，对未来的研究进行展望。

第一节　研究结论

本书在梳理以往相关研究文献的基础上，结合探索性案例研究，对相关研究概念予以明确，构建科研团队异质性对团队绩效的影响机制理论模型并就研究变量的关系提出一系列研究假设，通过多种分析方法对调查问卷的研究样本数据进行实证分析，大部分研究假设得到了验证。主要研究结论包括以下几个方面：

在高校科研团队研究环境中验证了团队异质性对团队绩效的“双刃剑”效应。案例研究中，信息异质性主要反映科研团队成员间受专业背景、学缘结构、研究方向与特长等方面的属性差异，对团队绩效具有显著促进作用。团队异质性可以保证团队发挥多学科交叉互补优势，通过构建有效管理机制，促进成员间知识传递、共享，有利于团队创新。案例团队均具有较高水平的团队异质性，尤其是在信息异质性方面尤为明显，成为团队取得标志性绩效的重要保证。价值观异质性主要反映案例团队成员间在生活价值观、工作价值观、集体观念、工作责任感等维度上的差异，对团队绩效可能引发负面作用。

基于问卷调查的实证研究中，科研团队在团队成员受专业背景、学缘结构、研究方向与特长等方面的差异性对团队感知绩效与满意度都具有显著的正向影响。高校科研团队成员间在学科专业、研究特长、学术方向上的差异，能够丰富科研团队的知识储备与研究思路，在完成科研团队任务过程中优势互补、取长补短。同时，广泛分布的学缘结构能够扩大科研团队外部社会资本，为团队发展与学术进步提供更多资源，从而促进科研团队绩效的提升。这一点与案例研究结果相一致。

科研团队价值观异质性主要体现在团队成员在生活价值观、工作价值观、集体观念和工作责任感等方面的差异，根据实证研究数据分析结果，高校科研团队价值观异质性对团队感知绩效与满意度都具有显著的负向影响。根据以往研究结论，团队价值观异质性是引发团队过程冲突的重要因素，科研团队在工作价值观、责任感、集体观念等方面的差异，容易成为团队过程冲突的诱发因素，导致科研团队成员在科研任务分配、学术资源分配和学术贡献等方面的认知差异，进而导致团队绩效与满意度的降低。

与以往很多研究不一致的是，本书针对团队成员社会类别属性异质性与团队绩效的关系提出的研究假设未获支持。即科研团队成员在年龄、职称及学历层次等方面的差异与团队绩效的影响关系未达到显著水平。在以往的研究中，团队成员间性别、年龄、种族等显性属性差异，往往是导致团队次团队产生的依据，次团队的产生会割裂团队交流，不利于团队绩效的提升。本书的研究结果表明，团队成员社会类别属性方面的差异引发团队分化过程，进而影响团队绩效的推论不具备必然性，这一过程往往受到文化因素的影响，在中国文化强调秩序文化的影响下，团队在年龄、职称及学历层次等方面的差异与团队绩效关系不显著也可理解。

由此可见，学者关于团队异质性“双刃剑”的认知在本书中得到验证，基于团队决策理论，团队成员在知识、观点等方面的差异性，能够丰富团队决策的信息池，增加团队知识储备，面临团队决策时能够吸纳不同观点，提出不同方案，通过提升决策质量达到提高团队绩效的效果。同时，团队成员异质性能够增加团队外部社会资本，对提升团队绩效提供另一种解释视角。基于社会认同、相似相吸等理论，团队成员间兴趣相投、认识一致的成员间与其他成员往往会形成团队断裂带，从而影响彼此的知识交流与信息交换，甚至会形成团队活动中的对立现象，对团队绩效产生不利影响。

验证了团队冲突在高校科研团队中对团队绩效的“混合”影响。本书中，科研团队冲突表现为科研团队成员间因感知到认知差异、目标不兼容与愿望不调和而产生的情绪及行为反应的动态的互动交往过程，主要体现在任务冲突、过程冲突和关系冲突三个方面。其中任务冲突表示科研团队成员对于工作的观点、想法、判断意见不一，且彼此能够感知，所造成的冲突；过程冲突反映团队成员间有关任务执行、责任分工、资源分配的冲突行为；关系冲突是团队成员感知到人际关系上的不和谐或不一致而引发，伴随着情感的紧张、敌意、愤怒等情绪特征。团队冲突对于团队绩效的关系研究，学界一直存在争议，既有正向影响之说，也存在负向影响的研究结论，本书验证了科研团队冲突与绩效的“混合”影响关系。

案例研究中，通过对案例团队中团队冲突现象的分析与探讨，任务冲突是团队过程中的主要存在形式，团队异质性的作用主要通过任务冲突影响团队绩效。由于团队成员在学科专业、学术方向与研究特长等方面存在差异，各成员在面对同一科研问题时，基于各自领域的研究现状对各个研究目标的权重评估、执行顺序自然提出不同意见，是提升团队决策质量的重要方式。身处知识各异的团队环境中，各成员可以从看似“外行”的其他成员处吸取不同团队成员基于不同学科、方向提出的意见，激发学术思维的灵感。相对于团队任务冲突，案例团队中的过程冲突与关系冲突表现并不突出，案例团队成员虽能够认识到团队成员由于生活习惯、价值观差异与行事风格等方面的差异会造成成员间关系紧张，或因研究成果署名与利益分配引发利益冲突，对团队绩效产生负面影响，但在受访团队中都未成为主要冲突表现形式。

实证研究中，在科研团队任务冲突与团队绩效的回归模型中，科研团队任务冲突与团队绩效（感知绩效与满意度）标准化回归系数分别是0.591、0.536，且回归系数显著性的概率p小于0.001的水平，表明科研团队任务冲突对团队绩效具有显著的正向影响；而过程冲突与关系冲突则相反，科研团队过程冲突与团队绩效（感知绩效与满意度）标准化回归系数分别是－0.342、－0.390，且回归系数显著性的概率p小于0.001的水平，科研团队关系冲突与团队绩效（感知绩效与满意度）标准化回归系数分别是－0.187、－0.194，且回归系数显著性的概率p小于0.01的水平，充分表明科研团队过程冲突与关系冲突对团队绩效产生显著的负向影响。

由此可见，高校科研工作环境产生的团队冲突中，基于成员对工作的观点、想法、判断意见不一引发的任务冲突对团队绩效的提升具有促进作用，而团队成员间因任务与资源分配、贡献认知、人际关系等因素引发的团队冲突对团队绩效会产生消极影响。

揭示团队冲突在高校科研团队异质性与团队绩效之间的中介作用。团队冲突对于团队绩效的“混合”影响效应使之成为解释团队异质性对团队绩效“双刃剑”作用的常见选择，团队冲突成为研究团队异质性与团队绩效关系中介作用的常备选项，自20世纪90年代末D－C－P研究模型构建以来，诸多业内学者试图研究团队冲突在两者关系中的中介效用。本书通过案例研究与实证分析，也验证了团队冲突在科研团队异质性与团队绩效间的中介作用。

案例研究中，虽然案例团队中的冲突现象主要以任务冲突为主，过程冲突与关系冲突在受访团队中表现不明显或不存在，但研究结论中能够明确团队成员异质性作用的发挥主要依靠团队任务冲突，案例团队2中提到一个现象，针对“煤炭资源高效洁净加工”项目的研究规划问题，研究领域分别为矿业工程、环境工程、化学工程的研究人员发生了意见分歧，主要是基于各自领域的研究现状对各个研究目标的权重评估、执行顺序意见不一，因此在项目研讨会上各执己见，对研究方案的制定起到重大影响。由此可见，案例研究中任务冲突在团队异质性与团队绩效关系间的中介作用能够得到支持。

基于统计分析基础上的实证研究发现，团队任务冲突中介团队信息异质性与团队绩效的正向关系。在逐步回归分析结果中，当自变量信息异质性与中介变量团队任务冲突同时纳入回归方程，信息异质性对感知绩效的标准化回归系数降低到0.175，显示团队任务冲突部分中介团队信息异质性与团队感知绩效的关系；信息异质性对满意度的影响则不再显著，可见科研团队任务冲突在信息异质性与满意度之间完全中介。

过程冲突、关系冲突中介团队价值观异质性与团队绩效间的负向关系。在价值观异质性、团队过程冲突作为自变量共同解释团队绩效（感知绩效与满意度）模型中，价值观异质性对于团队绩效（感知绩效与满意度）的关系由显著（$p<0.001$）减弱为不再显著（$p=0.355$、0.669），可见科研团队过程冲突在价值观异质性与团队绩效（感知绩效与满意度）之间起到了完全中介作用。在价值观异质性、关系冲突作为自变量共同影响团队绩效（感知绩效与满意度）时，价值观异质性对感知绩效与满意度的标准化系数降到-0.197和-0.190，p值达到小于0.05显著性水平，可见关系冲突在团队价值观异质性与团队绩效之间起到了部分中介作用。由于社会类别属性异质性与团队绩效的关系未达到显著水平，团队冲突在其间的中介效用无法验证。

综合本书中案例研究与实证分析，科研团队信息异质性对团队绩效正向显著影响是通过任务冲突传递的，而价值观异质性对团队绩效的负向影响是通过过程冲突与关系冲突传递的。

部分验证了对待异质性态度在团队异质性与团队绩效间的调节作用。对待异质性态度反映团队成员对异质性所持有的持久的评价，在以往为数不多的实证研究中，其对团队异质性功能的发挥具有重要的影响。如国内学者邓渝通过实验研究表明，对待异质性态度积极正向的团队，随着团队异质性水平提高，团队任务绩效呈现明显上升的趋势；对于对待异质性态度消极负向的团队，随着团队异质性水平提高，团队任务绩效提升趋势则不如对待异质性态度积极的团队明显。本书针对高校科研团队提出并验证了对待异质性态度对团队异质性与团队绩效关系的调节作用。

案例团队中成员对团队异质性价值的认识普遍持积极的态度，如案例 1 团队中成员认为团队异质性“有利于提升团队的创造力，提升社会服务的实力与活力”，还认为团队成员广泛的学缘分布为团队带来不同的社会资源。案例 2 团队也认为团队异质性对于团队沟通、团队知识共享、工作冲突与团队协作具有显著正向影响。由此可推断，团队成员对待异质性持积极态度有助于提升团队异质性的功能性作用，有助于团队取得突出业绩。

实证分析进一步验证了对待异质性态度的调节效用，在验证对待异质性态度的层次回归分析结果中，加入信息异质性与对待异质性态度乘积项对团队感知绩效的回归模型中，加入交互项后模型的解释力显著提高（ΔR^2为 0. 140，p 在 0. 01 水平上显著），且信息异质性与对待异质性态度的交互项对感知绩效具有显著的正向作用（标准化系数为 0. 260，p 小于 0. 01），可见对待异质性态度在信息异质性与感知绩效关系中具有调节效用；信息异质性与对待异质性态度乘积项对满意度的回归模型中，加入交互项后模型的解释力显著提高（ΔR^2为 0. 150，在 0. 01 水平上显著），且信息异质性与对待异质性态度的交互项对满意度具有显著的正向作用（标准化系数为 0. 260，p 小于 0. 01），可见对待异质性态度在信息异质性与满意度关系中具有调节效用。对待异质性态度在科研团队信息异质性与团队绩效关系中起到强化作用，即对待异质性态度越积极，由科研团队信息异质性对团队绩效引发的正向影响越显著。

对待异质性态度在科研团队价值观异质性与团队绩效关系中的调节作用则未得到验证。对待异质性态度调节价值观异质性与团队绩效分析结果中，加入交互项后模型的解释力并未发现显著提高，交互项对团队绩效（感知绩效与满意度）的作用也未达到显著水平，可见对待异质性态度在价值观异质性与团队绩效关系中的调节效用不显著。对待异质性态度在科研团队价值观异质性与团队绩效间调节作用未获验证，可能存在的潜在原因是团队成员价值观具有相对稳定性，一旦形成，短期内很难受其他因素影响，因而其调节作用未获验证。至于对待异质性态度对社会类别属性异质性与团队绩效的调节作用，因异质性与绩效之间关系未达到显著水平，同样未得到支持。

部分验证了冲突规范在团队冲突与团队绩效间的调节作用。相对于对待异质性态度在模型中的调节作用，团队冲突规范的调节作用主要体现在冲突规范对团队冲突与团队绩效间关系的调节。本书基于前人研究结果，提出冲突规范在团队冲突与团队绩效间的调节作用模型，并在案例研究的基础上，结合问卷调查，对该模型进行了实证研究，结果部分证实了冲突规范对团队冲突与团队绩效关系间的调节作用。

案例研究中，关于异质性科研团队的管理，尤其是在团队冲突存在的前提下，案例团队中反映出团队合作与沟通的重要作用，同时还提到抑制关系冲突的管理方式。正是基于发挥科研团队异质性功能性作用的目的，案例团队中不仅建立良好团队沟通交流机制，保障信息自由畅通，促进团队间信息与知识扩散，同时强调团队成员应以团队利益为重，构建像植物根系一样紧密的合作体系。另外，通过加强制度建设，明确责任分工与成果署名规则，强调就事论事的团队文化，避免关系冲突对团队造成的破坏作用，都说明团队冲突规范对团队异质性作用发挥的影响。

实证研究中部分验证了冲突规范对高校科研团队冲突与团队绩效间的调节作用，冲突规范在过程冲突与团队绩效间的调节作用获得数据分析支持。分析结果显示，模型在加入团队过程冲突与冲突规范交互项后模型的解释力显著提高（在团队感知绩效与满意度两维度上 ΔR^2 分别达到0.013、0.010，p 在0.05 水平上显著），且过程冲突与冲突规范的交互项对团队感知绩效与满意度具有显著的正向作用（标准化系数分别为0.126 和0.111，p 小于0.05），可见团队冲突规范在过程冲突与团队绩效关系中具有调节效用。团队冲突规范程度越高的科研团队，团队价值观异质性对于团队绩效的负向影响越不明显；相反，团队冲突规范程度越低的科研团队，团队价值观异质性对团队绩效的负向影响越显著。

冲突规范在任务冲突、关系冲突与团队绩效关系中的调节效应未获验证。按照同样的分析过程，冲突规范在任务冲突与团队绩效、关系冲突与团队绩效关系间的调节作用未获数据分析结果支持。在加入自变量与调节变量乘积项的回归模型中，加入交互项后模型的解释力并未发现显著提高，且任务冲突、关系冲突与冲突规范的交互项对团队绩效的作用也未能达到显著水平，可见冲突规范在任务冲突、关系冲突与团队绩效关系中的调节效用不显著。

第二节　研究局限与展望

一　研究局限性

本书以高校科研团队为研究对象，采用案例研究与实证研究相结合的方法，基于传统 D - C - P 研究模型，在对团队异质性、团队冲突与团队绩效的关系进行验证的基础上，提出并验证了对待异质性态度与冲突规范的调节作用，并就优化高校异质性科研团队管理提出应对策略，具有一定的理论与现实意义。但是，由于受个人能力与研究时间的限制，在研究过程中存在一些不足，主要体现在：

1. 研究数据的局限性

采用调查问卷获取研究数据难以避免各研究变量测量的主观误差。本书受限于各研究团队的学科属性、发展程度等方面差异，采用团队成员主观评价的方式，通过调查问卷获得各研究变量的测量数据，虽符合研究惯例，但也可能造成变量测量的主观误差。

分析采用横截面数据难以反映科研团队的动态活动过程。本书在探索高校科研团队异质性对团队绩效影响机理过程中，对各研究变量收集的测量数据均采用的是横截面数据。尽管横截面数据能够反映研究变量的基本关系，被学术界所广泛应用，其科学性也被学者所认可，但难以反映高校科研团队异质性对团队绩效的动态影响过程。

2. 研究样本选取的局限性

本书在对高校科研团队异质性对团队绩效影响机理实证研究中，通过多种渠道发放与回收调查问卷，按照多重规则剔除无效问卷后，得到有效问卷 207 份，虽然能够满足此类研究的样本容量要求，但可能会对实证分析的最终结论造成一定影响。

同时，本书未按照完全随机抽样的方法选择研究样本，选择方便抽样的方式获得研究样本数据，虽在高校层次、科研团队学科属性及团队规模等因素上尽量保证研究数据的代表性，但难保研究数据可能会在个别方面出现偏差。

二　研究展望

以上分析的是本书在研究高校科研团队异质性、团队冲突与团队绩效关系过程中可能存在的不足，也为后续的研究工作指明了努力方向，下一步研究工作主要从以下两个方面加强。

1. 探索高校科研团队异质性、团队冲突与团队绩效影响关系的动态作用过程

目前关于团队异质性、团队冲突与团队绩效等变量关系的研究中，大多数都是采用某一时间点的横截面数据进行分析讨论，主要反映特定时间点上团队内部研究变量的作用关系，难以真实地反映科研团队过程的发展性，更无法体现团队发展过程中团队异质性与团队冲突对团队绩效影响的动态过程。如果在考察团队异质性、团队冲突与团队绩效的模型中植入时间因素，获取在团队发展不同时间阶段科研团队异质性、团队冲突及团队绩效的观察数据，探索团队异质性对团队冲突与团队绩效的动态作用规律，针对科研团队不同发展阶段特征提出相应的管理策略，研究结果将更能够接近科研团队的实际，管理建议也将更有针对性。

2. 丰富完善科研团队异质性、团队冲突与团队绩效关系研究的研究方法

数据获取是确保研究结果质量的重要影响因素。本书受限于时间与精力等客观条件，采用方便随机方法选择研究样本，通过多种渠道发放与回收调查问卷，剔除无效问卷后进行数据分析，论证研究变量之间的关系以验证研究假设。从样本选择、数据获取到分析方法虽能满足研究需要，但难称完善，需要在后续研究中，扩大样本选择范围、提升数据收集力度。

另外，本书综合采用了描述分析、相关分析、因子分析、回归分析等数据分析方法，要在后续研究中要结合跨层次分析、结构方程模型等数据分析方法研究高校异质性科研团队活动过程，进一步揭示高校科研团队异质性对团队绩效的影响机理，探索更加有效的异质性团队管理理论与方法。

参考文献

中文参考文献

一　专著

蔡树培：《人群关系与组织管理》，九州出版社 2001 年版。

李平、曹仰锋：《案例研究方法：理论与范例：凯瑟琳·艾森哈特论文集》，北京大学出版社 2012 年版。

罗伯特·K. 殷：《案例研究方法的应用》，周海涛等译，重庆大学出版社 2014 年版。

迈克尔·A. 豪格、多米尼克·阿布拉姆斯：《社会认同过程》，高明华译，北京出版社 2015 年版。

斯蒂芬·P. 罗宾斯：《组织行为学精要》，郑晓明译，机械工业出版社 2000 年版。

苏敬勤、崔淼：《工商管理案例研究方法》，科学出版社 2011 年版。

约翰·特纳等：《自我归类论》，杨宜音、王兵等译，中国人民大学出版社 2011 年版。

二　期刊论文类

蔡翔、史烽：《高校科研团队冲突、行为整合与绩效的关系》，《技术经济与管理研究》2011 年第 12 期。

陈晨、时勘、陆佳芳：《变革型领导与创新行为：一个被调节的中介作用模型》，《管理科学》2015 年第 4 期。

陈春花、杨映珊：《基于团队运作模式的科研管理研究》，《科技进步管理》2002 年第 4 期。

陈丝璐：《集体主义人力资源实践对科研团队创新绩效的作用机制》，《科技进步与对策》2017 年第 5 期。

陈伟、杨早立、朗益夫：《团队断裂带对团队效能影响的实证研究——关系型领导行为的调节与交互记忆系统的中介》，《管理评论》2015 年第 4 期。

陈晓红、赵可：《团队冲突、冲突管理与绩效关系的实证研究》，《南开管理评论》2010 年第 5 期。

褚超孚：《基于变革型领导理论的科研团队绩效影响机制模型》，《浙江大学学报》（人文社会科学版）2010 年第 40 期。

邓渝、范莉莉：《团队异质性对团队任务绩效影响的实证研究——以对待异质性态度为有中介的调节变量》，《中国科技论坛》2012 年第 12 期。

樊传浩、王济干：《创业团队异质性与团队效能的关系研究》，《科研管理》2013 年第 8 期。

方阳春、金惠红：《包容型领导风格对高校科研团队绩效影响的实证研究》，《技术经济》2014 年第 4 期。

高昂、曲庆、杨百寅等：《家长式领导对团队工作绩效的影响研究》，《科学学与科学技术管理》2014 年第 35 期。

侯楠、杨皎平、戴万亮：《团队异质性、外部社会资本对团队成员创新绩效影响的跨层次研究》，《管理学报》2016 年第 2 期。

胡望斌、张玉利、杨俊：《同质性还是异质性：创业导向对技术创业团队与新企业绩效关系的调节作用研究》，《管理世界》2014 年第 6 期。

季国民、叶敏、张希君：《隐性知识转移对团队创新绩效影响机理的研究》，《长江大学学报》（社会科学版）2016 年第 11 期。

金惠红、杨松青：《高校科研团队协作因素对团队效能影响的研究——以共享心智模型为中介》，《浙江工业大学学报》（社会科学版）2012 年第 1 期。

晋琳琳、李德煌：《科研团队学科背景特征对创新绩效的影响——以知识交流共享与知识整合为中介变量》，《科学学研究》2012 年第 1 期。

李德煌、晋琳琳：《组织支持感、知识整合与科研团队创新绩效——基于组织环境和创新氛围》，《技术经济与管理研究》2014 年第 7 期。
李林英、徐礼平：《重大科研项目团队心理资本维度及与创新绩效的关系》，《科技进步与对策》2017 年第 20 期。
李卫红：《企业组织中的冲突分析》，《内蒙古科技与经济》2004 年第 8 期。
李茁新、陆强：《中国管理学案例研究：综述与评估》，《科研管理》2010 年第 5 期。
刘海山、孙海法、程贯平：《经营管理价值观异质性对冲突与绩效的影响——基于 123 个高管团队的实证研究》，《东北大学学报》（社会科学版）2011 年第 4 期。
刘惠琴、张德：《高校学科团队中魅力型领导对团队创新绩效影响的实证研究》，《科研管理》2007 年第 4 期。
刘慧：《高校科研团队人际信任对创新绩效的影响——以知识共享与整合为中介变量》，《技术经济与管理研究》2013 年第 11 期。
刘嘉、许燕：《团队异质性研究回顾与展望》，《心理科学进展》2006 年第 4 期。
刘宁、张正堂：《团队多元性及其效应的研究进展》，《科学学与科学技术管理》2008 年第 11 期。
刘树林、唐均：《成员差异性对群体绩效影响的国外研究综述》，《科研管理》2006 年第 5 期。
刘毅新、张玮、严会超：《浅谈高校科研创新团队的沟通》，《科技管理研究》2010 年第 13 期。
刘咏梅、车小玲、卫旭华：《基于 IPO 模型的团队多样性—冲突—绩效权变模型的元分析》，《心理科学》2014 年第 2 期。
马富萍、郭晓川：《高管团队异质性对技术创新绩效的影响研究——高管团队冲突处理方式的调节作用》，《内蒙古大学学报》（哲学社会科学版）2010 年第 6 期。
马新建：《冲突管理：基本理念与思维方法的研究》，《大连理工大学学报》（社会科学版）2002 年第 3 期。
马志强、薄瑞蕾、朱永跃：《高校科研团队冲突、内聚力与团队效能的关系研究》，《中国科技论坛》2014 年第 9 期。

梅强、徐胜男：《高层管理团队异质性、团队冲突和创业绩效的关系研究——以冲突管理为调节变量》，《经济与管理研究》2012 年第 6 期。

裴瑞敏、李虹、高艳玲：《领导风格对科研团队成员创造力的影响机制研究——内部动机和 LMX 的中介作用》，《管理评论》2013 年第 3 期。

孙海法、刘海山：《高管团队价值观、团队氛围对冲突的影响》，《商业经济与管理》2007 年第 12 期。

孙凯、柳艳婷、刘晓婷：《研发团队知识异质性对知识共享影响研究》，《情报科学》2016 年第 2 期。

汤超颖、刘洋王、天辉：《科研团队魅力型领导、团队认同和创造性绩效的关系研究》，《科学学与科学技术管理》2012 年第 10 期。

汤超颖、商继美：《变革型领导对科研团队创造力作用的多重中介模型》，《中国科技论坛》2012 年第 7 期。

汤超颖、朱月利、商继美：《 变革型领导、团队文化与科研团队创造力的关系》，《科学学研究》2011 年第 2 期。

汪丽：《组织信任及决策承诺与决策质量之关系探讨》，《现代财经》2007 年第 3 期。

王端旭、国维潇：《团队成员变动影响团队绩效研究述评》，《情报杂志》2010 年第 4 期。

王曦：《冲突管理与绩效的研究》，《中国集体经济》2010 年第 7 期。

王颖、彭灿：《知识异质性与研发团队知识创新绩效——以共享心智模型为中介变量》，《情报杂志》2011 年第 1 期。

温忠麟、侯杰泰、张雷：《调节效应与中介效应的比较和应用》，《心理学报》2005 年第 2 期。

温忠麟、张雷、侯杰泰：《中介效应检验程序及其应用》，《心理学报》2004 年第 5 期。

吴杨、李晓强、夏迪：《沟通管理在科研团队知识创新过程中的反馈机制研究》，《科技进步与对策》2012 年第 1 期。

杨陈、唐明凤：《团队断裂带对团队创新绩效的作用机理研究》，《科学学与科学技术管理》2017 年第 3 期。

杨连生、王金萍：《冲突及其在人力资源管理中的合理运用》，《大连理工大学学报》（社会科学版）2003 年第 3 期。

杨振华、施琴芬：《高校科研团队的规模和沟通网络分析》，《科技进步与对策》2008 年第 4 期。

姚冰湜、马琳、王雪莉：《高管团队职能异质性对企业绩效的影响：CEO 权力的调节作用》，《中国软科学》2015 年第 2 期。

姚春序、项小霞、倪旭东：《团队内隐异质性：内涵拓展及其效能机制》，《心理科学进展》2014 年第 2 期。

叶笛、林东清：《信息系统开发团队知识整合的影响因素分析——基于相似吸引理论与社会融合的研究视角》，《科学学研究》2013 年第 5 期。

袁安府、金申健：《医疗团队成员多元化、团队冲突与团队绩效关系研究》，《中国卫生事业管理》2013 年第 4 期。

张华、郎淳刚：《以往绩效与网络异质性对知识创新的影响研究——网络中心性位置是不够的》，《科学学研究》2013 年第 10 期。

张良久、周晓东：《高层管理团队冲突：一个动态的分析模型》，《软科学》2006 年第 3 期。

张敏、吴郁松、霍朝光：《高校科研团队隐性知识共享行为的影响因素分析——基于个体、组织和群体的多重研究视角》，《情报理论与实践》2016 年第 7 期。

张崴、王续琨：《科研团队结构对团队创造力的影响——基于研究型大学科研团队的探索性案例研究》，《软科学》2013 年第 7 期。

张崴、王续琨：《研究型大学科研团队结构对团队创造力影响的实证研究》，《软科学》2014 年第 3 期。

张伟、张庆普、单伟：《整体网视角下高校科研团队知识共享能力测量研究——以某高校系统工程科研团队为例》，《科学学与科学技术管理》2012 年第 10 期。

张文勤、刘云：《研发团队反思的结构检验及其对团队效能与效率的影响》，《南开管理评论》2011 年第 3 期。

赵峰：《高绩效科研团队建设的思考》，《桂林电子工业学院学报》2003 年第 23 期。

赵新宇、尚玉钒、李瑜佳：《基于高校科研团队的领导语言框架、工作复杂性、认知评价与创造力关系研究》，《管理学报》2016 年第 5 期。

郑强国、丁文涵：《团队异质性对研发团队绩效的影响机理研究》，《工业技术经济》2013 年第 4 期。

周家贵、井润田、刘谋权：《协调策略与团队绩效：基于科研团队的案例研究》，《研究与发展管理》2013 年第 1 期。

周家贵、井润田、孟太生：《变革型领导行为对科研团队绩效的影响过程研究》，《管理工程学报》2012 年第 4 期。

三　学位论文类

岑颖：《重庆地区企业内人际冲突处理方式研究》，博士学位论文，云南大学，2004 年。

陈睿：《科研团队异质性对创新绩效的影响研究》，博士学位论文，电子科技大学，2013 年。

邓渝：《企业员工多样性效应的跨层次作用机制研究》，博士学位论文，西南交通大学，2013 年。

胡桂兰：《创业团队异质性对创业决策的影响研究——基于风险感知与团队互动的双中介分析》，博士学位论文，江苏大学，2013 年。

黄淑芳：《基于跨学科合作的团队异质性与高校原始性创新绩效的关系研究》，博士学位论文，浙江大学，2016 年。

金泉：《创业团队构成异质性、互动质量与创业绩效的关系》，博士学位论文，复旦大学，2010 年。

鞠立瑜：《社会资本对农业技术创新团队效能的影响研究》，博士学位论文，四川农业大学，2013 年。

李梦雪：《学术带头人领导行为对高校科研团队创新能力的影响研究》，博士学位论文，西南交通大学，2016 年。

李占强：《中国制造业突破性技术创新机制案例研究》，博士学位论文，南开大学，2012 年。

刘辉：《高管团队的社会资本、激励机制与公司绩效》，博士学位论文，西南财经大学，2013 年。

刘慧：《高校创新团队绩效影响因素及评价研究》，博士学位论文，天津大学，2014 年。

刘牧：《创业者领导风格、创业团队互动行为对团队效能的影响研究》，博士学位论文，吉林大学，2014 年。

刘艳巧：《社会资本和知识吸收能力对团队绩效的影响》，博士学位论文，河北工业大学，2012 年。

柳青：《基于关系导向的新企业团队异质性与绩效——团队冲突的中介》，博士学位论文，吉林大学，2010 年。

吕洁：《知识异质性对知识型团队创造力的影响机制研究》，博士学位论文，浙江大学，2013 年。

吕屹：《高层管理团队社会资本与企业国际化的关系研究》，博士学位论文，辽宁大学，2015 年。

马硕：《团队冲突对团队绩效的作用机制》，博士学位论文，南京大学，2011 年。

马卫华：《产学研合作对高校学术团队核心能力作用机理研究》，博士学位论文，华南理工大学，2011 年。

孟太生：《科研团队领导行为及其影响团队效能的研究》，博士学位论文，电子科技大学，2008 年。

浦佳：《公司高管继任与团队绩效的关系研究》，博士学位论文，辽宁大学，2013 年。

任毅：《某制造企业组织氛围与科研团队绩效之间关系研究》，博士学位论文，西南财经大学，2013 年。

汪轶：《知识型团队中成员社会资本对知识分享效果作用机制研究》，博士学位论文，浙江大学，2008 年。

王冰：《创业团队异质性、团队氛围与创业绩效关系研究》，博士学位论文，吉林大学，2012 年。

王磊：《大学学术创新团队研究》，博士学位论文，华东师范大学，2008 年。

许刚：《高校科研团队学术生态系统分析与优化》，博士学位论文，河北工业大学，2012 年。

闫俊周：《高校创新型科研团队的组织及其对绩效的作用机理研究》，博士学位论文，武汉理工大学，2011 年。

尹惠斌：《研发团队知识冲突对企业突破性创新绩效的影响研究》，博士学位论文，中南大学，2014 年。

俞明理：《团队创业精神与绩效关系研究》，硕士学位论文，浙江大学，2003 年。

张进华：《高管团队人口特征、社会资本与企业绩效》，博士学位论文，华中科技大学，2010 年。

张可军：《团队氛围、吸收能力对团队绩效影响机制研究》，博士学位论文，华中科技大学，2009 年。

张平：《我国上市公司高层管理团队异质性与企业绩效的关系研究》，博士学位论文，华南理工大学，2006 年。

张涛：《团队冲突理论模型及其实证研究》，博士学位论文，北京交通大学，2009 年。

张嵗：《研究型大学科研团队结构对团队创造力的影响》，博士学位论文，大连理工大学，2013 年。

赵可：《群体内冲突及冲突管理研究：方法和实证》，博士学位论文，中南大学，2010 年。

赵丽梅：《面向知识创新的高校科研团队内部知识整合研究》，博士学位论文，哈尔滨工业大学，2013 年。

赵卓嘉：《团队内部人际冲突、面子对团队创造力的影响研究》，博士学位论文，浙江大学，2009 年。

邹今友：《民营企业创业团队冲突：原因及对绩效影响分析》，博士学位论文，中南大学，2014 年。

四　报纸网络类

秦树文、鲁杰：《以多学科交叉融合提升高校创新能力》，2013 年 8 月，人民网（http：//edu. people. com. cn/n/2013/0806/c1053 －22462922. html. ）

外文参考文献

Amason A. C. , "Distinguishing the Effect of Functional and Dysfunctional Conflict of Stategic Decision Making: Resolving a Paradox for Top Management Teams", *Academy of Management Journal*, No. 39, July 1996 , pp. 123 – 148.

Baron R. M. , Kenny D. A. , "The moderator-mediator variable distinction in social psychological research: Conceptual, strategic, and statistical considerations", *Journal of Personality and Social Psychology*, Vol. 51, No. 6, June 1986, pp. 1173 – 1182.

Dean T. , Kenneth S. L. and Haifa Sun, "Effectiveness of Chinese Teams: The Role of Conflict Types and Conflict Management Approaches", *Management and Organization Review*, Vol. 2, No. 2, February 2006, pp. 231 – 252.

Earley P. C. , Mosakowski E. , "Creating hybrid team cultures: an empirical test of transnational team functioning", *The Academy of Management Journal*, No. 43 , June 2000, pp. 26 – 49.

Horwitz S. K. , "The compositional impact of team diversity on performance: The oretical considerations", *Human Resource Development Review*, Vol. 4, No. 2, February 2005, pp. 219 – 245.

Jehn K. A. , Chatman J. A. , "The Influence of Proportional and Perceptual Conflict Composition on Team Performance", *International Journal of Conflict Management*, Vol. 11, No. 1, January 2000, pp. 56 – 73.

Jehn K. A. , Bendersky C. , "Intragroup Conflict in Organizations: A Contingency Perspective on The Conflict-outcome Relationship", *Research in Organizational Behavior*, No. 25, June 2003, pp. 187 – 242.

Kristinsson K. , Candi M. and Sæmundsson R. J. , "The Relationship between Founder Team Diversity and Innovation Performance: The Moderating Role of Causation Logic", *Long Range Planning*, Vol. 49, No. 4, March 2016, pp. 464 – 476.

Olson B. J. , "Strategic Decision Making: The Effects of Cognitive Diversity,

Conflict, and Trust on Decision Outcomes", *Journal of Management*, Vol. 33, No. 2, Februry 2007, pp. 96 -222.

Tjosvold D., "Cooperative and competitive interdependence: Collaboration between departments to serve customers", *Group and Organization Studies*, Vol. 13, No. 3, April 1988, pp. 274 -289.

附　　录

关于高校科研团队异质性、团队冲突与团队绩效关系的调查问卷

尊敬的各位老师：

您好！

感谢您在百忙之中参与此次匿名问卷调查，我们最近从事一项关于高校异质性科研团队管理的研究，恳请您的帮助。我们向您承诺：调查问卷仅用于学术研究，我们将严格保密不对外公开；调查题项的选择没有对错之分，最重要的是您真实想法的表达。

第一部分　团队与成员基本信息

1. 您的性别

○男　○女

2. 您的年龄

○30 岁及以下　○31—40 岁　○41—50 岁

○51—60 岁　○60 岁及以上

3. 您的教育程度

○专科及其他　○本科　○硕士　○博士

4. 您的职称

○初级及其他职称　○讲师及相当职称

○副教授及相当职称　○教授及相当职称

5. 您在科研团队中的角色

○团队领导人　○科研骨干　○一般研究人员　○一般管理人员

6. 您所在科研团队的规模

○10 人及以下　○11—20 人　○21—30 人　○30 人以上

7. 您所在科研团队的学科背景

○理工　○农医　○经管　○文史哲法　○其他类

8. 您所在团队名称：__________　团队负责人：______________

第二部分　科研团队异质性调查

以下是关于科研团队异质性的一些描述，请您根据所在科研团队的实际情况选择符合的选项。

SD1. 团队成员在年龄上分布很广

○完全不符合　○比较不符合　○一般　○比较符合　○完全符合

SD2. 团队成员的学历层次差异很大

○完全不符合　○比较不符合　○一般　○比较符合　○完全符合

SD3. 团队成员的职称层次差异很大

○完全不符合　○比较不符合　○一般　○比较符合　○完全符合

ID1. 团队成员具有多样化的专业背景

○完全不符合　○比较不符合　○一般　○比较符合　○完全符合

ID2. 团队成员在学缘结构上分布很广

○完全不符合　○比较不符合　○一般　○比较符合　○完全符合

ID3. 团队成员具有多样化的研究方向

○完全不符合　○比较不符合　○一般　○比较符合　○完全符合

ID4. 团队成员具有多样化的研究特长与技能

○完全不符合　○比较不符合　○一般　○比较符合　○完全符合

ID5. 团队成员拥有的专业知识涉及多个领域

○完全不符合　○比较不符合　○一般　○比较符合　○完全符合

ID6. 团队成员都具有某一方面的与任务相关的知识

○完全不符合　○比较不符合　○一般　○比较符合　○完全符合

VD1. 团队成员的工作责任感差异很大

○完全不符合　○比较不符合　○一般　○比较符合　○完全符合

VD2. 团队成员的工作价值观差异很大

○完全不符合 ○比较不符合 ○一般 ○比较符合 ○完全符合

VD3. 团队成员的生活价值观差异很大

○完全不符合 ○比较不符合 ○一般 ○比较符合 ○完全符合

VD4. 团队成员所具有的集体观念差异性很大

○完全不符合 ○比较不符合 ○一般 ○比较符合 ○完全符合

第三部分 对待异质性态度调查

以下是关于团队成员对待异质性态度的描述，请您根据您的真实感受选择相应的选项。

AT1. 异质性团队有助于提高团队成员对不同意见的理解水平

○完全不认同 ○比较不认同 ○一般 ○比较认同 ○完全认同

AT2. 异质性团队有助于提高团队领导的领导能力

○完全不认同 ○比较不认同 ○一般 ○比较认同 ○完全认同

AT3. 异质性团队解决复杂问题的能力更强

○完全不认同 ○比较不认同 ○一般 ○比较认同 ○完全认同

AT4. 异质性团队创新能力更强

○完全不认同 ○比较不认同 ○一般 ○比较认同 ○完全认同

AT5. 团队内部的认知差异有助于激发团队成员的思考

○完全不认同 ○比较不认同 ○一般 ○比较认同 ○完全认同

AT6. 团队异质性成员之间互动有助于激发新的想法

○完全不认同 ○比较不认同 ○一般 ○比较认同 ○完全认同

AT7. 异质性团队中的工作经验有助于提高成员在团队中的绩效水平

○完全不认同 ○比较不认同 ○一般 ○比较认同 ○完全认同

AT8. 异质性团队能够对成员的想法提供更有帮助的反馈

○完全不认同 ○比较不认同 ○一般 ○比较认同 ○完全认同

AT9. 复杂问题的解决要求团队成员具有多样性的背景和经验

○完全不认同 ○比较不认同 ○一般 ○比较认同 ○完全认同

第四部分　团队冲突调查

以下是关于科研团队冲突的一些描述，请您根据所在科研团队的实际情况选择符合的选项。

TC1. 团队成员常围绕科研任务从不同视角进行讨论

○完全不符合　○比较不符合　○一般　○比较符合　○完全符合

TC2. 团队成员会针对科研任务讨论不同的方案

○完全不符合　○比较不符合　○一般　○比较符合　○完全符合

TC3. 团队成员会因观点不一致而提出不同意见

○完全不符合　○比较不符合　○一般　○比较符合　○完全符合

TC4. 团队成员会广泛地讨论所提出的不同想法

○完全不符合　○比较不符合　○一般　○比较符合　○完全符合

RC1. 在讨论科研问题时，团队成员会有因争吵而影响和谐的情形

○完全不符合　○比较不符合　○一般　○比较符合　○完全符合

RC2. 团队成员间会因为情绪原因而导致关系紧张

○完全不符合　○比较不符合　○一般　○比较符合　○完全符合

RC3. 团队成员间会因为个性的差异而引起矛盾

○完全不符合　○比较不符合　○一般　○比较符合　○完全符合

RC4. 在讨论科研问题时，团队成员会出现情绪上的愤怒

○完全不符合　○比较不符合　○一般　○比较符合　○完全符合

PC1. 团队成员常对“谁该做什么”存在不同意见

○完全不符合　○比较不符合　○一般　○比较符合　○完全符合

PC2. 团队成员常对科研任务的分配存在异议

○完全不符合　○比较不符合　○一般　○比较符合　○完全符合

PC3. 团队成员常对科研资源的分配存在分歧

○完全不符合　○比较不符合　○一般　○比较符合　○完全符合

PC4. 团队成员常对各个成员的科研贡献存在不一致看法

○完全不符合　○比较不符合　○一般　○比较符合　○完全符合

第五部分　团队冲突规范调查

以下是关于科研团队冲突规范的一些描述，请您根据所在科研团队

的实际情况选择符合的选项。

ON1. 团队内部鼓励大家提出不同意见

○完全不符合　○比较不符合　○一般　○比较符合　○完全符合

ON2. 团队尊重成员提出的不同意见

○完全不符合　○比较不符合　○一般　○比较符合　○完全符合

ON3. 团队成员提出的不同意见能够得到客观的评价

○完全不符合　○比较不符合　○一般　○比较符合　○完全符合

ON4. 团队成员一致认为，团队讨论会提高决策质量

○完全不符合　○比较不符合　○一般　○比较符合　○完全符合

ON5. 团队成员有不同意见时，可以（公开）争论

○完全不符合　○比较不符合　○一般　○比较符合　○完全符合

CN1. 面对冲突问题，团队成员能以大局为重，维护团队整体利益

○完全不符合　○比较不符合　○一般　○比较符合　○完全符合

CN2. 面对利益冲突，团队成员寻求对各方都有利的解决方案

○完全不符合　○比较不符合　○一般　○比较符合　○完全符合

CN3. 面对冲突问题，各方相互协作（妥协、让步），共同推动冲突的解决

○完全不符合　○比较不符合　○一般　○比较符合　○完全符合

CN4. 团队成员在实现自己的目标，不以损害他人利益作为代价

○完全不符合　○比较不符合　○一般　○比较符合　○完全符合

TN1. 团队成员把冲突视为工作上意见不合的理性讨论，而不是针对个人

○完全不符合　○比较不符合　○一般　○比较符合　○完全符合

TN2. 团队内公开讨论都是在知识的范畴内探讨，不涉及个人层面

○完全不符合　○比较不符合　○一般　○比较符合　○完全符合

TN3. 团队成员间不因工作（业务）观点的一致与否影响到对别人个人层面的判断

○完全不符合　○比较不符合　○一般　○比较符合　○完全符合

TN4. 团队成员能够做到就事论事，客观反映问题，目的放在促进事情的解决

○完全不符合　○比较不符合　○一般　○比较符合　○完全符合

TN5. 团队成员会理性地指出对方的错误，而非针对个人来指责

○完全不符合　○比较不符合　○一般　○比较符合　○完全符合

TN6. 团队强调就事论事，减少冲突导致的负面情绪，不把冲突针对个人

○完全不符合　○比较不符合　○一般　○比较符合　○完全符合

第六部分　团队绩效调查

以下是一些关于团队绩效的描述，请您根据所在科研团队的实际情况选择符合的选项。

P1. 我们的科研团队工作非常有效

○完全不符合　○比较不符合　○一般　○比较符合　○完全符合

P2. 我们的科研团队取得了很有价值的科研成果

○完全不符合　○比较不符合　○一般　○比较符合　○完全符合

P3. 我们的科研团队，成员能够如期保质保量地完成科研任务

○完全不符合　○比较不符合　○一般　○比较符合　○完全符合

P4. 我们的科研团队的整体科研计划进度运行良好

○完全不符合　○比较不符合　○一般　○比较符合　○完全符合

P5. 我们的科研团队总能完成整体的科研目标

○完全不符合　○比较不符合　○一般　○比较符合　○完全符合

S1. 团队成员对自己在团队中发挥的作用感到满意

○完全不符合　○比较不符合　○一般　○比较符合　○完全符合

S2. 团队成员对在团队工作中的收获感到满意

○完全不符合　○比较不符合　○一般　○比较符合　○完全符合

S3. 团队成员对团队的任务完成情况感到满意

○完全不符合　○比较不符合　○一般　○比较符合　○完全符合

S4. 团队成员对团队的管理方式感到满意

○完全不符合　○比较不符合　○一般　○比较符合　○完全符合